古典文獻研究輯刊

三二編

潘美月・杜潔祥 主編

第27冊

雜家文獻書錄解題
（第七冊）

司馬朝軍 著

國家圖書館出版品預行編目資料

雜家文獻書錄解題(第七冊)／司馬朝軍 著 -- 初版 -- 新北市：
花木蘭文化事業有限公司，2021〔民110〕
目 4+220 面；19×26 公分
（古典文獻研究輯刊 三二編；第27冊）
ISBN 978-986-518-408-7（精裝）
1. 雜家 2. 文獻學 3. 解題目錄
011.08　　110000606

ISBN-978-986-518-408-7
9789865184087

古典文獻研究輯刊
三二編　第二七冊　　ISBN：978-986-518-408-7

雜家文獻書錄解題（第七冊）

作　者　司馬朝軍
主　編　潘美月、杜潔祥
總編輯　杜潔祥
副總編輯　楊嘉樂
編　輯　許郁翎、張雅淋　美術編輯　陳逸婷
出　版　花木蘭文化事業有限公司
發行人　高小娟
聯絡地址　235 新北市中和區中安街七二號十三樓
電話：02-2923-1455／傳真：02-2923-1452
網　址　http://www.huamulan.tw 信箱 service@huamulans.com
印　刷　普羅文化出版廣告事業
初　版　2021 年 3 月
全書字數　1516793 字
定　價　三二編 47 冊（精裝）台幣 120,000 元　

雜家文獻書錄解題
（第七冊）

司馬朝軍 著

目次

第七冊

清秘述聞十六卷　（清）法式善撰

法式善有《陶廬雜錄》，已著錄。

此書《清史稿·藝文志》著錄於職官類官職之屬，為記清代科舉考試之專書，分鄉會考官、學政、同考官三類。分年編載，事以類從，釐為十六卷，其中鄉會考官類八卷，記順治二年（1645）至嘉慶四年（1799）間歷次科舉考官、試題及解元、會元、狀元之姓氏、籍貫、出身。歷科考官分年隸省，仿史氏例。康熙初，因軍事停科，後或並試，或補試。並試書所試之省，補試年分歸入本科。題目規式，悉依舊本。學政類四卷，記順治初至嘉慶初各學政制度演變及歷任學政姓名、字號、籍貫、出身、任職時間等。道學政分院並院，各省舊制不同，則悉稱提督學政，從各省通志抄撮，證以諸家題名記序。同考官類四卷，記順治二年（1645）至嘉慶四年（1799）間順天府鄉會試同考官姓名、官職、籍貫、出身。鄉試直省同考官人數繁多，難以悉載，惟順天鄉試及會試同考官皆仰承簡命，允稱榮選，是用序年備錄。

書前有法式善自序，稱乾隆辛丑（1781），散館授職檢討，充四庫館提調官，凡史氏之掌記，秘府之典章，皆獲瀏覽，嗣後再充日講起居注官，司衡之特命，試題之欽頒，皆與聞其事。又充辦事翰林官，玉堂故事，前輩風流，與夫姓字里居，遷擢職使，益得朝稽夕考。同館諸人見之，謂可備文獻之徵。〔註572〕嘉慶四年（1799）朱珪序稱翰林為史官，歷代以為榮，處則傳名山，出則作霖雨，入則為羹梅，所謂宰相須用讀書人，又稱此書實事求是，文獻足徵云。嘉慶三年（1798）翁方綱序稱其題目之式，品藻之規，語資之記，或足以正文體、裨經傳，或足以程得失、備勸懲云云。陸潤庠稱凡歷科試題及省會殿元姓氏、里居靡不附載，共足備文獻之徵，意至美也。

此本據湖北省圖書館藏清嘉慶四年刻本影印。

【附錄】

【法式善《清秘述聞自序》】乾隆辛丑，法式善散館授職檢討，充四庫書館提調官，凡夫史氏之掌記，秘府之典章，獲瀏覽焉。嗣後再充日講起居注官，司衡之特命，試題之欽頒，皆嘗與聞其事。又充辦事翰林官。玉堂故事，前輩風流，與夫姓字里居，遷擢職使，益得朝稽夕考。儤直之暇，一一私綴諸

〔註572〕《續修四庫全書》第1178冊，上海古籍出版社，2002年版，第3頁。

紙尾。同館諸先生見之，謂可備文獻之徵。遂分年編載，事以類從，釐為十六卷。其不可考者，仍闕之以待補云。日講起居注官翰林院侍讀學士法式善。

【朱珪序】存目。

【翁方綱序】存目。

清秘述聞續十六卷　（清）王家相、魏茂林、錢維福撰

王家相（1762～1838 後），字宗旦，號藝齋，常熟人，嘉慶十四年（1809）進士，擢監察御史，官至河南南汝光道。著有《茗香堂詩文集》，生平事蹟見梅曾亮《王藝齋家傳》、李桓《國朝耆獻類徵》卷二一四、《（同治）蘇州府志》卷一〇一。魏茂林，字笛生，又字賓門，晚號蘭懷老人，龍巖人，嘉慶十四年（1809）進士，歷官內閣中書、宗人府主事、刑部郎中，著有《駢雅訓纂》《覃雅廣賸》《天部類賸》等，生平事蹟見《（光緒）廣州府志》卷四五。錢維福，字滌香，嘉善人，官至同知，生平事蹟不詳。

書前有光緒十四年（1888）陸潤庠序，稱王家相取馮晉魚紀載本重為詮次，有續編之刻，體例仍其舊，而增入宗室試題，至嘉慶庚辰（1820）止；魏茂林編道光辛巳（1821）至庚子（1840）十科，稿成藏於家；嘉善錢維福司馬官兩淮，取王、魏二本而續之者，分類悉仿法式善，亦都為十六卷。〔註 573〕又有道光元年（1821）王家相序，稱《清秘述聞》一書，惟學政一門尚未詳備，因復稽考史書，訂正訛舛，辛酉、壬戌以後，特舉宗室鄉會試，依類載入，疑者闕之，編次悉仿前例。〔註 574〕又有道光十七年（1837）魏茂林識語，〔註 575〕光緒十三年（1887）錢維福跋語，稱取官書，證以諸家集傳，悉心考訂，閱四寒暑，粗為脫稿。甲申，報滿入都，復得藝齋侍御續本、笛生比部又續稿，藉以印證。嗣聞陸鳳石供奉亦從事於斯，時供奉視學山左，郵書就正。今春與供奉相見於淮上，出示手錄與維福，參互考證，頗有補闕，而此書遂成云云。〔註 576〕

此書十六卷，卷一、卷二、卷九、卷十三王家相撰，卷三、卷四、卷十、卷十四魏茂林撰，餘卷皆錢維福撰，陸潤庠校訂。其中鄉會考官類八卷，記

〔註 573〕《續修四庫全書》第 1178 冊，上海古籍出版社，2002 年版，第 185 頁。
〔註 574〕《續修四庫全書》第 1178 冊，上海古籍出版社，2002 年版，第 186 頁。
〔註 575〕《續修四庫全書》第 1178 冊，上海古籍出版社，2002 年版，第 186 頁。
〔註 576〕《續修四庫全書》第 1178 冊，上海古籍出版社，2002 年版，第 344 頁。

嘉慶五年（1800）至光緒十二年（1886）間歷次科舉考官、試題及解元、會元、狀元之姓氏、籍貫、出身等。學政類四卷，記嘉慶初至光緒年間各省學政制度沿革及歷任學政姓名、字號、籍貫、出身、任期等。同考官類四卷，記嘉慶五年（1800）至光緒十二年（1886）間順天府鄉會試同考官姓名、官職、籍貫、出身。此書《清史稿·藝文志》著錄於職官類官職之屬，良有以也。

此本據湖北省圖書館藏清光緒十四年刻本影印。

【附錄】

【陸潤庠序】王家相取馮晉魚紀載本重為詮次，有續編之刻，體例仍其舊，而增入宗室試題，至嘉慶庚辰止；魏茂林編道光辛巳至庚子十科，稿成藏於家；嘉善錢維福司馬官兩淮，取王、魏二本而續之者，分類悉仿法式善，亦都為十六卷。

【王家相序】《清秘述聞》一書，惟學政一門尚未詳備，因復稽考史書，訂正訛舛，辛酉、壬戌以後，特舉宗室鄉會試，依類載入，疑者闕之，編次悉仿前例。

【魏茂林撰述】魏笛生觀察茂林□□人，□□□□進士，官直隸永定河道。向衹見其《駢雅訓纂》十六卷、《識語》一卷，注釋甚為博洽，嘗疑其撰述決不止此。後讀錢塘戴文節公熙《習苦齋古文》，中有《房師魏笛生先生七十壽序》，言觀察所撰尚有《易貫》六卷、《別雅輯證》四十卷、《覃雅》□卷、《禮因》一卷、《文法一揆》六卷、《廣腋》□卷、《天部類腋》四卷、《國朝四十七科同館詩賦題解》十四卷、《天部二十九閩》□卷、《重校袁文箋補》四卷、《帳中編略》□卷，此書自秦漢六朝以來經史子集諸大部〔書〕薈萃（書）貫串，搜羅剔抉，丹黄甲乙，數十年迄未成書，蓋類書也。復有《類海探源》□卷，內分廿九門，此少作，亦類書也。云云。據戴文節公所述，信乎觀察聞見宏富，撰述等身，惜乎多未刊行。予所見者，僅《駢雅訓纂》《別雅輯證》《國朝四十七科同館詩賦題解》三種。後二種雖刊，未見他家著錄。（劉聲木《萇楚齋續筆》）

清秘述聞補一卷　（清）錢維福撰

錢維福有《清秘述聞續》，已著錄。

書後有光緒十三年（1833）錢維福跋語，稱宗室鄉會試，梧門先生時尚未舉行，別為一卷，附以奉天學政，名曰《清秘述聞補》。〔註 577〕

《清秘述聞補》一卷，分宗室鄉會試、奉天學政二類，宗室鄉會試類記嘉慶六年（1801）至光緒十二年（1832）間宗室鄉會試歷次科舉之試題及第一名姓名、字號、出身，奉天學政類記康熙三年（1664）至光緒十三年（1833）間奉天學政姓名、字號、籍貫、出生、任職時間（字號、籍貫多有闕如）。今按：宗室鄉試行於乾隆三十八年（1773），會試行於乾隆十年（1745），十三年（1748）旋舉旋止，規制不常。至嘉慶六年（1801）始定春秋兩試，以為定例。又按：奉天無學政，學政之職，府丞兼之。乾隆四年（1739）始專用甲科人員，嘉慶六年（1801）始定三年更換例。

此本據湖北省圖書館藏清光緒十四年刻本影印。

【附錄】

【錢維福《清秘述聞補跋》】梧門學士《清秘述聞》一書，專記詞林掌故，厥後續者有王齋侍御、魏笛生觀察二書。自道光紀元迄今六十餘年，歷數十科，未有編輯，維福弱冠隨伯兄副憲仲兄少宰於京師，舉業之暇，討論舊聞，嘗相勖曰：「爾留心丹鉛，盍從事於斯乎？」歲月奄忽，浮沉末秩，所幸閒曹政尠，靳踐前言，爰取官書，證以諸家集傳，悉心考訂，閱四寒暑麤為脫稿。甲申，報滿入都，聞陸鳳石供奉亦從事於斯，時供奉學由左郵書就正。今春與供奉相見於淮上，出示手錄，與維福本參互考證，頗有補闕，而此書遂成，計三十三卷，前十六卷仍原名，後十六卷名曰《清秘述聞續》，標題各書某某續編者，不敢掠美也。宗室鄉會試，梧門先生時尚未舉行，別為一卷，附以奉天學政，名曰《清秘述聞補》。維福何人，敢預斯役，聊以副供奉諮訪之心，並成兩兄疇昔勉勵之意，付諸剞劂，略書顛末於後。光緒十有三年，歲次丁亥孟夏，嘉善錢維福跋。

槐廳載筆二十卷　（清）法式善撰

法式善有《陶廬雜錄》，已著錄。

題曰「槐廳載筆」，蓋國子監廨舍祭酒所視事處，庭中古槐植自元時，以許魯齋得名，故以名書，非翰林院第三廳故事也。此書前有法式善自序，

〔註 577〕《續修四庫全書》第 1178 冊，上海古籍出版社，2002 年版，第 344 頁。

稱仿朱氏《日下舊聞》體，例分十二門，釐二十卷，題曰《槐廳載筆》，備掌記而已。〔註 578〕今按，其十二門、二十卷為規制二卷，恩榮一卷，盛事二卷，知遇一卷，掌故三卷，紀實二卷，述異、炯戒、品藻、夢兆、因果各一卷，詠歌四卷。書前又有徵引書目、補遺目錄，記徵引典籍名稱、作者，達四百餘種之多。又有嘉慶四年（1799）例言，稱博採科名掌故見於官書記、各家撰著足資考據者，凡所徵引，具有成編，都非撰造。此書《清史稿·藝文志》著錄於職官類官職之屬，庶幾近之。

此書乃採他書有關科考者，分類編纂而成，其所徵引，皆標明出處。周中孚稱此書與《清秘述聞》相表裏，《述聞》為經，而此編為緯。自序稱言必求其有當，事必期於可徵云云，然所輯述異、夢兆、因果三門俱屬異聞，雖所徵引具有成編，究為全書之累云。〔註 579〕《書目答問》小說家類著錄，稱今人雜記，若阮葵生《茶餘客話》、王應奎《柳南隨筆》、法式善《槐廳載筆》《清秘述聞》、童翼駒《墨海人名錄》之屬，皆資考核云云。

此本據上海辭書出版社圖書館藏清嘉慶間刻本影印。

【附錄】

【法式善《槐廳載筆自序》】余官翰林學士時，輯錄笠場貢舉官職姓字編年素地，題曰《清秘述聞》。茲備員太學五載矣，所與酬接款洽者，皆海內博學強識之士，猥以余喜談笠名故實，多以舊聞軼事相質。余性善忘，凡有所稱說，必搜其始末，溯其源流，筆諸簡牘，又恐無以傳信，檢閱群書，互相參證，歲月既久，抄撮漸多。仿朱氏《日下舊聞》體例，分十二門，釐二十卷，題曰《槐廳載筆》，備掌記而已。然而言必求其有當，事必期於可徵，雖耳目所及，尚多罣漏，而一百五十餘年來國家深仁厚澤教養兼施之至意已可得其大略焉。覽斯書者，自當感激恩遇，勵身修行，以無負作人之雅化，豈區區以文章為報稱也哉？國子監祭酒法式善。

【《槐廳載筆·例言》】余官學士時，嘗考順治乙酉以來鄉會試，考官名字、爵里及試士題目，並學院學道題名，甄輯之為《清秘述聞》十六卷。其後改官祭酒，聚生徒講業，睹聞益廣，復博採科名掌故見於官書及各家撰著足資考據者，仿朱檢討《日下舊聞》之例，釐而錄之，為二十卷，命之曰《槐廳

〔註 578〕《續修四庫全書》第 1178 冊，上海古籍出版社，2002 年版，第 345 頁。
〔註 579〕周中孚：《鄭堂讀書記》卷六十五。

載筆》。槐廳者，國子監廨舍，祭酒所視事處。庭中古槐，植自元時，以許魯齋得名，非沿翰林院第三廳故事也。因成書之地以為名，猶之《清秘述聞》云爾。自有科目，因革損益，隨時而異，要其著令，皆為典常。錄規制為第一。右文之世，科第最隆，殊眷異寵，錫之自上。錄恩榮為第二。青箱世繼，業比籯金，家祥遞衍，鵲起聯蹢，有同治譜。錄盛事為第三。守真葆璞，特達為難，物色風塵，薦剡破格。錄知遇為第四。昭代取材，粲然大備，鴻博經學，召試朝考，散館大考，教習庶常，互相條貫。錄掌故為第五。搢紳先生，敘述平生，得諸閱歷，言之親切。錄紀實為第六。奇蹤詭跡，駭俗警眾，砭愚牖頑，自所不廢。錄述異為第七。憸壬奸慝，聖世必誅，爰書所麗，義在彰癉。錄鑒戒為第八。惠迪從朔，吉凶因之，萌於聯如，問之太人。錄夢兆為第九。廉聲德望，蔚著當時，文騫采馳，道路傳播。錄品藻為第十。倚伏迭垂，雲來皆驗，理不足據，事有果然。錄因果為第十一。

【法式善之謙下】惕甫未定稿《存素堂試帖序》曰：「時帆祭酒法式善，過辱好予，有作必就予審定。嘗刻行其詠物詩一種，首以示予，偶勿之善，遂止不行。後五六年，欽州馮魚山敏昌見而大稱之，問何以不行，時帆以予言告，予始獲聞之，而悔前言之過。世亦有沖然耆學如是者乎？」云云。康祺按：文人結習，享帚自珍，一集成書，如膺九錫，亟願海內之我知。今剞氏竣工，沮於良友之一言，秘不復出，其謙下誠足多矣。獨祭酒所著《槐廳載筆》《清秘述聞》諸書，頗叢疵謬，豈當時竟未是正於惕甫耶？抑掌故之學可以聽其出入，不若詠物詩之宜句斟字酌耶？（陳康祺《郎潛紀聞初筆》卷十四）

【吳慶坻《蕉廊脞錄序》】昭代學術遠軼前祺，說者謂經、小學之盛步武漢、唐，而史學則遜於宋、明，故志有清藝文者，於乙部之雜史、丙部之雜家，可著錄者其難其慎。如阮氏《石渠隨筆》、法氏《槐廳載筆》、胡氏《西清箚記》、阮氏《茶餘客話》、姚氏《竹葉亭雜記》、戴氏《藤陰雜記》、梁氏《樞垣紀略》、王氏《石渠餘記》、唐氏《天咫偶聞》，先後作者，此為鉅子。（吳慶坻《蕉廊脞錄》卷首，附錄於此）

恩福堂筆記二卷　（清）英和撰

英和（1771～1840），索綽絡氏，幼名石桐，字樹琴，號煦齋，滿洲正白旗人。乾隆五十八年（1793）進士，歷任吏、戶、禮、理藩院等部院侍郎，八旗滿漢軍都統，工部尚書、戶部尚書，協辦大學士，軍機大臣等職。後被革職繫獄，籍沒家資，發黑龍江充苦差，三年後赦還。奉敕主修《秘殿珠林三編》《石渠寶笈三編》，著有《恩福堂詩集》《恩福堂自定年譜》《恩慶堂集》等書。生平事蹟見《清史稿》列傳卷一五〇。

此書前有英和自撰《述事賦》，敘其家身世，後有其門弟子葉紹本、穆彰阿、姚元之、徐松、彭邦疇、許乃濟、祁寯藻跋語，稱門弟子燕閒侍坐，多舉前言往行以為勖，間及昭代掌故，如數家珍，顧夙夜在公，無由筆諸簡策也。比年樂志林泉，闢觀頤別墅於西山深處，筆墨清暇，乃徇門弟子之請，條舉模擬，釐為二卷云云。〔註 580〕又有謝國楨題詞，曰：「雍容豪華氣象，滿洲貴族人家，一旦風流雲散，空庭靜掃落花。書已破損不堪，以其可備清朝掌故，因修葺而存之。」〔註 581〕

此書首紀恩遇，次述先德，次誦師說，或臚列典章，或評騭詩文書畫，而不言神怪，不道鄙瑣。書中或記名人軼事，如記劉墉喜讀坊間小本平話，每於俚語瑣事中悟出正道；又記紀曉嵐凡自製聯語（如「浮沉宦海如鷗鳥，生死書叢似蠹魚」）皆求劉墉書之。或論書畫碑帖紙筆，如謂柳楷以《魏文貞家廟碑》為易學、學歐書當以《化度寺邕師塔銘》為法，皆經驗之談。或記典制故事，如記進士同年稱呼之變、業師弟子拜謁之事、科舉房額不能勻有無等。其論讀書之法曰：「士貴通經，並宜讀史。幼時誦經之餘，將無錫杜紫綸《讀史論略》、成都楊用修《廿一史彈詞》盡卷熟讀，再閱涑水《通鑒》、朱子《綱目》，了然於胸，然後讀全史本紀、列傳，遇事始有把握。」此亦經驗之談。

胡玉縉《許顧經籍題跋》稱其書頗見敘次。〔註 582〕來新夏稱所記乾嘉時詞林掌故，詳明有致，可資考證；其中記紀曉嵐逸事尤多，與民間傳說頗有相合，可見曉嵐於當時之佳趣，今亦足資談助；然書中多有言及所獲恩寵與經營家務等事，不足稱道云云。〔註 583〕

〔註 580〕《續修四庫全書》第 1178 冊，上海古籍出版社，2002 年版，第 563～564 頁。

〔註 581〕《續修四庫全書》第 1178 冊，上海古籍出版社，2002 年版，第 564 頁。

〔註 582〕胡玉縉：《續四庫全書三種》，上海書店出版社，2002 年版，第 665 頁。

〔註 583〕來新夏：《清人筆記隨錄》，中華書局，2005 年版，第 312 頁。今按：劉高對《恩福堂筆記．詩鈔．年譜》之史料予以考訂，文載《首都博物館叢刊》2009 年卷。

此本據道光十七年刻本影印。

【附錄】

【許廎經籍題跋·恩福堂筆記書後】《恩福堂筆記》二卷，吉林英和撰。和字樹琴，號煦齋，乾隆癸丑進士，官至大學士。是書於道光丁酉追記，頗見敘次。大抵首紀恩遇，次敘先德，次載掌故，次論書畫，而以瑣事終焉。中惟高宗非生於獅子園，和珅舉正《石經考文》提要，明帝《出警入蹕圖》為武宗、非世宗之類，足資考證，餘皆無關宏旨。以霍子孟、寇萊公為足當不學無術之名，亡命者多大英雄，人非易當，不知其何所激而為此語？殊嫌偏蕩。屢及其門人穆彰阿，引為門牆之光，是時穆之劣跡尚未大著也。(《續四庫提要三種》第665頁)

【楹聯叢話】英煦齋師《恩福堂筆記》云：「先文莊公掌容臺者十二年，與達香圃、紀曉嵐、劉青垣三宗伯同事。余於嘉慶庚申追隨三先生，亦列春官。迨癸酉重任時，乃鐵冶亭、王春圃兩先生為大宗伯，秀楚翹、胡西庚、汪瑟庵為少宗伯。鐵出王門，胡、汪、秀三公及余前後皆出鐵門。其時有春官六座六師生之諺，因製聯留署，句云：『典禮奉寅清，粉署重來，愧說箕裘延世業；同堂聚師弟，薪傳遞衍，始知桃李屬春官。』」按：是年適為王春圃先生八十壽辰，合署稱觴，屬章鉅為儷體序文，中有「官分兩座，座中以座主為尊；賓列四門，門下之門生疊至」句。時春圃哲嗣蓮甫先生亦繼為少宗伯，每對同官亟誦之。(梁章鉅《楹聯叢話·佳話》)

【楹聯叢話】《恩福堂筆記》又云：「曹文敏公文埴以右庶子視學江西，適曹文恪公家居，獻一聯曰：『韓愈官為右庶子；莊周篇有大宗師。』彭文勤公視學浙江時，杭州守為邵公齊熊，公贈聯曰：『杭州太守湖山美；康節先生安樂窩。』皆可云典切。前輩於應酬文字，不苟如此。」(梁章鉅《楹聯叢話·佳話》)

熙朝新語十六卷　（清）余金輯

余金，指徐錫齡、錢泳二人。清陶煦《周莊鎮志》卷六稱：「又有《熙朝新語》者，題曰『古歙余金德水輯』，而前輩傳聞謂鎮人徐錫齡所作，藏名為余金。當時文網綦嚴，往往有以著書獲戾者，故不敢自書其名。」徐錫齡生平無可考。錢泳著有《履園叢話》，已著錄。

書前有嘉慶二十三年（1818）翁子敬序，稱其書多採諸前人著述，中無一臆撰訛傳之語，且又旁搜軼事，發潛闡幽，凡登歸耳目所經、巷議街談所及，自國初至今二百年來有關於政事文章、人心風俗者靡不具載。〔註 584〕此書多採前人著述，而未加注明，今人顧靜校定之上海書店出版社本《熙朝新語》，於其引述一一標出，以引述李調元《淡墨錄》、蔣良騏《東華錄》、王士禛《居易錄》《池北偶談》《分甘餘話》《香祖筆記》、袁枚《隨園詩話》《子不語》、李集《鶴徵錄》諸書為多。

書中多記學人者，如謂惠周惕《送友出門詩》「飢寒逼腐儒，顛倒作奇想」二語不言出門，而神理已到，可謂體會入微；又謂惠士奇督學粵東時，每封門後，溫理《史》《漢》等書，背誦一字不遺，粵東人至今以為師法；又謂長洲惠硯溪周惕、子士奇、孫棟，三世以經學傳家，二百年來東南第一家。又有記納蘭容若「擁書數萬卷，蕭然若寒素，彈琴歌曲，評書畫以自娛，人不為宰相子也」。

此本據清嘉慶二十三年刻本影印。

【附錄】

【錢泳《履園叢話自序》】昔人以筆箚為文章之唾餘，余謂小說家亦文章之唾餘也。上可以紀朝廷之故實，下可以採草野之新聞，即以備遺忘，又以資譚柄耳……曩嘗與友人徐厚卿明經同輯《熙朝新語》十六卷，已行於世。茲復得二十四卷，分為三集，以續其後云。道光十八年七月刻始成，梅花溪居士錢泳自記，時年政八十。

【翁子敬《熙朝新語序》】余自少至老，以衣食奔走，嘗七上京師，側聞名公卿緒論，仰見國家聲明文物之盛，上自朝章掌故，下逮嘉頌謳謠，揚厲無前，新奇可喜，日有所聞，難以悉數，每擬筆之於書，往往記憶不真。歲乙亥，自滇南歸里，道出武昌，於市肆中得歙人余德水所輯《熙朝新語》一書，展卷讀之，與余曩昔傳聞異辭，俱足互相印證。其書多採諸前人著述中，無一臆撰訛傳之語，且又旁搜軼事，發潛闡幽，凡登臨耳目所經，巷議街談所及，自國初至今二百年來，有關於政事文章人心風俗者靡不具載。亟令生徒抄錄成帙，略加編次，釐為十六卷，付諸梓，以公同好。書名撰人俱從其舊，示不敢掠美也。我朝重熙累洽，久道化成，自今億萬斯年，詞林佳話，藝苑名

〔註 584〕《續修四庫全書》第 1178 冊，上海古籍出版社，2002 年版，第 565 頁。

言，日積月累，不可祘麗，續輯之作以俟將來。嘉慶戊寅春三月，吳郡守缾老人翁子敬履莊氏書。

【雍正十一年四月奉上諭】國家聲教覃敷，人文蔚起，加恩科目，樂育群材，彬彬乎盛矣。惟博學宏詞之科，所以待卓越淹通之士，俾之黼黻皇猷，潤色鴻業，膺著作之任，備顧問之選。聖祖仁皇帝康熙十七年，特詔內外大臣薦舉博學宏儒，召試授職。一時名儒碩彥，多與其選，得人號為極盛。迄今數十年，館閣詞林，儲材雖廣，而宏通博雅、淹貫古今者，未嘗廣為搜羅，以示鼓勵。自古文教休明之日，必有瓌奇大雅之材。況蒙聖祖仁皇帝六十餘年壽考作人之盛，涵濡教澤，薄海從風。朕延覽維殷，闢門籲俊，端崇實學，諭旨屢頒。宜有品行端醇、文材優贍、枕經葄史、殫見洽聞，足稱博學宏詞之選，所當特修曠典，嘉與旁求。除現在翰詹官員無庸再膺薦舉外，其他已仕未仕之人，在京著滿漢三品以上，各舉所知，匯送內閣。在外著督撫會同該學政，悉心體訪，遴選考驗，保題送部，轉交內閣。務斯虛公詳慎，搜拔真才。朕將臨軒親試，優加錄用。廣示興賢之典，茂昭稽古之榮。應行事宜，著會議具奏。欽此。(《熙朝新語》卷十)

【雍正十三年二月奉上諭】國家久道化成，人文蔚起，皇考樂育人材。特降諭旨，令直省督撫及在朝大臣，各保舉博學宏詞以備著作之選。乃直省奉詔已及二年，而所舉人數寥寥。朕思天下之大，人材之眾，豈無足膺是舉者？一則各懷慎重觀望之心，一則鑒衡之明，視乎在己之學問。或己實空疏，難以物色流品，此所以遲回而不能決也。然際此盛典，安可久稽？(《熙朝新語》卷十)

【藍鼎元】漳浦藍任庵鼎元，少孤力學，讀書山中。貧不能具蔬，月攜白鹽一罐，點以侑餐。同學咸揶揄之，藍怡然作《白鹽賦》以自勵。雍正初，以恩貢入成均。校書內廷，分修《大清一統志》。獻《青海平定雅》三篇，《臨雍頌》《日月合璧五星連珠頌》《河清頌》各一篇，一時聲噪都下。高安朱相國薦舉，授廣東普寧縣。引見時，上顧廷臣曰：「此人用做道府，亦綽然有餘。」之官三載，與觀察使不合，劾免。總督鄂專摺奏覆，奉特旨赴京。十一年三月引見，奏對良久，命署廣州府，賜御書貂皮等物。遭際聖明，真異數也。(《熙朝新語》卷九)

歸田瑣記八卷　（清）梁章鉅撰

梁章鉅（1775～1849），字閎中，又字茝林，晚年自號退庵，福州人。嘉慶七年（1802）進士，歷任禮部主事、軍機章京、荊州府知府、江蘇按察使、甘肅布政使、廣西巡撫兼署學政、江蘇巡撫、兩江總督兼兩淮鹽政。著有《楹聯叢話》《論語旁證》《三國志旁證》等書。生平事蹟見章鉅自著《退庵自定年譜》、歐陽少鳴《梁章鉅評傳》。

此書乃其晚年之作。「歸田」條曰：「歸田之名書，莫著於歐陽文忠公。昔歐公之《歸田錄》作於致仕居潁之時，皆紀朝廷舊事及士大夫諧謔之言。自序謂以李肇《國史補》為法，而《國史補自序》謂『言報應，敘鬼神，徵夢卜，近帷薄，則去之；紀事實，探物理，辨疑惑，示勸誡，采風俗，助談笑，則書之』。蓋二書體例相出入。說者又謂李書為續劉餗《小說》而作。大抵古人著述各有所本，雖小說家亦然。要足資考據，備勸懲，砭俗情，助談劇，故雖歷千百年而莫之或廢也。」其大旨亦可窺一斑。

書共八卷。前七卷一百一十條，雜記朝野逸事、歷史人物、草木蟲魚、醫卜星相、讀書論學、詩歌楹聯、風俗地理之類。卷八載其浦城《北東園日記詩》，乃梁氏歸田閒居北東園所作，皆有注語，間附友人和詩及書信，猶如「日記」。有資考據者，如卷七「《三國演義》」條，以小說與歷史互證，可謂得風氣之先。有備勸懲者，如「七十致仕」條曰：「古人四十強仕，七十致仕，統計人生居官之日，前後不過三十年。蓋一人之聰明才力，用至三十年之久，已無不竭之勢。倘此三十年中，無所表見施為，則此後更有何所望。若今人未及四十，早入仕途，則致仕之期即不必以七十為限……死期將至，尚留金紫之班，而必至日暮途遠，夜行不休，前瞻後顧，無所棲泊，不亦太可憐乎！」如「歸舟」條曰：「愈信宦場之無味。」有砭俗情者，如「讀書」條砭學風之不古，「清客」條砭京師清客之濫。

道光二十五年（1845）許惇書序稱其書仿唐人之《閩書》，沿宋稗之舊例，穿穴百氏，剽竊一家，闡揚忠貞，臚述耆舊云。然劉咸炘稱其本不甚知學，稍拾翁、阮唾餘，書亦罕談及書冊，應酬氣重，無宗旨，無關係，適成為一小品，且文筆俗劣似隨園，而隨筆則極多疏漏云云。〔註585〕

此本據浙江圖書館藏清道光二十五年北東園刻本影印。

〔註585〕劉咸炘：《內景樓檢書記》，《推十書》子類第577頁。

【附錄】

【許惇書《歸田瑣記序》】仕宦而心泉石者，其曼倩之所謂大隱乎？餐石髓，擷芝蕤，蓬藟而行，鞅掌與使，涸跡於春廡，堆名於枕流，情則邈矣，非幹濟之才。垂纓緌，拖青紫，振藻雲路，剖符要津，已髟髟其莫齡，猶戀戀於華膴，伐則洪矣，非恬退之操。夫唯身居魏闕之上，心依衡宇之下，如吾中丞師者，斯真能兩全之者歟？公以十五世之華冑，策四十載之茂勳。方其珥筆木天，通籍金馬，啟曲江之燕，被宮錦之榮，同列者爭躡青雲，競擊丹轂，而公甫綴鵷鷺，即思桑梓。榕城有棲隱之志，海嶠多傳經之彥。枕葄六藝，優游十春，甘使鄧禹之笑人，不學顓孫之干祿，書以是服公志之澄。既而任郡守，歷藩牧，蒞官句吳，駐節章貢，練湖濬而三江稔，金帶解而二鬴平，九遷可期，萬石奚讓。而公讓官之表，雅慕叔子為霖之願，無愧安石驪駒三唱，除書在門，鸑鷟一鳴，大呂聽律，難進易退，古人是期，書以是服公才之大。既而天子南顧桂管，思得藎臣，畀之封圻，頒以節鉞，於是五稔象郡，半載胥臺，勸宣道濟之沙，績著伏波之米，練士於瓴甋，戰衡於艅艎，朝知李晟為大臣，人呼杜詩以慈母。而公乃扁舟載石，峻峽投香，一篇留誓墓之文，三徑種延齡之菊，書以是服公之勇於任事，而恬於居官。今者林泉怡性，著述等身，爰於暇時撰《歸田瑣記》八卷，郵以見示。大約仿唐人之《閒書》，沿宋稗之舊例，穿穴百氏，剽竊一家，闡揚忠貞，臚述耆舊。小亦足以正泛長之說，補華陀之書，洵可綱維世風，利澤群匯已，公之經濟，具見一斑，垂諸藝林，嘉惠來學。書為韓、范之部吏，隨籍、湜之後塵，公諉以校紬，付之剞劂。所願名山日富，春風正長，他時撰杖座間，親接緒論。則是編也，為容齋之初筆，浣花之紀年也歟？道光二十五年冬十二月，受業仁和許惇書謹撰。

【歸田】「歸田」之入詩，莫著於蘇文忠公；「歸田」之名書，莫著於歐陽文忠公。昔歐公之《歸田錄》，作於致仕居吳之時，皆紀朝廷舊事及士大夫諧謔之言。自序謂以李肇《國史補》為法，而《國史補自序》謂「言報應，祭鬼神，徵夢卜，近帷薄，則去之；紀事實，探物理，辨疑惑，示勸誡，采風俗，助談笑，則書之」。蓋二書體例相出入。說者又謂李書為續劉餗《小說》而作。大抵古人著述，各有所本，雖小說家亦然，要足資考據，備勸懲，砭俗情，助談劇，故雖歷千百年而莫之或廢也。余於道光壬辰引疾解組，雖歸田而實無田。越四年，奉命復出。又七年，復以疾引退，則並不但無田可歸，竟至有家而不能歸。回首雙塔三山，如同天上，因僑居浦城，養怡無事，就近所聞見，鋪敘成書，質實言之，亦竊名為《歸田瑣記》云爾。時道光二十五年元旦，書於浦城北東園之池上草堂。(《歸田瑣記》卷一)

【堵江口】余僑寓邗江，無所事事，然日聞海上警報，惄然憂之。當官者惟但云湖都轉明倫時從余講求此事，余曰：「夷情如此猖獗，難保其不犯長江，則瓜洲一帶口門，不可不預為之計。」都轉問計將安出，余曰：「揚州本富盛之區，尚可有為。足下所管度支，亦盡可挹注。此地若無以禦之，則他處更將束手矣。今大江兩岸口裏，滿號之漕艘，不下千百隻，似可預先調齊，橫塞江口，以鐵索聯為鉅柵，每船中預伏數兵，安設槍炮火器，從頭艙中穴孔以待之。再招集捆鹽人夫一二千名，各予器械船隻，使之並力堵禦，重賞之下，必有勇夫，以廢艘為前茅，以捆徒為後勁，四十里外，有此兩層扼隘，茇夷雖猛，恐亦不能飛來矣。」都轉聞之，極為動念。正在籌劃間，而焦山口早望見夷帆，夷兵攻陷鎮江，即回指金陵，不數日，和議已成，此事遂止。余嘗為都轉題雪舟籌海畫卷，第四首之末云：「時君已晉秩，雄總度支府。軍儲堪挹注，煮海本利溥。通才得藉手，長袖乃善舞。上紓宵旰勤，下壯風聲樹。廢艘柵可資，捆徒勇足賈。仍願備不虞，芻蕘幸俯取。」阮雲臺師謂此崇論宏議，不當僅以詩論也。(《歸田瑣記》卷一)

【壽序】甲辰中秋，接劉次白撫部來函，以余七十壽辰，擬欲製一序文為祝，既又思壽序非古，尤非所宜於大人先生。現在重編文集，僅存祝女壽者數篇，其前所存壽序，已盡行刪去，今謹成七言律詩二首奉寄云：「經濟文章兩不磨，八閩靈氣拱山河。恩持前後巖疆節，惠播東南茇舍歌。白首高風疏傅少，蒼生霖雨謝公多。卌年中外勞經畫，道履天教養太和。」「廿四中書比昔賢，關心民瘼食為天。救荒最著江南策，達變能歸海上船。論報自應仁者壽，辭榮早占福之全。師門此日瞻依近，願附耆英拜綺筵。」按兩律矜煉名貴，固是高手。然謂壽序非古，則不盡然。自前明以來，名人文集中此體並未全刪，但須擇其有關係者存之，即與傳記文字無異。即如今秋福州親友公製一序寄祝，係王雁汀太史慶雲所撰，雖撫部亦極為擊節。此等文自可不朽，余亦竊冀附傳，豈得以壽文非古概斥之乎？附錄於後，以質讀者。序云：「今上即位二十四年秋七月，吾鄉梁茝林先生七十誕辰。先二年，先生由江蘇巡撫乞疾歸，寓浦城。至是鄉之士大夫謀歸先生而不得，則共謀以詩文寄祝，而授簡於慶雲。慶雲固陋，何足以述先生。顧辱先生知最深，不敢以不文辭。梁氏出長樂江田，自前明以儒世其家，至乾隆間始顯。先生由詞垣歷樞禁，出典封圻，遍歷中外四十年。懸車之日，神明不衰。天之篤生老成，使享大年，受多祉，乃出於十五世儒冠之家，蓋其所從來者遠矣。夫人臣事君，大節在進退，惟大臣尤難。其進也，委蛇持重，度吾身之可以有為；而其退也，使臣子知有不可苟之祿，而終不以遠賢之謗，歸之朝廷。是故進亦所以事君，退亦所以事君。先生自壬戌通籍，還家主講席者將十年，讀書自娛，不汲汲進取。履外任不六七年，由郡守至方伯。上方嚮用，而先生以疾引歸。既歸之四年，特旨召授甘肅藩司，擢撫廣西，調江蘇，於是再以疾辭。可以有為而後進，一不可而遂退。夫以先生受主知，得行其志，而猶難進易退如此。先生之撫江蘇，屬芰夷窺我東南，先生督師駐上海，自吳淞至寶山口，斥堠嚴肅。其經畫有方，尤在縱商民海舶入港，而不拒以資敵。時軍事屬揚威將軍，先生積憂成疾，乃疏請致仕。聞先生之將引疾也，遇所知，益劇談當代人物，與否泰消長之理，一月之間，封章再上，人莫測所由，疑有所掊擊者。久之，中旨未下，而先生遂以疾行。先生精吏事，所至有善政，所拔薦多偉人。宦東南久，屢修水利，如泖湖、練湖、吳淞、孟瀆，為澤甚溥。辛卯，江、淮大水，流民塞道，先生多方資送留養，凡活六十餘萬人。昔富鄭公在青州，活饑民五十萬，自言勝作二十四考中書，先生功德在人，於是為大矣。生平無他嗜好，以著述為性命，強識博聞，達於國家掌故。其居鄉，以文獻為己任，於經史皆有撰述。尤精《文選》，旁及藝文雜記，定著若干種。文章潤身，政事及物，惟先生實兼之。今大江南北，喁喁然望先生復出，而先生方以疾解，竊謂先生精神強固，疾既有瘳，且惟上能保全始終，使先生得以疾辭，則亦惟上能愈先生之疾而起之。先生其俯仰屈伸以利形，進退步趨以實下，吸新吐故以利髒，專志積精以適神，頤養天和，相時而動，此則都人士所以壽先生之意也。」(《歸田鎖記》卷二)〔註 586〕

【鄭蘇年師】鄭蘇年師諱光策，字瓊河，又字蘇年，閩縣人，與先大夫為讀書社至交，余之妻父也。少孤力學，古心自鞭。家貧不能就外傅，與同懷弟雲軒孝廉自相師友。姿稟岸異，髫齡老成，博綜群書，規模宏遠。登乾隆己亥鄉薦第二，遂為故太傅朱文正師入室弟子。既聯捷成進士，以不獲館選為歉，退候吏銓，仍下帷攻苦如下士。甲辰，恭遇南巡盛典，趨赴杭州行在獻賦。與江、浙紳士合試於敷文書院，監試者為故相和珅，獨於御座下腳几坐

〔註 586〕【今按】壽序除了文體價值，還有史料價值，可以考證壽星生年，推測當時的日常生活與時代精神狀況。

收試卷，納卷者必屈膝，先生側目之，憤形於色。乃約閩士林樾亭、王蘭江等六七人以長揖退，和珅銜之，遂束閩卷不閱，時江、浙士皆竊笑之。先生灑然返里，不以為意，益肆力於學。尤喜讀經世有用之書，自《通鑒》、《通考》外，若陸宣公、李忠定、真文忠，以及前明之邱瓊山、王陽明、呂新吾、馮猶龍、茅元儀，本朝之顧亭林、魏叔子、陸桴亭諸公著作，靡不貫串，如數家珍。值林爽文滋擾臺、陽，詣軍門條上十二議，為福文襄節相所採用。及紅旗既報，徐雨松中丞往辦善後事宜，又條上八議。福、徐二公並欲邀同渡海，以母老固辭。中年病足，瀕危而復起，因自號蘇年。絕意仕途，以授徒養母為事，主講鼇峰，勤於訓迪，嚴憚有法，人才奮興。桐城汪稼門、高陽李石渠三中丞並欽慕之，謂不減蔡文勤風矩也。余以子婿為受業弟子，熟聞先生誨人宗旨，以立志為主。謂志定而後，教有所施。又不欲人急於著述，謂古聖賢之學，大抵先求諸身。既修諸身，即推以濟於世，隨其大小淺深，要必由己以及人。至萬不得已，始獨善其身，思有所傳於後。故孔、孟著書，皆屬晚年道不行後事。嗚呼！先生之持論如此，故雖窮年矻矻，迄無成書，僅存詩古文十餘帙，亦未編定，自題為《西霞叢稿》而已。嘉慶乙丑，余為輯《西霞文鈔》上下卷，付友人梓行。其《詩鈔》及《儷體文鈔》，則已編而未梓，合《文鈔》讀之，先生之本末已見。近陳恭甫編修撰次《東越儒林文苑傳》，近人如林鈍村、官志齋、鄭在謙、陳賢開輩，皆揚名其間，而先生獨不與，因詳為論列，以為捃逸搜沈之助。或曰編修為孝廉時，曾修後進謁見之禮，先生素仰其文名，而欲進之於道，毅然以鄉先達自居，勉之以修己之學，濟物之功，而戒其毋以風流自賞，適中編修之忌，遂銜之不釋。果爾，則編修亦褊人耳，所論撰又足據乎哉！（《歸田鎖記》卷四）

【紀文達師】世傳名人前因皆星精僧，此說殆不盡虛。相傳紀文達師為火精轉世，此精女身也，自後五代時即有之。每出見，則火光中一赤身女子，群擊銅器逐之。一日復出，則入紀家，家人爭逐，則見其徑入內室，正譁然間，內報小公子生矣。公生時，耳上有穿痕，至老猶宛然，如曾施鉗環者。足甚白而尖，又若曾纏帛者。故公不能著皂靴，公常脫襪示人，不之諱也。又言公為猴精，蓋以公在家，几案上必羅列榛栗梨棗之屬，隨手攫食，時不住口。又性喜動，在家無事，不肯坐片時也。又傳公為蟒精，以近宅地中有大蟒，自公生後，蟒即不見，說甚不一。少時夜坐暗室，兩目如電光，不燭而能見物，比知識漸開，光即斂矣。或謂火光女子，即蟒精也。以公耳足驗之，傳為女精者，其事或然。惟公平生不穀食，麵或偶而食之，米則未曾上口也。飲時只豬肉一盤，熬茶一壺耳。晏客肴饌亦精潔，主人惟舉箸而已。英煦齋先生嘗見其僕奉火肉一器，約三觔許，公旋話旋啖，須臾而盡，則飯事畢矣。《聽松廬詩話》云：「姜西溟不食豕，紀文達不食鴨，自言雖良庖為之，亦覺腥穢不下嚥。且賦詩云：『靈均滋芳草，乃不及梅樹。海棠傾國姿，杜陵不一賦。』以梅花、海棠為比。雖不食鴨，而鴨之幸固已多矣。」《芝音閣雜記》云：「公善吃煙，其煙槍甚鉅，煙鍋又絕大，能裝煙三四兩，每裝一次，可自家至圓明園吸之不盡也，都中人稱為紀大鍋。一日失去煙槍，公曰：『毋慮，但日至東小市覓之自得矣。』次日果以微值購還，蓋此物他人得之無用，又京中無第二枝，易於物色也。」（《歸田鎖記》卷六）

【鄭祖琛炮擊英人】鄭夢白中丞撫粵西，慈柔佞佛，貽誤邊疆。及洪、楊事起，時論均指為首禍。頃見長樂梁氏《歸田瑣記》載：道光乙未春、夏之交，英人垂涎武夷茶山，曾以兩大舟停泊臺江，別駕一小船由洪山橋深入水口，時鄭夢白方任閩藩，乞假卸事回籍，遇之竹崎江，密令所過塘汛兵弁，開炮擊回。是官止監司，身已乞病，尚肯勇往任事，不畏督撫議其侵權，其人非全無肝膽可知。何一撫粵西，猥瑣至此？豈劫運將至，為大吏者亦隨之轉移與！（陳康祺《郎潛紀聞四筆》卷二）

浪跡叢談十一卷　（清）梁章鉅撰

梁章鉅有《歸田瑣記》，已著錄。

此書乃梁氏道光丙午（1846）、丁未（1847）間所作。內容大致有二，一紀時事，二述舊聞。紀時事者，如「淮鹽情形」「披山洋盜」等條記行政，《叢談》卷四記職官，均具史料或實錄價值。章鉅嘗與陳化成共禦英國侵略者，為鴉片戰爭親歷者，書中《鴉片》《英夷》《顏柳橋》數則，及有關林則徐、阮元、許乃濟之零星記述，尤資考史。述舊聞者，如「相府新舊門聯」條記阮元事曰：「臺師舊宅在舊城之公道巷，巷口有石牌樓，大書『福壽庭』三字，大門口貼八字大聯云：『三朝閣老，一代偉人。』時觀者多以為疑，後吾師亦微聞人言，遂於新宅大門改書云：『三朝閣老，九省疆臣。』」書中又多記典章制度。如「謚法」條曰：「定例：一品官以上應否予謚，請旨定奪，二品以下無謚，其有予謚者，係奉特旨。或效職勤勞，或沒身行陣，或以文學，或以武功，均得邀逾格茂典，而乾隆十七年韓菼以工制義追謚文懿，三十年王士禛以工詩追謚文簡，尤為稽古殊榮。」又「謚文」曰：「凡由詞臣出身者謚法例准以文字冠首。」又「謚文正」條曰：「凡臣工謚法，古以文正為最榮，今人亦踵其說而不知所自始。及恭考我朝鴻稱冊中所載群臣得用之謚，以『忠』為第一字（肫誠翊贊曰忠；危身奉上曰忠），而『文』為第五字（道德博聞曰文；修治班制曰文；勤學好問曰文；錫民爵位曰文），『正』為第四十一字（守道不移曰正；心無偏曲曰正），則竟以文正為佳謚之首稱，亦似無所據矣。」至於「請鑄大錢」「請行鈔法」「開礦議」「行貝議」諸條，足見其經世之才識。時人謂全書「可以稽典故，可以廣聞見，可以證訛謬，可以膏筆端」（此語原出自《容齋隨筆五集總序》），洵非虛言。

此本據復旦大學圖書館藏清道光二十五年本影印。

【附錄】

【浪跡】余於道光丙午由浦城挈家過嶺，將薄遊吳、會，問客有誦杜老「近侍即今難浪跡，此身那得更無家」之句以相質者，余應之曰：「我以疆臣引退，本與近侍殊科，現因隨地養疴，兒孫侍遊，更非無家可比，惟有家而不能歸，不得已而近於浪跡。」或買舟，或賃廡，流行坎止，仍無日不與鉛槧相親。憶年來有《歸田瑣記》之刻，同人皆以為可助談資，茲雖地異境遷，而紀時事，述舊聞，間以韻語張之，亦復逐日有作。歲月既積，楮墨遂多，未可仍用《歸田》之名，致與此書之例不相應，因自題為《浪跡叢談》。「浪跡」存其實，「叢談」則猶之瑣記云爾。（《浪跡叢談》卷一）

【張皋文編修】過毗陵時，訪張皋文編修之後人，不得見；訪皋文之甥董晉卿後人，亦不得見。晉卿為黎襄勤公所賞識，余官淮海監司時，與相契重，每藉以詢皋文梗概。皋文所著《茗柯文編》，聞其名而未得讀其書，惟閱惲子居《大雲山房文稿》中所載一條，不勝欽慕，惜此時無此人，亦不聞有此言也。子居之言曰：「皋文前後七試禮部，而後遇散館，已以部屬用，朱文正公特奏，改授為編修。文正屢進達之，而皋文齗齗以善相諍。文正言天子當以寬大得民；皋文言國家承平百餘年，至仁涵育，遠出漢、唐、宋之上，吏民習於寬大，奸孽萌芽其間，宜大伸罰，以肅內外之政。文正言天子當優容有過之大臣；皋文言庸猥之輩，幸致通顯，復敢壞朝廷法紀，惜全之何用？文正喜進淹雅之士；皋文言當進內能治官府、外能治疆埸者。皆詹詹大言，救時藥石。」皋文與曼雲先兄同成進士，同入翰林，余曾於庶常館數晤接，承其

青睞，而不知其偉抱如此，彼時亦不知臯文工篆書，未及索其片紙數字，至今過其故里，時為惋然。(《浪跡叢談》卷一)

【師友集】余撰《師友集》十卷，凡二百六十餘人，脫稿於道光壬寅冬月，嗣為兒輩匆匆付梓，未及細加校勘，錯誤不免，掛漏尤多。今冬始以刻本呈雲臺師鑒定，吾師遽寵以序云：「丙午歲除前，梁茝鄰大中丞送到《師友集》，讀之竟日不倦。古人云，老見異書猶眼明，夫以日接紅紙細書之函，老目更昏，對此安得不頓明也。歷數六十年間舉世交遊，有一人能詩能筆、議論又皆公允如此者乎？勝于良史，勝於佳集，此他日必傳之作也，因喜而綴言於簡端。道光二十六年頤性老人阮元識。」按：此書至揚州始分布，尚有沈鼎甫侍郎、程晴峰中丞、彭詠莪副憲、但雲湖都轉、吳紅生太守、黃右原比部各題詞，擬彙刊卷首，以誌雅誼云。(《浪跡叢談》卷二)

【許周生駕部】過武林時，訪許周生駕部之後人，惟其第六子子雙茂才延穀在家，承以《鑒止水齋集》見贈，並屢承招飲，助余相宅甚殷。周生與曼雲先兄同成進士，余曾相見於京師，遲久，始得讀其詩文集。竊謂己未科人才最盛，時論以當康熙己未、乾隆丙辰之大科，然籍籍人口者，惟鮑雙梧、吳山尊、張臯文、陳恭甫、王伯申諸太史，而鮮及周生者。周生穎悟非常，博通墳典，自經史、詩文外，如小學、算術、醫方、釋典，靡不涉獵，其視翰苑諸君子皆有過之無不及者。其論學也，謂經義中之大者不過數十事，前人聚訟數千年未了，今日豈能復了之，就今自謂能了，亦萬不能見信當時，取必後世云云；其論政也，謂兩漢功曹掾史皆擇邑之高望者補之，六朝時令史猶重，至明而吏始與士分途，天下有以操守稱官者，未聞以操守稱吏也，無高名之可慕，無厚祿之可耽，則彼所夙夜用心以治事者，安得不惟利是圖乎？今欲吏不為奸，則莫若高其品，使士人為之，士人為吏，習知政務，無迂懦不曉事之患，其於治道必有所裨云云，最為明通之論，皆非諸賢所能見及。又云：「西士彌納和為余言，近三十年測得五星外，尚有一星，形小而行遲，在赤道規上，約八十餘年可一周天，然此非一人一世所能測候，故自來星官家皆未言及，即西人亦今始知之。余偶讀《大集經》，云大星宿其數有八，所謂歲星、熒惑、鎮星、太白星、辰星、日星、月星、荷邏侯星，則西士所測其荷邏星歟？」此條亦足以廣異聞，錄之以諗言天文者。(《浪跡叢談》卷三)

【均賦】余藩牧吳中時，目擊田賦之重，曾有均田之議，旋以引疾歸里，未及上陳，附見其說於《退庵隨筆》中。蓋亦國初人有此議，曾見其書，而忘其姓氏，既而再四思之，此說究有難行，我朝一視同仁，究未便為此挹彼注玆之請，而同輩中亦有竊笑其迂者。近讀梁紹壬《秋雨庵隨筆》，所載一條較為平允，臚陳原委，亦更詳明，因亟錄之，以資決擇。其略曰：江南之蘇、松，浙江之嘉、湖，江西之南昌、袁、瑞等府，賦重於他處，人皆曰「此明太祖惡張士誠、陳友諒，因而仇視其民也」，而實不盡然。蓋其害實起於宋之官田，迨有明中葉，復攤絜官田重賦並於民田，遂貽禍至今。考官田、民田之分，二者本不相同，官田輸租，民田納賦，輸租故額重，納賦故徵輕。宣和元年，浙西、平江諸州，積水新退，田多曠業，當時在廷計利諸臣，獻議募民耕種，官自收租，謂之官田，厥後加以籍沒。蔡京、王黼、韓侂胄等，又充逾限三分之一之田盡屬之官，而官田於是乎浸廣矣。沿及元世，相沿不革，元末張氏竊據有吳，又並元妃嬪親王之產入焉。明祖滅張氏，其部下官屬田產，遍於蘇、松，明祖既怨張氏，又籍其田，並後所籍富民田，悉照租額定賦稅。正統時，巡撫周忱奏請減官田額，又奏官田乞同民田起科，部議格不行。嘉靖中，嘉興知府趙瀛，請以官田重賦，攤絜於民田而均之，趙固以官田、民田，有同一丘而稅額懸殊，故創並則之議，不知官田自當減賦，民田不可增賦，同時蘇、松亦仿其議，奏請允行，自是官田之名盡去，而民田概加以重賦。我朝平定江南，以萬曆時額賦為準，時已無復有官、民之分，但官田雖減，猶未為輕，民田既增，彌益其重，然則江右南昌、袁、瑞浮糧所以早蒙豁免者，由官田名額未除，蘇、松、嘉、湖浮糧所以難邀蠲除者，以官田名額既去，均於民田之賦，竟指定為正供，不復推求往時攤絜之故。韓世琦、慕天顏先後披陳，卒格不行。雍正二年，特恩除蘇州額徵銀三十萬兩，松、汀十五萬兩；乾隆二年，又除蘇州額徵銀二十萬兩，民力固可稍舒，然舊額太重，雖屢減仍無益也。如有為民請命者，誠能縷述其所以然之故，知宋不括官田，則無此重賦，明不攤絜民田，則亦無此重賦，為今之計，莫若均賦一法；請即以蘇、松鄰壤，東接嘉、湖，西連常、鎮，相去不出三四百里，其間年歲豐歉，雨暘旱溢，地方物產，人工勤惰，皆相等也，以之較常、鎮賦額，則每畝浮加幾倍，宜查常、鎮之額，按其最重者，定為蘇、松、嘉、湖之賦，則用以指陳入告，以普朝廷惠愛東南氓庶之至意，則百世蒙其福矣。(《浪跡叢談》卷五)

【請鑄大錢】近日銀貴錢賤，官民交困，群思補救之方計，惟有請鑄大錢，尚是通變宜民之一法。余前在廣西撫任，即經切實上陳，為戶部議格不行。復緣江蘇撫任引疾得請，附謝恩摺內上陳，則留中未發。近聞京中臺諫亦有請鑄大錢之摺，上曾向樞廷索取余原摺呈覽，又聞此事已交各直省督撫悉心妥議，而迄未見有切實敷陳者。昨安徽王曉林中丞植，向吳紅生太守索餘兩次疏稿，余以第二疏即係申明前疏未盡之意，且係留中之件，未便宣布，而第一疏已經部議，各省周知，因即錄副與之，而索閱者愈多，遂鈔付手民如左以應之。其詞云：竊謂今日銀價之貴，固由銀少，亦由錢多，錢非能真多也，由於私鑄之錢充斥，遂至銀、錢兩不得其平。臣竊以為今日變通之計，莫如籌錢之有餘，以補銀之不足，銀之產有限，銅之產無窮，考《禹貢》「惟金三品」，銅實與金、銀並重，當王者貴，其貴賤之權亦操之自上耳，上之權可以頃刻變人之貴賤，獨不可以頃刻變物之貴賤乎？古者泉刀之設，皆取資於銅，周時圜法，輕重銖兩雖不可考，然觀其遺制，有徑尺者，有數寸者，可知當千當百，自有等差，而歷代值錢法之窮，因之有「大錢」之制，所謂窮則變，變則通也。現在江、浙、閩、廣東南數省，習用洋錢，即外國之大錢也，不過取其輕利便於交易耳。今若鑄為大錢，其利用即與洋錢無異，與其用外國之大錢，何如用中國之大錢！惟利之所在，私鑄在所必防，然防大錢之私鑄，較之防小錢為易，但須輪廓分明，刻畫工致，磨洗淳淨，多用清、漢文以經緯其間，品愈貴者，其制愈精，則偽造者不難立辨。即如今日洋錢有洋鑄、土鑄之分，民間一目了然，則大錢之官鑄、私鑄，又何難瞭如指掌？且錢質精好，工本不輕，私鑄者無從獲利，即可不禁而自止。然後將民間舊有私鑄之小錢，隨地設局收買，以備改鑄大錢之用。其大錢之等差，或酌用當十、當五十，及當百、當五百、當千，分為五品，仍令與制錢相輔而行。查現在一錢之重，不過一錢二分，惟當十大錢不必用十錢之銅，當百大錢不必用百錢之銅，製造雖精而工本不致過費，銅亦日見有餘。此法一行，將民間舊積之私錢並外國所來之洋錢，皆當自廢。查新疆錢法，舊以五十普兒為一騰格，今定以百普兒為一騰格，每騰格直銀一兩，即合於古者當十之大錢，當日定制，似即因銀少之故，迄今行之，並無格礙難通，則內地又何妨仿照辦理。臣愚昧之見，所論似駭聽聞，然於古有據，於今為宜，誠使大錢之法一行，則天下之銅皆將與銀同貴，可使旬日一月之間財源驟裕，何慮而不出此？或謂大錢之行後必有弊，此則全視乎行法之人，即如捐例之開，亦孰敢保其無弊？應請飭下親信重臣，會同部臣，博考舊章，從長計議。凡立法不能無弊，而理財全在用人，得其人則弊自輕而利自重，否則如廣東之六百萬銀徒以資寇而毫

不見功，豈不重可惜哉！（《浪跡叢談》卷五）

【鴉片】近日英夷就撫，而鴉片之禁漸弛，漏卮之弊愈不可稽，於是留心國計者僉議，請令各直省普種罌粟花，使中原之鴉片益蕃，則外洋自無可居奇之貨，且罌粟漿之成鴉片，其毒究不如烏土、白皮之甚，則吸煙者之害亦不甚深，可以逐漸挽救，其用心可謂苦矣，其設想亦可謂周矣，然究非政體之所宜，即陳奏亦恐難邀俞允。愚謂為今之計，則不如仍用前許青士太常所奏，甚可行也。按道光十六年四月太常寺少卿許乃濟一摺，奉旨交廣東大吏會同妥議，不知彼時如何覆奏，未見施行。今節錄其原摺如左，以備採擇。云：「為鴉片例禁愈嚴，流弊愈大，應請變通辦理事。竊照鴉片煙本屬藥材，其性能提神、止泄、闢瘴，見於李時珍《本草綱目》。本名阿芙蓉，惟吸食必應其時，謂之上引，則廢時失業，莫此為甚。甚者氣弱中乾，而灰齒黑，有明知其害而不能自已者，誠不可不嚴加厲禁，以杜惡習也。查鴉片煙之品有三，一曰烏土，一曰白皮，一曰紅皮，皆英吉利屬國所出，乾隆以前海關則例列入藥材項下，每百斤稅銀三兩。其後遂入例禁，嘉慶初年食鴉片者，罪以枷杖，今遞加至徒流絞候各重典，而食者愈多，幾遍天下。乾隆以前鴉片入關，稅後，交付洋行兑換茶葉等項；今以功令森嚴，不敢公然易貨，皆用銀私售。嘉慶年間，每歲約來數百箱，近竟多至二萬餘箱。烏土為上，每箱約洋銀八百元，白皮次之，約洋銀六百元，紅皮又次之，約洋銀四百元，歲售銀一千數百萬元。以庫平紋銀七錢計算，歲耗數銀總在一千萬兩以上，由是洋銀有出無入矣。夫以中國易盡之藏，填海外無窮之壑，日增月益，貽害將不可言。或欲絕夷人之互市，為拔本塞源之計，在中朝原不惜捐此百餘萬兩之稅銀，然西洋諸國通市者千有餘年，販鴉片者惟英吉利耳，乃因英吉利而概絕諸國之互市，則瀕海數十萬眾恃通商為生計者，將何以處之？且夷船在大洋外隨地可以擇島成廛，內洋商船皆得轉致，又從何而絕之？比歲夷船周歷閩、浙、江南、山東、天津、奉天各海口，其意即在銷售鴉片，雖經各地方官隨時驅逐，然聞私售之數亦已不少，是但絕粵海之互市，而不能止私貨之不來。且法令者，胥役棍徒之所藉以為利，法愈峻，則胥役之賄賂愈豐，棍徒之計謀愈巧。道光元年，兩廣督臣阮元曾嚴辦澳門屯戶葉恒澍夷商一案，繼任督臣盧坤亦曾拿獲梁昌榮一案，起出煙泥一萬四千餘個，格殺生擒者共數十人，並將窯口匪徒姚九、區寬等籍產入官，查辦非不認真，而此害終不能戢。蓋匪徒之畏法，不如其騖利，揆其鬼蜮技倆，法令亦有時而窮。更有內外匪徒冒充官差，以搜查鴉片為名，乘機搶奪，良民受累不堪。此等流弊皆起自嚴禁以後。究之食鴉片者率皆浮惰無志不足輕重之輩，亦有逾耆艾而食此者，不盡促人壽命，海內生齒日繁，斷無減耗戶口之虞，而歲竭中國之脂膏，則不可不早為之計。閉關不可，徒法不行，計惟仍用舊例，准夷商將鴉片照藥材納稅，入關後，祇准以貨易貨，不得用銀購買，夷人納稅之費，輕於行賄，諒彼亦必樂從。洋銀應照紋銀一體禁其出洋，有犯被獲者，鴉片銷毀，銀兩充公。至文武員弁、士子兵丁，或效職趨公，或儲材待用，豈可聽其沾染惡習，至蹈廢時失業之愆！惟用法過嚴，轉恐互相容隱，如有官員、士子、兵丁私食者，應請立即斥革，免其罪名，寬之正所以嚴之也。該管上司及統轄各官有知而故縱者，仍分別查議。其民間販賣吸食者，一概勿論。或疑弛禁於政體有關，不知觴酒、衽席皆可戕生，附子、烏頭豈無毒性？從未聞有禁之者。且弛禁僅屬愚賤無事之流，若官員、士子、兵丁，仍不在此數，似無傷於政體。而以貨易貨，每年可省中原千萬餘金之偷漏，孰得孰失，其事了然。倘復瞻顧遲回，徒循虛事，誠恐鴉片終難禁絕，必待日久民窮財匱而始轉計，則已悔不可追。謹以上聞，伏乞密飭粵省督撫及海關監督，確查以上各情節，如果屬實，速議變通辦理章程，以杜漏卮而裕國計。臣不勝惶悚待命之至。」（《浪跡叢談》卷五）

【科目】近日捐輸之例，層見迭出，無識者流，乃竊竊憂之，以為此風不止，必有礙於科目，且恐將來廢科目之說，或由此而開，則斷斷不然。捐輸自捐輸，科目自科目，不能舉一廢一，且恐轉瞬即有停捐輸之事，而終古必無廢科目之虞。客不聞乾隆初有廢科目之疏乎？乾隆九年，兵部侍郎舒赫德疏云：「科舉而取，案格而官，已非良法，況積弊已深，僥倖日眾，古人詢事考言，其所言者，即其居官所當為之職事也，今之時文，徒空言而不適於用，此其不足以得人者一；墨卷房行，輾轉抄襲，膚辭詭說，蔓衍支離，以為苟可以取科第而止，此其不足以得人者二；士子各占一經，每經擬題，多者不過百餘，少者僅止數十，古人畢生治之而不足，今則數月為之而有餘，此其不足以得人者三；表、判可以預擬而得，答策就題敷衍，無所發明，此其不足以得人者四；且人材之盛衰，必於心術之邪正，今之僥倖求售者，弊端百出，探本清源，應將考試條款改移而更張之，別思所以遴拔真才實學之道。」云云。奉旨飭議，時鄂文端公為首相，力持議駁云：「謹按，取士之法，三代以上出於學，漢以後出於郡縣吏，魏、晉以來出於九品中正，隋、唐至今出於科舉。科舉之法，每代不同，而自明至今，則皆出於時文。三代尚矣，漢法近古，而終不能復古。自漢以後，累代變法不一，而及其既也，莫不有弊。九品中正之弊，毀譽出於一人之口，至於賢愚不辨，閥閱相高，劉毅所云『下品無高門，上品無寒士』者是也。科舉之弊，詩賦則祇尚浮華而全無實用，明經則專事記誦而文義不通，唐趙匡舉所謂『習非所用，用非所習，當官少稱職吏』者是也。時文之弊，則今舒赫德所陳奏是也。聖人不能使立法之無弊，在乎因時而補救之。蘇軾有言：『觀人之道在於知人，知人之道在於責實。』蓋能責實，則雖由今之道，而振作鼓舞，人才自可奮興；若專務循名，則雖高言復古，而法立弊生，於造士終無所益。今舒赫德所謂時文、經義，以及表、判、策、論，皆為空言剿襲而無所用者，此正不責實之過耳。夫凡宣之於口、筆之於書者，皆空言也，何獨今之時文為然？且夫時文取士，自明至今殆四百年，人知其弊而守之不變者，非不欲變，誠以變之而未有良法美意以善其後，且就此而責其實，則亦未嘗不適於實用，而未可一概訾毀也。蓋時文所論，皆孔、孟之緒餘，精微之奧旨，未有不深明書理而得稱為佳文者，今徒見世之腐爛抄襲，以為無用，不知明之大家如王鏊、唐順之、瞿景淳、薛應旂等，以及國初諸名人，皆寢食經書，冥搜幽討，殫智畢精，殆於聖賢之義理心領神會，融洽貫通，然後參之經史子集，以發其光華，範之規矩準繩，以密其法律，而後乃稱為文，雖曰小技，而文武幹濟、英偉特達之才未嘗不出於其中。至於姦邪之人，迂懦之士，本於性成，雖不工文，亦不能免俗，未可以為時藝咎。若今之抄襲腐爛，乃是積久生弊，不思力挽末流之失，而轉咎做法之涼，不已過乎！即經義、表、判、策、論等，苟求其實，亦豈易副？經文雖與《四書》並重，而積習相沿，慢忽既久，士子不肯專心肄習，誠有如舒赫德所云，數月為之而有餘者。今若著為令甲，非工不錄，則服習講求，為益匪淺。表、判、策、論，皆加核實，則必淹洽乎詞章，而後可以為表；通曉乎律令，而後可以為判；必有論古之識，斷古之才，而後可以為論；必通達古今，明習時務，而後可以為策。凡此諸科，內可以見其本原之學，外可以驗其經濟之才，何一不切於士人之實用？何一不可見之於施為乎？必變今之法，行古之制，則將治宮室，養遊士，百里之內，置官立師，獄訟聽於是，軍旅謀於是。又將簡不率教者，屏之遠方，終身不齒，毋乃徒為紛擾而不可行！又況人心不古，上以實求，下以名應。興孝，則必有割股、廬墓以邀名者矣；興廉，則必有惡衣菲食、弊車羸馬以飾節者矣。相率為偽，其弊尤繁，甚至藉此虛名，以干進取，及乎蒞官之後，盡反所為，至庸人之不若，此尤近日所舉孝廉方正中所可指數，又何益乎！若乃無大更改，而仍不過求之語言文字之間，則論、策今所見行，表者賦頌之流，即詩賦亦未嘗盡廢，至於口問經義，背誦疏文，如古所為帖括者，則又僅可以資誦習，而於文義多致面牆。其餘若《三傳》科、史科、明（原誤為名）法、書學、算、崇文、宏文生等，或駁雜蕪（原作無）紛，或偏長曲技，尤不足以崇聖學而勵真才矣。則莫若懲循名之失，求責實之效，由今之道振作補救之為得也。我皇上洞見取士源流，所降諭旨，纖悉畢照，司文衡、職課士者，果能實心仰體力除積習，杜絕僥倖，將見數年之後，士皆束身詩禮之中，潛心體用之學，文風日盛，真才日出矣。然此亦特就文學而言耳。至於人之賢愚能否，有非文字所能決定者，故立法取士，不過如是，而治亂盛衰初不由此，無俟更張定制為也。舒赫德所奏，應毋庸議。」奏上，奉旨依議，科目之不廢者，鄂文端公之力也。(《浪跡叢談》卷五）

【冗員】道光十二三年中，各直省皆奉敕裁汰冗員。直隸省自通判以下共裁去二十餘員。廣東省裁廉州府同知，肇慶府通判，高、廉兩府司獄，南海、番禺兩縣河泊所大使，長寧、始興兩縣訓導。江南省裁江蘇華亭縣主簿一缺，所司水利，改歸縣丞兼管；鎮江府照磨一缺，所司稽查渡江、救生船事，改歸鎮江府知府兼管；金壇縣湖溪巡檢無巡防之實，江寧府照磨無專管事宜，揚州府檢校無專司之事，均裁去；所有稽查邗溝閘座、督夫啟閉事宜，改歸揚州府經歷兼管。陝甘省裁丞倅等官五員。江西省裁建昌府水利通判一缺，九江府督糧通判一缺，又撫州、袁州、九江三府府磨，又武寧縣高坪司巡檢、新淦縣檈檈山司巡檢、德興縣白河司巡檢三缺。又雲貴省奏錦屏縣幅員偏小，所有知縣、典史、訓導，俱著裁汰，地丁錢糧，就近改歸開泰縣管理，惟錦屏地方民、苗雜處，未便乏員，著改設錦屏縣丞一員，仍歸開泰縣管轄，又裁磐石司巡檢一缺。又南河裁丹徒縣丞、儀徵縣閘官、如皋縣縣丞、興化縣縣丞。又雲南裁曲靖府同知，劍州所屬彌沙井鹽大使，並曲靖、永昌、大理三照司獄，順寧府知事。又浙江裁紹興府北塘通判，衢州府糧捕通判，杭州府屬之城北務，錢塘縣屬之西溪務，湖州、紹興二府司獄，寧波府屬象山、趙嶴巡檢，嚴州府屬建德縣縣丞。又長蘆裁蘆東、滄州運判一缺，歸併天津運同；膠、萊運判一缺，歸併濱、樂運同；興國場大使一缺，歸豐財場兼管；又登寧場大使一缺，信陽場大使一缺，並著鄰境壽樂場兼管。又湖南裁岳州同知一缺，永順、常德兩府通判二缺，郴州、道州州判二缺，巡檢七缺，訓導六缺。又福建裁縣丞二缺，司獄六缺，巡檢九缺，皆雜見邸報中。所裁已不為少，然此外尚有不實不盡者，惟在各督撫大吏隨時察看辦理，亦撙節之一端，聖經所謂生財大道，食之者寡，不得謂非當時之急務也。（《浪跡叢談》卷五）

浪跡續談八卷　（清）梁章鉅撰

梁章鉅有《歸田瑣記》，已著錄。

此書多記風俗物產。如「孫春陽」條曰：「京中人講求飲饌，無不推蘇州孫春陽店之小菜為精品。孫春陽係前明人，祖居寧波，萬曆中應童子試不售，遂棄舉子業，為貿遷之術，始來吳門，開一小鋪，在今吳趨坊北口。其地為唐六如讀書處，有梓樹一株，其大合抱，僅存皮骨，實舊物也。鋪中形制，學州縣衙署，分為六房，曰南貨房，曰北貨房，曰海貨房，曰醃臘房，曰蜜餞房，曰蠟燭房。售者由外櫃給錢，取一小票，自往各房領貨。而管總者掌其綱，一日一小結，一月一總結，一年一大結。鋪中之物，歲入貢單。其店規之嚴，選制之精，合郡所未有也。」又重戲曲小說。如「荊釵記」條曰：「世所演《荊釵記》傳奇，乃仇家故謬其詞，以誣衊王氏者。《王祿識餘》云：『玉蓮乃王梅溪之女，孫汝權乃同時進士，梅溪之友，敦尚風誼，梅溪劾史浩八罪，汝權實慫恿之，史氏所最切齒，遂令其門客作《荊釵》傳奇以蔑之。』……撰傳奇者謬悠其說，以誣大賢，實為可恨，施愚山《矩齋雜記》亦詳辨之。」又「封神傳」條曰：「憶吾鄉林樾亭先生，嘗與余談《封神傳》一書，是前明一名宿所撰，意欲與《西遊記》《水滸傳》鼎立而三，因偶讀《尚書・武成篇》『惟爾有神，尚克相予』語，演成此傳，其封神事，則隱據《六韜》《陰謀》《史記・封禪書》《唐書・禮儀志》各書鋪張俶詭，非盡無本也。我少時嘗欲倣此書，演成黃帝戰蚩尤事，而以九天玄女兵法經緯其間，繼欲演伯禹治水事，而以《山海經》所紀助其波瀾，又欲演周穆王八駿巡行事，而以《穆天子傳》所書作為質幹，再各博採古書以附益之，亦可為小說大觀，惜老而無及矣。」「長生殿」條述其本末甚詳。

王伯祥稱此書記其自蘇、杭至溫之瑣聞，而於永嘉故實言之迭迭，其中以《遊雁蕩日記》最為勝蹟，藉為後人臥遊之資，良足稱快。〔註587〕卷一多記蘇州園林，如靈巖山館、獅子林、繡谷園、瞿園、息園。卷三為《遊雁蕩日記》，卷五多記名酒精饌，其人以「老饕」自居，喜文人雅聚，飲酒賦詩，饒有情致。

此本據復旦大學圖書館藏清道光二十八年刻本。

【附錄】

【靈巖山館】過蘇州時，有客約余遊靈巖山館，余以前遊未暢，且欲考悉其顛末，因欣然挐舟前往。歷覽久之，蓋不過相隔十餘年，而門庭已大非昔比矣。按山館即在靈巖山之陽西施洞下，乾隆四十八九年間，畢秋帆先生所購築，營造之工，亭臺之侈，凡四五年而始竣，計購值及工費不下十萬金。至五十四年三月，始將扁額懸掛其頭門，曰：「靈巖山館」。聯云：「花草舊香溪，卜兆千年如待我；湖山新畫障，臥遊終古定何年。」皆先生自書，而語意淒惋，識者已慮其不能歌哭於斯矣。二門扁曰「鍾秀靈峰」，乃阿文成公書，聯云：「蓮嶂千重，此日已成雲出岫；松風十里，他年應待鶴歸巢。」自此蟠曲而上，至御書樓，皆長松夾路，有一門甚宏敞，上題「麗燭層霄」四大字，是嵇文恭公書。憶昔遊時，是處樓上有楠木櫥一具，中奉御筆扁額「福」字，及所賜書籍、字畫、法帖諸件，今俱無之。樓下刻紀恩詩及謝恩各疏稿，凡八石。由樓後折而東，有九曲廊，過廊為張太夫人祠。由祠而上，有小亭，曰澄懷觀。道左有三楹，曰「畫船雲壑」「三面石壁」「一削千仞」，其上即西施洞也。前有一池，水甚清冽，遊魚出沒可數，中一聯云：「香水濯雲根，奇石慣延採硯客；畫廊垂月地，幽花曾照浣紗人。」池上有精舍，曰硯石山房，則劉文清公書也。嘉慶四年九月，忽有旨查抄，以營兆地例不入官，故此園至今無恙。至嘉慶二十一年，始為虞山蔣相國後人所得。而先生自鎮撫陜西、河南、山東，總制兩湖，計二十餘年，平泉草木，終未一見。余前遊詩云：「靈巖亭館出煙霞，占盡中吳景物嘉。聞說主人不曾到，丘山華屋可勝嗟！」蓋紀其實也。近年輯《楹聯叢話》，前數聯均未及採，今始錄得，將補入《楹聯三話》，則此遊亦不虛矣。(《浪迹續談》卷一)

【獅子林】客有招余重遊獅子林者，余笑謝之，蓋余於吳郡園林，最嫌獅子林之逼仄，殊悶人意，故前官蘇藩時，亦曾偕友往遊一次，而並無片語

〔註587〕王伯祥：《度稼偶識》，中華書局，2008年版，第117頁。

紀之。或謂此園為倪雲林所築，則亦誤也。曾聞之石竹堂前輩云：「元至正間，僧天如惟則延朱德潤、趙善長、倪雲林、徐幼文共商疊成，而雲林為之圖，取佛書獅子座而名之耳。」明時尚屬畫禪寺，國初鞠為民居，荒廢已久。乾隆二十七年，南巡莅吳，始開闢蔓草，築衛牆垣。中有獅子峰、含暉峰、吐月峰、立雪堂、臥雲室、問梅閣、指柏軒、玉鑒池、冰壺井、修竹谷、小飛虹、大石屋諸勝，又有合抱大松五株，故又名五松園，則人所鮮知也。(《浪迹續談》卷一)

【繡谷】蘇州閶門內有繡谷園，余過吳門時，有以《繡谷送春圖卷》來售者，恐是仿本，且其值過昂，因置之。此園嘉慶中為吾鄉葉曉崖河帥所得，後歸余同年謝椒石觀察，又後歸王竹嶼都轉，葉、謝、王皆余至好，往來最熟，今則不知何姓所居矣。按此宅在國初為蔣氏舊業，偶於土中掘得「繡谷」二大字，作八分書，遂以名其園。園中亭榭無多，而位置有法，相傳為王石谷所修。康熙三十八年己卯，尤西堂、朱竹垞、張匠門、惠天牧、徐徵齋、蔣仙根諸名流曾於此作送春會，王石俗、楊子鶴為之圖，時沈歸愚尚書年才二十七，居末座。乾隆二十四年，又有作「後己卯送春會」者，則以尚書為首座矣。先是蔣氏將售是宅，猶豫未決，卜於乩筆，判一聯云：「無可奈何花落去，似曾相識燕歸來。」而不解其義。迨歸葉氏，而上語應，後葉氏轉售於謝氏，謝又轉售於王氏，而對語亦應。一宅之遷流，悉有定數，亦奇矣哉！(《浪迹續談》卷一)

【瞿園】蘇州之瞿園，即宋氏網師園故址，後歸嘉定瞿遠村，復增築之。園中結構極佳，而門外途徑極窄，陶文毅公最所不喜。蓋其築園之初心，即藉此以避大官之輿從也。余在蘇藩任內，曾招潘吾亭、陳芝楣、吳棣華、朱蘭坡、卓海帆、謝椒石在園中看芍藥，其西數十步即沈歸愚先生舊廬，嘗約同人以詩紀之，且擬繪圖以張其事，而遷延不果作。此數君子皆老斫輪，果皆有詩，必可以傳，今則如摶沙一散，不可聚矣。越十餘年重到，為之慨然！(《浪迹續談》卷一)

【息園】息園即顧氏依園舊址，錢槃溪購而葺之。園中有高阜，曰妙嚴臺，相傳為梁時妙嚴公主墓，載在蘇州郡志，以為梁武帝女。按梁時公主之見於史書者，有玉姚、玉婉、玉環、令嫕悘、含貞，又長城、吉安，皆有封號，不知妙嚴主為何人。惟簡文王皇后，生長山公主，名妙碧，則妙嚴似是簡文所生，舊志以為武帝女，恐未確矣。此臺西去數百步，今為蒲林巷，巷之西門有石馬一區，俗稱「石馬鞍頭」，相傳是公主墓前物。再南去為禪興寺，寺中有妙嚴公主像，戴毗盧帽，兩手合十作跏趺狀，旁有宮女十人。相傳公主下嫁郡人孫暘，暘死，梁亦失國，陳高祖以前朝公主，賜十宮人以優禮之，年八十餘而卒。嘉慶中，此地濬池，得宋時古碣，是四至界牌，則當時尚有防護也。(《浪迹續談》卷一)

【孫春陽】京中人講求飲饌，無不推蘇州孫春陽店之小菜為精品。或因余官吳門久，欲知其詳者，余以所聞告之曰：孫春陽係前明人，祖居寧波，萬曆中應童子試不售，遂棄舉子業，為貿遷之術，始來吳門，開一小鋪，在今吳趨坊北口。其地為唐六如讀書處，有梓樹一株，其大合抱，僅存皮骨，實舊物也。鋪中形制，學州縣衙署，分為六房，曰南貨房，曰北貨房，曰海貨房，曰醃臘房，曰蜜餞房，曰蠟燭房。售者由外櫃給錢，取一小票，自往各房領貨。而管總者掌其綱，一日一小結，一月一總結，一年一大結，自明至今，已二百四十餘年，子孫尚食其利，無他姓頂代者。吳門五方雜處，為東南一大都會，群貨萃集，何啻數萬戶，而惟孫春陽鋪為前明舊家，著聞海內，鋪中之物，歲入貢單。其店規之嚴，選制之精，合郡所未有也。國初趙吉士載入寄園書中，余澹心《板橋雜記》亦錄之，近時袁簡齋《隨園食單》亦有其名，但皆未詳其顛末耳。(《浪迹續談》卷一)

【淮鹽情形】余至蘇州，同人多欲聞淮鹺情狀，蘇州向食浙鹽，於兩淮鹽務兩不關涉，以余任邗江久，宜得其詳，故多絮談及之，而不料余亦門外漢也。或問何為驗貲？余曰：此特票鹽局員所設之巧法耳。淮北票鹽之政已行之十餘年，據言淮北額例行鹽三百一萬五千餘引者，今行銷至六百十萬六千餘引，是溢於額銷一倍也。奏銷正雜諸款徵銀三百餘萬兩者，今徵至一千一百十二萬兩有奇，是溢於課額又再倍也。且淮南商人認辦淮北江運入岸引鹽，原額八萬一千六百二十引，自道光十二年至二十四年，合應銷鹽一百六萬一千餘引，今止請運四十一萬九千餘引，其虛懸之課，歷係以票鹽之溢課撥補，並每年以票鹽盈餘協貼淮南銀四十餘萬兩，又代納淮南懸課銀三十餘萬兩，是票鹽之功，不特再造淮北，抑且普及淮南也。所慮者設局收稅，有挾多爭先之虞，掣簽掛號，又有無貲空號之弊，自十八年始定為驗貲之法。令各票販將鹽價成本若干引先行呈驗，統交分司收存，其有貲浮於鹽者，將銀登時發還，將鹽均攤折扣，每年四十六萬引，一齊開局，而請託爭競截然不行矣。惟是近年驗貲，必於歲暮集舊城前鹺政署內，以數間之廢廨，聚億萬之鉅貲，數日間民間白鏹為之一空，士民嘖有繁言，儀徵師相每至夜不能寐，和余《喜雪詩》有「漫藏誨盜」之語，誠可寒心。去冬余在揚州度歲，目擊驗貲之舉，亦頗切杞人之憂。聞江、浙之以貲至者，竟有千餘萬之多，乃知東南財力尚裕，將可憂者又轉為可喜，故余《喜雪疊韻詩》云：「朱提甫散祥霙至，且喜財源萬里寬。」誠有慨乎其言之也。又問近聞揚州商人有欲撼動票鹽局者，其說云何？余於鹺政未嘗涉手，而道聽塗說，亦復時為講求，曩嘗私錄為書，今則參以近時聞見，頗能言其梗概。竊謂兩淮鹽務，南北雖同一課運，而輕重懸殊，南鹽原額一百三十餘萬引，正雜捐帶共課五百餘萬兩，北鹽原額二十八萬餘引，正課三千餘兩。其行銷之地，南北犬牙相錯，南鹽課賦重於北鹽九倍，場鹽運腳經費亦數倍於北鹽。故口岸售價貴於北鹽，而小民趨賤避貴，越境侵佔，最為便捷，此北鹽銷運愈暢，南鹽銷運愈絀之所由來也。然多銷十萬引北鹽，祇多十餘萬兩之課，多銷十萬引南鹽，即多五十萬兩之課，此則必急求南銷暢旺，方於國課有裨也審矣。查兩湖口岸，雖有川、粵、潞三省鄰私侵灌，而向來銷數每年按額總有九成，極滯亦有八成，自有北票以來，則年減一年，上年實銷不過六成以外。蓋因向日鄰私，川有宜昌門戶，潞有襄陽隘口，粵有衡、永、辰、常要道，一經嚴查堵緝，則淮鹽銷數即旺。今北票之侵越者，河南光、固於湖北黄州府屬陸路毗連，又信陽州於湖北水路相通，並無隘卡門戶可堵，故北票越占愈多，南綱銷數愈絀，徒致庫少雜款，商賠正項，已運之鹽堆積兩歲，未辦之引請運不前。捨其重而就其輕，此鄰私之病在皮毛，北鹽之病在心腹也，皮毛之病易救，心腹之病難醫，若不及早變通，必致南鹽一敗塗地。專司北鹽者可以置身事外，統轄兩淮者未免措置為難。況北鹽專以驗貲為巧法，而現當銀源艱滯之時，每屆冬底，農之完糧須銀，商之納稅須銀，漕務之兑運須銀，河工之購料須銀，公私之需銀方殷，而徒因驗貲之故，不論遠近，俱因此而屯聚千萬銀兩，更使銀路不通，其實不過收票稅數十萬兩，遂使國計民生處處窒礙，錢價日減，盜賊繁興，此病之尤甚者也。議者謂南綱折減以來，亦復銷運兩滯，仍有懸引七萬餘引，雖予以緩納提售，設法已盡，而口岸半為北鹽蔓占，徒多壓積。且緩納有關庫貯，提售有礙輪銷，仍於南綱課運不利。今權擬一「南北通籌、輕重兼顧」之法，莫若於七萬餘懸引外，再於派運數內，按成酌提七萬餘引，共成十五萬引，以北票四十六萬引核成搭配，凡辦北票三千餘引者，配辦南鹽一千引，如辦此項提配數內南鹽一千引者，配辦北票三千餘引。南則無須緩納提售，於庫貯轉輸得益，北則免其驗貲出利，於北票成本有裨，北課全而南課亦全，南課清而北課亦清，庫款漸裕，而南鹽銷數亦可保守，此法似可試行一二年，俟有成效再為定例云云。余局外人也，未敢斷其是非，姑論列之，以俟當局之採擇焉。(《浪迹續談》卷一)

【秋濤宮】余屢泊舟錢唐江邊，或六和塔下，榜人輒有避潮之事，每潮至時，試向船頭探望，則一線銀濤，截江而過，舟中即震撼不安，或來在夜間，則合江喧騰，人聲船聲鼎沸，推窗竊視，惟見一片茫茫，不兩時許已達富陽城下，然則皆值小潮時也。憶嘉慶己未正月初三，曾肩輿走武林城中，於橋上望見城外大江中，如十萬玉龍排湧而過，為之目駭神馳，間嘗為杭人述之，據云，此數十年前事，近來潮小，雖以大潮期內，亦不能有此奇觀。余問潮小之故，則曰:「此自關地脈之衰旺。」從前杭州有「火燒雷峰塔，沙壅錢唐江」之諺，今皆應之，殆非偶然也。今年寓居城西三橋址，八月初三日，同人邀上吳山，為觀潮之會，初飲於延慶山房，旋至城隍廟門外候潮，值潮遲來而客早散，未暢所欲觀而去。滿擬於十八日直赴江岸一觀，僉曰觀潮之地，以秋濤宮為最勝，惟其日為潮神生日，城中各官必來致祭，上下人多，未免喧擠，不如前一日往觀，亦在大潮期內也，遂定於十七日，挈恭兒、敬兒、婉蕙子婦、儔年八孫，於午後往秋濤宮前樓。坐待移時，而對江極遠處，忽起紅白數道，白即潮痕，紅是為斜陽所襯，瞬息間變為銀山萬道，雜沓而至，倏在眼底，樓前欄檻俱若有動搖之形，樓上人無不失色者。時江中有弄潮十餘船，忽出忽沒，尤堪震駭，未幾而岸土崩頹，水變黃色，而潮已過矣。此潮直趨此地，而此樓適壓其沖，若稍高一二尺，鮮不為潮所打者，聞極大之潮，亦不過至樓下短牆而止，從無逾牆而入者，殆有神道主持其間，而當時擇地構造之工，不可謂非神之默相也。余有詩紀之云:「候潮門外候潮來，臨水奇觀第一回。萬頃雲濤馳陣馬，滿江冰雪雜晴雷。居高但說憑軒穩，狎視終非作楫才(謂江中弄潮各小舟)。東望茫茫鼋鰭畔，更堪妖蜃起樓臺。」「近說秋濤欠大來，錢唐岸上幾低回。誰知潑眼仍如雪，何處聞聲不似雷〔近年浙潮不旺(原誤為「望」)，而此次卻大如往時〕。往復自應隨地轉，變調端望出群才。歸心正擬乘潮發，直溯桐江上釣臺。」(《浪迹續談》卷一)

【東甌學派】永嘉學統，宋以前無可徵，自南渡而後，人文始盛。南豐劉起潛壎《隱居通議》云:「初周恭叔首闡程、呂氏微言，放新經，黜舊疏，挈其儔倫，退而自求，是千載之已絕，霍然如醉忽醒，如夢方覺也。頗盈衰歟，而鄭景望出，明見天理，身暢氣怡，篤信固守，言與行應，而後知今人之心可印於古人之心。故永嘉之學，必兢省以御物慾者，周作於前，鄭承於後也。薛士龍奮發昭曠，獨究體統，帝王遠大之制，叔末寡陋之術，不隨毀譽，必摭故實，如有用我，療復之方安在。至陳君舉尤號精密，民病某政，國厭某法，銖稱鎰數，各到根穴，而後知古人之治可措於今人之治矣。故永嘉之學，必彌綸以通世變者，薛經其始，陳緯其終也。四人，鄉之哲人也，此葉氏所著《溫州學記》之說。」案此說隱括源流，敘述賅備，而獨為溫州府、縣志所不採，今之士大夫蓋鮮有知之者。自孫雨人學博始錄於《永嘉聞見錄》中，並以意列為譜繫於後，開山第一人為周恭叔行己，再傳三人，為鄭景元伯英、鄭景望伯熊、薛士龍季宣，三傳四人，為陳君舉傅良、葉行之幼學、呂伯恭祖謙、葉正則適，可謂明辨晳矣。今府縣所列人物，尚不能如此之有端緒也，故急表而出之。(《浪迹續談》卷二)

【四靈詩派】宋時有四靈詩派，皆永嘉人。徐照字道暉，號靈暉，詩曰《山民集》。徐璣字文淵，一字致中，號靈淵，詩曰《泉山集》。翁卷字續古，號靈舒，詩曰《西巖集》。趙師秀字紫芝，號靈芝，詩曰《天樂堂集》。當時即其號而目之為四靈。四人中，惟趙師秀嘗登科出仕，詩亦最工，紀文達師嘗云，師秀詩如「樓鐘晴聽響，池水夜觀深」「朝客偶知親送藥，野僧相保密持經」，徐照等能之，而如「野水多於地，春山半是雲」「輔嗣《易》行無漢學，玄暉詩變有唐風」，則徐照等所弗能道也。(《浪迹續談》卷二)

【大龍湫】雁蕩之奇，以大龍湫為最，初入山，即懸心眼間。憶客秋獲觀石門洞瀑布，已歎奇絕，慶雲圃觀察告余曰:「君若觀大龍湫，則石門洞又不足言矣。」探聞數日前，趙蓉舫學使經過，缺此一觀，殆為陰雨之故，而余銳意欲往，乃從細雨滑道中，與儕輩賈勇而前，極思以長歌紀之，惟翻閱圖經，殊少傑作，自知鈍腕，亦不能孟晉前修，詘然而止。但憶袁簡齋老人一首，盡態極妍，足以醒人心目，其中段摹寫云:「分明合併忽分散，業已墮下還遷延。有時軟舞工作態，如讓如慢如盤旋。有時日光來照耀，非青非紅五色宣。到此都難作比擬，讓他獨佔宇宙奇觀偏。更怪人立百步外，忽然滿面噴寒泉。及至逼近側，轉復發燥神悠然。」其結尾比擬云:「天台之瀑何狂顛，此山之瀑何嬋嫣。石門之瀑何喧闐，此山之瀑何靜妍。化工事事無復筆，一瀑布耳形萬千。要知地位孤高依傍小，水亦變化如飛仙。」蓋非此如椽之筆，不能傳出大龍湫之全神也。亟為拈出，以諗同遊者。(《浪迹續談》卷三)

【一捧雪】《一捧雪》傳奇，他處少演者，余惟從蘇州得觀，蓋即蘇州事，故蘇人無不能言其本末。所謂莫懷古，乃隱名，若謂莫好古翫，好古如以手棒雪，不可久也。沈德符《野獲編》云：「嚴分宜勢熾時，以諸珍寶盈溢，遂及書畫骨董，時鄢懋卿以總鹺使江、淮，胡宗憲、趙文華以督兵使吳、越，各承奉意旨，搜取古翫，不遺餘力。傳聞有《清明上河圖》手卷，宋張擇端畫，在故相王文恪家，難以阿堵動，乃託蘇州湯臣者往圖之。湯以善裝潢知名，客嚴門下，亦與婁江王思賢中丞往還〔思賢名忬，弇州山人世貞之父〕，乃說王購之，王時鎮薊門，即命湯以善價購之。既不可得，遂屬蘇人黄彪摹一本應命，黄亦畫家高手也。嚴時既得此卷，珍為異寶，用以為諸畫壓卷，置酒會諸貴人賞之。有妒中丞者，直發其為贋本，嚴世蕃大慚怒，頓恨中丞，謂有意紿之，禍本自此成。或云即湯姓者，怨弇州伯仲，自露始末，不知然否。」又王襄《廣匯》云：「嚴世蕃嘗索古畫於王忬，云值千金，忬有臨幅，絕類真者，以獻。乃有精於辨畫者，往來忬家，有所求，世貞斥之，其人知忬所獻畫非真蹟也，密以語世蕃。會大同有虜警，巡按方恪〔《明史》作方輅〕劾忬失機，世蕃遂告嵩票本論死。」《廣匯》所載稍略，而情節與《野獲編》相同。又孫之忬《二申野錄》注云：「後世蕃受刑，弇州兄弟贖得其一體，熟而薦之父靈，大慟，兩人對食畢而後已。詩畫貽禍，一至於此！況又有小人交構其間，釀成尤烈也。」按所云詩者，謂楊椒山死，弇州以詩弔之，刑部員外況叔祺錄以示嵩；所云畫，即指《清明上河卷》也。又按湯臣即湯裱褙，今蘇州裝潢店尚是其後人，聞乾隆間尚有湯某者精於此藝。余初至蘇時，則群推吳文玉者為絕技，余所得字畫頗佳者，皆以付吳，其工值不論貲，而裝成自然精絕；繼至，則吳文玉已物故，有子繼其業，雖一蟹不及一蟹，然究係家傳，海內殆無第二家矣。(《浪迹續談》卷六)

【賞善罰惡】杭州吳山上城隍廟頭門外有牆，四面甚高廣，慈谿盛小坨本以大穎書作「賞善罰惡」四大字，極奇偉，此廟不毀，此字亦當不磨也。或疑此四字所出不古。按《公羊傳序》疏云：「《春秋》者，賞善罰惡之書。」《雲笈七籤》：「天真告聖行真士云：行善益算，行惡奪算，賞善罰惡，各有職司，報應之理，毫分無失。」則此四字之由來亦久矣。(《浪迹續談》卷七)

【國泰民安】今人言風調雨順，必連舉「國泰民安」四字，記得《六研齋筆記》載項子京藏芝麻一粒，一面書「風調雨順」，一面書「國泰民安」，云出南宋宮中，異人所獻者。然則此八字之相連成文，由來久矣。猶憶觀劇時，有一齣忘其名，某縣令在任，頗作威福，去任之日，三班六役環送，令問曰：「自我蒞此地後，外間議論如何？」從答曰：「自官到此，風調雨順。」復問曰：「今我去此地，外間議論又如何？」眾答曰：「官今去此，卻也國泰民安。」令為嗒然。(《浪迹續談》卷七)

【署名加制字】今人居憂服中，有不得已與人通簡帖之事，只須於姓名上加制字，不必更於名上加黏素紙，惟斷不可用「從吉」二字，余於《退庵隨筆》中已詳言之，而近人多漠不關心，即通人亦有習而不知其非者，或更縮寫從吉二字作「𫝆」字，冒禁忘哀，真可為痛哭流涕者也。按制字最古，《禮記》喪服四制有以恩制、以義制、以節制、以權制。世專於喪言制，蓋不於此。至「從吉」二字，始見《晉書．孟陋傳》：「陋喪母，毀瘠殆於滅性，不飲酒食肉，十有餘年，親族迭勸之，然後從吉。」則不可以為三年內之通稱明矣。《唐律》不孝條，居父母喪，釋服從吉者，徒三年。今律釋服從吉，載於十惡之條，即期喪從吉，亦杖六十。人亦奈何甘犯科條，而徒以能書「𫝆」字為巧乎？(《浪迹續談》卷八)

浪跡三談六卷　（清）梁章鉅撰

梁章鉅有《歸田瑣記》，已著錄。

書前有咸豐七年（1857）羅以智序，以此書與洪适《容齋隨筆》比較，以為「文敏之不若公者」有三〔註 588〕，其筆記之學術含金量不及容齋遠甚，可謂比擬失倫矣。〔註 589〕書中屢道及袁枚、紀昀、翁方綱，可見其瓣香所在矣。又與安化陶文毅公樹、元和吳棣華廷琛、涇縣朱蘭坡珔、寶應朱文定公士彥、吳縣顧南雅蓴、華陽卓海帆秉恬結為「小滄浪七友」，七友畫卷藏其家，七友圖石在滄浪亭五百名賢祠之左廡壁。

此書所載，略有四端：一考典籍。如「明史紀事本末」條曰：「《明史紀事本末》，人皆知為谷應泰所撰，而姚際恒《庸言錄》云：『本海昌一士人所

〔註 588〕《續修四庫全書》第 1179 冊，上海古籍出版社，2002 年版，第 329～330 頁。

〔註 589〕梁章鉅晚年創作《浪跡叢談》《浪跡續談》《浪跡三談》，其中的山水筆記內容注重實證考據，風格古樸平實，與張岱的山水小品呈現出不同的美學風貌。參見《論梁章鉅「浪跡三談」中的山水筆記》(顏莉莉《集美大學學報》2005 年第 4 期)。

作，後為某以計取之，攘為己有，其事後總論一篇，乃募杭州諸生陸圻所作，每篇酬以十金。』歸安鄭元慶《今水學略例》云：『朱竹垞言谷氏《紀事本末》本徐續村著，續村字方虎，德清人，康熙癸丑進士，禮部侍郎。為諸生時，蒙谷識拔，故以此報之。然谷氏以私撰受累，而續村轉得脫。』然與姚說又不同，未知孰是。或云海昌士人名談遷，亦不知所據。」二談詩文。「王荊公詩」條曰：「『周公恐懼流言日，王莽謙恭下士時；假使當時身便死，一生真偽有誰知？』諸書引者，皆以為王荊公之詩。郎仁寶曰：『《臨川集》不載此詩，不知究屬何人？以格律論之，亦必宋人耳。』按：此是白香山詩，郎氏偶失考則可，必以格律定為宋詩，則未免武斷也。」三記飲食。如「酒品」條曰：「隨園老人性不近酒，而自稱能深知酒味，其稱紹興酒如清官循吏，不參一毫造作，而其味方真，又如名士耆英長留人間，閱盡世故而其質愈厚，故紹興酒不過五年者不可飲，攙水者亦不能過五年，此真深知紹興酒之言矣。」又曰：「據稱郫筒酒清洌徹底，飲之如梨汁蔗漿，不知其為酒，然則竟飲梨汁蔗漿可矣，又奚煩飲酒乎？大凡酒以水為質，而必藉他物以出之，又必變他物之本味，以成為酒之精英，即如釀米為酒，而但求飲之者如飯汁粥湯，不知其為酒，可乎？西北口外馬乳、蒲桃，置於暖處；每日用箸縱橫攪之，數日味如酸漿，力可敵酒，名曰七格，然則隨園所飲之郫筒酒，得無即此物乎？」又「燒酒」條曰：「凡酒皆愈陳愈貴，燒酒亦然。」又「燕窩」條曰：「隨園論味，最薄燕窩，以為但取其貴，則滿貯珍珠寶石於碗，豈不更貴？自是快論。」四錄弈事。卷一為《觀弈軒雜錄》，所錄皆古今史傳、筆記中有關圍棋之祕訣。如引劉仲達《鴻書》云：「圍棋有十訣，一不得貪勝，二入界宜緩，三攻彼顧我，四棄子爭先，五捨小就大，六逢危須棄；七慎勿輕速，八動須相應，九彼強自保，十勢孤取和。」此外，如《收銅器議》乃事關經世矣。

此本據中國科學院圖書館藏清咸豐七年刻本。

【附錄】

【羅以智《浪跡三談序》】長樂梁敬叔觀察以先中丞公《浪跡三談》付手民，命智董斠勘。智親炙公言論，公遇智頗異於眾人。觀察覆命智綴一言，附不朽之名。歲壬寅，公既歸田。丙午迄己酉，自浦城移居武林，遊吳門及邗江，就養東甌。丁未冬，《浪跡叢談》刊成。戊申冬，《續談》刊成，《三談》甫得六卷。讀是編者多舉宋洪文敏以方公智。竊謂文敏生南宋偏安之代，涉攬不能周，中原交遊不能遍，四海典籍且散佚，掌故亦不能求備，公則遭逢盛世，接引賢才，又當《四庫全書》告成之後，博探中秘，漁獵靡窮，資見聞之多，廣江山之助，為何如也。文敏之不若公者一。文敏僅中選詞科，授職館閣，屢知州府，曾以奉使辱命被論罷官。公則由翰苑改部曹，直樞垣，擢郡守，歷藩牧，任封圻，官中外數十年，從無一稍干吏議之事。經濟文章之交著，宜乎朝野交重，而仕學交優矣。文敏之不若公者二。文敏《容齋隨筆》五集固為南宋說部之冠，《隨筆》外僅傳《夷堅志》《萬首唐人絕句》兩書，殊無關學問。公則於四部各有撰述，凡六十餘種，已刊行寓內四十餘種，皆有益於後之學者。文敏之作《容齋一筆》，首尾十八年，《二筆》十三年，《三筆》五年，其《四筆》之成不費一歲，《五筆》亦閱五年。而公於四年中但所劄記輒成鉅冊。文敏之不若公者三。唯《容齋隨筆》傳入禁林，孝宗稱其噉有好議論，受知之榮，較為過之。然他日偃武修文，重開四庫館，採訪所及，得邀乙覽，未可知也已。昔文敏從孫總刊《隨筆》五集，何同叔為之序恨不及識文敏，與其子其孫相從甚久。今智視同叔之於文敏為幸，而欲以蠡測海，以莛撞鐘，則又烏乎能同叔之言曰可以稽典故，可以廣聞見，可以證訛謬，可以膏筆端，實為儒生進學之地，智第舉同叔之推文敏者以推公。同叔之言蓋於公是編為尤。當世之博雅之君子智足以知公者，奉公之緒餘尚如是，則推公實突過文敏，信不阿云。咸豐七年丁巳秋九月朔，年家子羅以智謹序。

【觀弈軒雜錄】戲彩亭之右，老桂之陰，有精室一間，余口觀弈其中，即額為觀弈軒。恭兒善弈，偶於公餘之暇，偕朋輩為之，凡遇弈者，多被饒子，余問以弈之原始及弈之故實，則皆曰不能舉，因取古今弈事，雜錄數十則以示之，行篋無書，不能備也，然大略則已具於此矣。昔《論語》舉博弈以譬用心，《孟子》言弈小數，亦必專心致志，弈與學將毋同。竊願為學弈者發其蒙，並為舉弈者進一解焉。道光己酉暮春之月，福州七十五叟，退庵老人書於東甌郡齋。(《浪跡三談》卷一)

【至元】《草木子》云：「元世祖取《易》『大哉乾元』之義，國號大元；取『至哉坤元』之義，年號至元。」《湧幢小品》稱，大明者，以別於小明王也。是元、明兩代皆用二字為號，與大漢、大唐、大宋為臣下尊奉之辭者不同。又李翊《戒庵漫筆》云：「明初惡勝國之號，稱吳原年、洪武原年。」此亦史所未詳。案元世祖於中統之後，改為至元，元順帝於元統之後，亦改至元，詔曰:「惟世祖皇帝，在位長久，天人協和，諸福咸至，祖述之志，良切朕懷，今特改元統仍為至元。」御史李好文言:「年號襲舊，於古未聞，襲其舊而不蹈其實，未見其益。」帝不聽。按晉中興與惠帝同號建武，魏太武與太宗同號永興，唐肅宗與高宗同號上元，皆在順帝之前，何云於古未聞耶？(《浪跡三談》卷二)

【明史紀事本末】《明史紀事本末》，人皆知為谷應泰所撰，而姚際恒《庸言錄》云:「本海昌一士人所作，後為某以計取之，攘為己有，其事後總論一篇，乃募杭州諸生陸圻所作，每篇酬以十金。」歸安鄭元慶《今水學略例》云:「朱竹垞言谷氏《紀事本末》本徐續邨著，續邨字方虎，德清人，康熙癸丑進士，禮部侍郎。為諸生時，蒙谷識拔，故以此報之。然谷氏以私撰受累，而續邨轉得脫。」然與姚說又不同，未知孰是。或云海昌士人名談遷，亦不知所據。(《浪跡三談》卷三)

【多字】近人之多字，無如毛西河先生。按先生名奇齡，又名甡。字兩生，又字大可，又字初晴，又字晚晴，又字老晴，又字秋晴，又字春遲，又字春莊，又字僧彌，又字僧開，皆雜見集中。其取義有不甚可解者，今人但稱為西河先生而已。西河者，其郡望，非字也。嘗見先生作《李自成傳略》，首三句云:「李自成，米脂人，字磑生。」亦足見先生之喜稱字矣。(《浪跡三談》卷三)

【十反】世俗相傳老年人有十反，謂不記近事偏記得遠事，不能近視而遠視轉清，哭無淚而笑反有淚，夜多不睡而日中每耽睡，不肯久坐而多好行，不愛食軟而喜嚼硬，暖不出，寒即出，少飲酒，多飲茶，兒子不惜而惜孫子，大事不問而絮碎事。蓋宋人即有此語，朱新中《鄞州志》載郭功父「老人十拗」云云。余行年七十有四，以病齒不能嚼硬，且飲酒、飲茶不能偏廢，只此二事稍異，餘則大略相同。周必大《二老堂詩話》云:「予年七十二，目視昏花，耳中時聞風雨聲，而實雨卻不甚聞，因成一聯云:『夜雨稀聞聞耳雨，春花微見見空花。』」則當去嚼硬、飲茶二事，而以此二事湊成十反也。(《浪跡三談》卷三)

【惠泉酒】隨園稱惠泉酒，用「天下第二泉」所作，自是佳品，而被市井人苟且為之，遂至澆淳散樸，殊為可惜。據云有佳者，恰未飲過。余記得三十許歲時，曾從徐望欽同年家飲所藏陳年惠泉酒，絕美，初不知何酒，據云其叔父十年前從無錫帶回者，蓋酒底本佳，歷年復久，宜其超凡入聖矣。此後官大江南北者十餘年，往來九龍山下者廿餘次，不能一再遇之，然究竟領略一次，足以傲隨園矣。(《浪跡三談》卷五)

【蘭陵酒】唐詩稱「蘭陵美酒鬱金香，玉碗盛來琥珀光」，今常州實無此酒，隨園老人自誇飲過蘭陵美酒，或偶遇之，而必屬之相國劉文定公家，則又是標榜達官故態矣。余謂必求琥珀光者，惟浦城之紅酒足以當之，似此色香味俱佳，再得藏至五年以外者，當妙絕天丁矣(語詳《浪迹續談》第四卷)，此則隨園老人所不及知也。(《浪跡三談》卷五)

【燒酒】凡酒皆愈陳愈貴，燒酒亦然。隨園言燒酒乃人中之光棍，縣中之酷吏，打擂臺非光棍不可，除盜賊非酷吏不可，驅風寒、消積滯非燒酒不可。燒酒若藏至十年，則酒色變綠，上口轉甜，亦猶光棍變為良民，便無火氣，殊可交也，但不可使洩氣耳。(《浪跡三談》卷五)

【紹興酒】紹興酒之梗概，已於《續談》中詳之。昨魏默深州牧詢余，紹興酒始於何時，余無以應。惟記得梁元帝《金樓子》云：「銀瓶貯山陰甜酒，時復進之。」則知六代以前，此酒已盛行矣。彼時即名為甜酒，其醇美可知。若今時所造，則或過而辣，或不及而淡，斷不能以甜酒二字概之。聞彼處初製時，即有路酒、家酒之分，路酒者，可以行遠者也，家酒則祇供家常之用，而美惡分焉矣。(《浪跡三談》卷五)

【收銅器議】前因銀少錢貴，公私交困，因請變通錢法，以裕國便民，專摺上陳，昨奉到朱批，交部議奏，而部中准駁尚未奉有明文。伏思錢法為濟時急需，而銅政實為錢法根本，銅之來路不充而日勤鼓鑄之事，銅之去路不禁而徒嚴盜鑄之條，非拔本塞源之計也。夫以甚有用之銅，而聽其為民間私家不急之物，古人所謂貨惡其棄於地者，莫此為甚。大約風氣之華靡，以漸而開，由今追溯四、五十年以前，銅之為用尚少，比年則銅器充斥，而東南數省為尤甚，如一暖手足之爐，雖小戶亦家有數具，一閨閣之鏡，乃徑寬至一二尺，重至一二十斤，一盥盆，一炭盆，一壺、一鑊，動重數斤，又如大小鉦鐃與鼓相配而鳴者，為歲首戲樂之具，從前惟富戶乃有之，近則中小戶亦多有之。舉此三數端，則其餘可以概見。皆由豪家相尚，踵事增華，所謂作無益害有益也。而於省會之銅器店以百計，郡城以數十計，縣城亦不下數家，至究其銅所由來，並非經商販運，間有以廢銅易錢者，亦千百中之一二耳。然則其銅何自而得乎？則皆銷毀制錢而為之也。近日市中行用，不見有順治、康熙、雍正三朝之錢，即乾隆、嘉慶亦甚寥寥矣，非皆毀而為器之故乎？然則居今日而議錢法，捨禁民間銅器，其流不得而塞，即其源無由而清，然徒禁之而抑令呈繳，甚至不繳則從而搜括之，則滋擾之弊亦不可不預為之防。且常用之物，驟為厲禁，亦無以服小民之心。竊以為宜令牧令設局公堂，以漸收買之，十里以內限一月，十里以外限兩月，皆輸繳淨盡，每斤給以價銀一錢五分，如是則民不擾而浮議亦不起。雖然山僻小縣，庫中附貯之項，皆別有所抵，徵地丁，則隨徵隨解，安得餘銀以為收銅之資？竊又以為宜從權變通，准其開常平倉，或即照銀價以穀給民，或出糶得錢以給之，隨時變通，民亦可以無擾，總在奉行之得人耳。收銅既淨，即以原物統歸省城總局，然後酌量分別鑄造，不過數月，便可集事。但鑄造磨礱必極工致，而米炭工資必照時價給發，使爐匠有以養身家，然後行之可久。如現在各直省錢局之價，皆照康熙年間舊定者給發，其中賠貼太甚，則其弊更不可言矣。錢既鑄成，令當商每家領去，使民行用，而兵丁口糧及各工程雜款，皆以此種錢給之，即百姓持此錢以完錢糧，亦一例收之，然後免其疑貳，可以暢行而無礙矣。（《浪跡三談》卷六）

我暇編不分卷　（清）王宗敬撰

王宗敬，字禮思，別號未了山人，濟寧人。朱琦之叔舅。嘉慶五年（1800）舉孝廉方正，官晉州知州。工八分，專學桂馥，與郭小華、翟雲生鼎峙。生平事蹟見《皇清書史》卷十六、朱琦《怡志堂詩初編》。書中借寫他人，亦可襯托出自己之映像，如「曾七如」條云：「余於濟南試畢，每遊書畫鋪，見有寫意人物山水，皆生龍活虎，不可端倪……余所居去和館才數十武，七如忽飄然來舍，扣門徑入，云次非王禮思先生廬耶？余倒屣見之……」故此書亦可視之為宗敬之自傳矣。

書中皆記見聞之事，敘述生動。所交往者多為奇人，一一為之造像，頰上三毫，栩栩如生，頗為逼真。「黃小松」條記與黃易之交往，稱乾隆戊戌年，小松到濟南，由朱豹泉託顧蘆汀為之噓拂，時蘆汀寓其家，遂得交焉，曾為之鐫「芝蘭生於深林青田」印云云。黃易為西泠鉅子，收藏書畫金石甚富，故又表彰其裒輯之功。「曾七如」條記曾七如磊落不羈，工畫，其畫石用筆奇妙，直造仙境，因貧賣畫，畫署其名則莫售，售者悉摹名人章法，偽以款識，裝池精整，每出則爭買，後仕宦入楚，因公事罣議而流溫州，將遣之日，鬻其畫者盈門排闥，竟得萬金而去。「孟蓼齋」條記嘉慶癸酉孟屺瞻平滑縣白蓮教叛亂事甚詳。「龔貴實」條記龔孫枝論八股文秘訣（文見附錄），可謂經驗之談。

此書向無刻本。此本據中國科學院圖書館藏稿本影印。

【附錄】

【龔貴實】作文如鷹隼摩空，敲骨求髓，豈容在體面作生活，凡遊海者，必於危顛之上，以觀風色，登山者，必從溪澗之際，以探幽隧，又於時文中，擬摹八字，以為秘訣，曰：英、驚、悍、忭、醉、萃、搖、標。英者何？使通篇皆英精之氣。驚者何？令人字字驚奇。悍者何？如勇士之能戰，莫之敢攖。忭者何？有歡喜之色，無愁寂之態。醉者何？沉酣濃鬱，若癡若迷。萃者何？經史子集，花團錦簇。搖者何？於極錦密之中，有極靈動之勢，如大樹臨風，枝葉自然搖曳。標者何？每於題間字句，隨時隨地挑剔顯明，如萬里程途，十洲城郭，一一點明，使閱者如觀地圖，如逢里表，未有不稱歎佳文者。

【王禮思州牧】公諱宗敬，濟寧人。舉孝廉方正，官晉州牧。琦之叔舅也。禮思丈人行，嗜古精分隸。泰山摹秦碑，孔廟存禮器。陽冰與擇木，恍如今再世。少年舉特科，方正屹廷議。泗水廉能績，長垣界濬地。公耄往省之，館我常甥異。孳孳戒平旦，為文先養氣。氣定志益堅，尤須審誠偽。少狂不知裁，多欲苦為累。寧陵授一編，稍稍辨義利。抵今三十秋，老矣懼失墜。未了山人書，掛壁六大字。庶幾勤晚蓋，抱獨恒知愧。（清朱琦《怡志堂詩初編》，清咸豐七年刻本，第 115 頁）

嘯亭雜錄十卷嘯亭續錄三卷　（清）昭槤撰

昭槤（1776～1829），姓愛新覺羅氏，號汲修主人、檀樽主人。北京人。幼喜讀書，愛好詩文，後為王爺，與當時八旗王公大臣、名人學士以至下層市井、優伶多方往來，熟悉宦海風波、民情土俗。嘉慶七年（1802）授散秩大臣，十年襲禮親王爵，二十年（1815）削去王爵，圈禁三年，道光二年（1822）任宗人府候補主事。著有《禮府志》。事蹟附見《清史稿·代善傳》。

全書二十一萬言，分正續二編，凡六百餘則。書中有「崇理學」「重經學」二專條，於此可窺其論學大旨。書中又多揭露社會黑暗。如「關稅」條曰：「直省關稅，以乾隆十八年奏銷冊稽之，共四百三十三萬，當時天下最為富饒，商賈通利。其後司事者覬久留其任，每歲以增盈餘，至乾隆六十年加至八百四十六萬有奇。其數業經倍蓰，故其後每歲日形虧絀。行之既久，司事者預為之計，將虧絀之數先行存貯庫中，然後重徵其稅，將所剩盈餘私飽囊槖，而其虧絀數目，乃歸正供銷算，是以每歲徒有賠補之名，而從無有傾其私槖者……而藉以正額虧缺為名，日加苛斂，以致商賈傾家蕩產，裹足不前，乃使物價昂貴，於民生大有虧損。」又如「權貴之淫虐」條曰：「雍正中，某宗室家有西洋椅，於街衢間睹有少艾，即擄歸，坐其椅上，任意宣淫，其人不能動轉也。又有某公爵淫其家婢，不從，以雞卵塞其陰戶致死。乾隆中，某駙馬家鉅富，嘗淫其婢不從，命裸置雪中僵死。其家撻死女婢無算，皆自牆穴屍出，其父母莫敢詰也。後卒以勞瘵死。」又「湖北謠」條曰：「畢公任制府時，滿洲王公福寧為巡撫，陳望之淮為布政，三人朋比為奸。畢性迂緩，不以公事為務；福天資陰刻，廣納苞苴；陳則摘人瑕疵，務使下屬傾囊解槖以贈，然後得免。時人謠曰『畢不管，福死要，陳倒包』之語。又言畢如蝙蝠，身不動搖，惟吸所過蟲蟻；福如狼虎，雖人不免；陳如鼠蠹，鑽穴蝕物，人不知之，故激成教匪之變，良有以也。今畢公死後，籍沒其產，陳為初頤園所劾罷，惟福寧尚列仕版，人皆恨之。」書中又多記名人軼事。如「何義門」條曰：「何義門先生值南書房時，嘗夏日裸體坐，仁皇帝驟至，不及避，因匿爐坑中。久之不聞玉音，乃作吳語問人曰：『老頭子去否？』上大怒，欲置之法。先生徐曰：『先天不老之謂老，首出庶物之謂頭，父天母地之謂子，非有心誹謗也。』上大悅，乃捨之。」又如卷十「紀曉嵐」條曰：「北方之士，罕以博雅見稱於世者，惟曉嵐宗伯無書不讀，博覽一時。所著《四庫全書總目》，總匯三千年間典籍，持論簡而明，修詞淡而雅，人爭服之。今年已八十，猶好色不衰，日食肉數十斤，終日不啖一穀粒，真奇人也。」又如「王西莊之貪」條曰：「王西莊未第時，嘗館富室家，每入宅時，必雙手作摟物狀，人問之，曰：『欲將其財旺氣摟入己懷也。』及仕宦後，秦諉楚諉，多所乾沒。人問之曰：『先生學問富有，而乃貪吝不已，不畏後世之名節乎！』公曰：『貪鄙不過一時之嘲，學問乃千古之業。余自信文名可以傳世，至百年後，口碑已沒，而著作常存，吾之道德文章猶自在也。』故所著書多慷慨激昂語，蓋自掩貪陋也。」〔註 590〕

〔註 590〕王若夏《嘯亭雜錄史學價值考略》（《傳承》2015 年第 11 期）、《嘯亭雜錄軍李慈銘稱所載國朝掌故極詳，間及名臣佚事，多譽少毀，不失忠厚之意。〔註 591〕孫寶暄《忘山廬日記》亦稱其書皆紀國朝掌故逸事，鱗次可觀。〔註 592〕此書史料價值甚高，廣為徵引，於筆記類中可謂翹楚。卷一將清代前期大政方針扼要敘述（見附錄各條，錢穆先生所論清代政治之得失多與之暗合），可見其人兼有宰相之識與史家之才，惜乎以暴戾致愆，不為清廷所用矣。

此書有光緒元年九思堂刻本、光緒六年巾箱本。此本據天津圖書館藏清抄本影印。〔註 593〕

【附錄】

【九思堂刻本序】《嘯亭雜錄》一書，禮親王汲修主人所輯也。王諱昭槤，性嗜學而善下，遇名儒宿學輒愛敬，退值讀書，於古義之歧疑，品類之純駁，務商訂精確而求其所安。士有一得，不妨反覆辯論，採納折衷焉。王固好善忘勢，而時賢亦樂從之遊。尋以馭下嚴獲譴，益謙抑韜晦，不欲以名見。平生所作詩文甚夥，率散逸無存者。此篇又其隨手編輯，益聽其散漫而不惜矣。乙亥春，醇邸得此篇，厭其蕪雜凌躐，盡失其真，復求諸其邸，又得若干篇，細加釐正，並原稿而刪節之，編次之，凡五閱月而成完書。嗚呼！王不欲以名見，而不能禁贋本之流傳，是名之終不可掩也。贋本之流傳，而仍歸於醇邸之釐正，又實之必不容沒也。殆亦王嗜學愛士之苦心，有默相之者歟？當醇邸編輯時，按次序任抄錄者，德院卿鍾、松銓部齡之責。編既成，詳校對付剞劂者，則年與潘觀察駿德之事也。工竣，爰敘其顛末如右。光緒六年歲在上章執徐臬月，賜同進士出身內閣學士兼禮部侍郎銜蒙古耀年謹書。

【端方《重刊足原本嘯亭雜錄序》】《嘯亭雜錄》一書，原版久毀，舊印罕見，滬上曾有活字本，則脫誤累累，不足依據。近得精抄本，久置篋衍，適

事史料探析》（《傳承》2016 年第 11 期）、梁帥《〈嘯亭雜錄〉中的清代戲曲史料芻論》（《戲曲藝術》2016 年第 1 期）分別從不同角度探討其史料價值。

〔註 591〕李慈銘：《越縵堂讀書記》，上海書店出版社，2000 年版，第 445 頁。

〔註 592〕孫寶暄：《忘山廬日記》，上海古籍出版社，1983 年版，上冊第 60 頁。

〔註 593〕昭槤所撰《嘯亭雜錄》述及有清一代之掌故、制度、軼聞，足補官方史料之不足，其價值於史學界早有公允。現存《嘯亭雜錄》諸版本中，《續四庫全書》影印天津圖書館藏本最接近原本，上海中國圖書出版社宣統元年本忠於原本，但有後人校改痕跡。文海出版社影印九思堂本的文字與內容改刊最多，於原本相距甚遠，難承昭槤之名。詳見羅盛吉《〈嘯亭雜錄〉版本比較初探》（《滿語研究》2014 年第 1 期）。

中國圖書公司議搜集本朝掌故諸書，為近世史作參考之用，因以藏本授之。排印既峻，類皆淵雅鴻顧……故其入錄者，靡不原原本本，詳實不誣，又善於敘述，無支辭，無溢語。信乎！我朝史部一大家也……宣統紀元正月初吉，浭易端方序於上海行次。

【續修四庫全書總目提要（稿本）31～70】《嘯亭雜錄》十卷（傳抄本、通行刊本），原題汲修主人撰。按：汲修主人為清宗室禮親昭槤，嘉慶間襲封禮親王，後坐事奪爵。是書記有清太祖朝以迄乾隆朝之掌故，敘述清初制度，康、乾兩朝征服外藩，以迄大臣傳記、名人遺事，上之足備掌故，次之足裨異聞。按有清一朝，康、乾兩朝，所以能致治之故，在於能綏服外藩，然乾隆朝之好大喜功，宴安逸樂，敗亡之徵，固以隨之。是書敘征服準噶爾，平定回部、緬甸諸役，光顯寺之戰，以及乾隆朝山高水長、殿看煙火、大蒙包宴等事，皆為清代記載所取徵。而乙宮警惕之意，在清代秘乘之中最為上乘。蓋宋周密《齊東野語》、孟元老《東京夢華錄》之流，王士禛之《居易錄》等書亦非其倫也。其關於學術者，所記欽定諸書目錄、曹石倉《十二朝詩選目錄》，可備文獻之徵；評錢辛楣之學術，謂其所著小學諸書，翻切頗為精當，惟所講字書株守許氏《說文》，別解者皆遭排斥，故取擇頗褊窄，均深有見地，非深入學術者不能為此語。至其記覺羅之姓原出趙宋、索額圖伏法、洪承疇款客諸條，或失於檢典，或憑諸傳聞，此則是書中之小疵，要不足為大累耳。

【太宗伐明】天聰己巳，文皇帝欲伐明，先與明巡撫袁崇煥書，申講和議。崇煥信其言，故對莊烈帝有「五載復遼」之語，實受文皇紿也。帝乃因其不備，假科爾沁部道，自喜峰口洪山入，明人震驚，薊遼總督劉策潛逃。帝率八旗勁旅抵燕，圍之匝月，諸將爭請攻城，帝笑曰：「城中癡兒，取之若反掌耳。但其疆圉尚強，非旦夕可潰者，得之易，守之難，不若簡兵練旅以待天命可也。」因解圍向房山，謁金太祖陵返，下遵化四城，振旅而歸。偉哉帝言，雖周武觀兵孟津何以異哉？明人罔知深謀，如姚希孟輩，反謂本朝夙無大志，真蠡測之見也。（《嘯亭雜錄》卷一）

【設間誅袁崇煥】本朝自攻撫順後，明人望風而潰，無敢攖其鋒者，惟明巡撫袁崇煥固守寧遠，攻之六月未下。高皇拂然曰：「何戇兒乃敢阻我兵力？」因罷兵歸。故文皇深蓄大仇，必欲甘心於袁。己巳冬，大兵既抵燕，崇煥千里入援，自恃功高。文皇乃擒明楊太監監於帳中，密札鮑承先在帳外作私語曰：「今日上退兵乃袁巡撫意，不日伊即輸誠矣。」復陰縱楊監歸。明莊

烈帝信其間，乃立礫崇煥。舉朝無以為枉者，殊不知中帝之間也。(《嘯亭雜錄》卷一)

【朱批諭旨】上於即位後，慮本章或有所漏泄，故一切緊要政典俱改命摺奏，皆可封達上前，無能知者。上於几暇，親加批覽，或秉燭至丙夜未罷。所批皆動輒萬言，無不洞徹窾要，萬里之外有如覿面，獎善服奸，無不感浹肌髓。後付刻者，只十之三四，其未發者，貯藏保和殿東西廡中，積若山嶽焉。(《嘯亭雜錄》卷一)

【禁抑宗藩】國初入關時，諸王多著勞績，故酬庸錫類之典，甚為優厚，下五旗人員皆為王等僚屬，任其差遣。承平日久，諸王皆習尚驕慢，往往御下殘暴，任意貪縱。如兩廣總督楊琳為敦郡王屬下，王曾遣閹人赴廣，據其署內，搜索非理，楊亦無如之何。上習知其弊，即位後，禁抑宗藩，不許交通外吏，除歲時朝見外，不許私謁邸第。又將所屬直宿護軍撤歸營伍，以殺其勢。故諸王皆凜然奉法，罔敢為矩外之行。自今上下安便，皆上之威德所致也。(《嘯亭雜錄》卷一)

【不忘本】本朝初入關時，一時王公諸大臣無不彎強善射，國語純熟。居之既久，漸染漢習，多以驕逸自安，罔有學勩弓馬者。純皇習知其弊，力為矯革，凡有射不中法者，立加斥責，或命為羽林諸賤役以辱之。凡鄉、會試，必須先試弓馬合格，然後許入場屋，故一時勳舊子弟莫不熟習弓馬。金川、臺匪之役，如明將軍亮、奎將軍林皆以椒房世臣用命疆場，一代武功，於斯為盛。上嘗曰:「周家以稼穡開基，我國家以弧矢定天下，又何可一日廢武？」再滿洲舊族，其命名如漢人者，上深厭之，曾諄諄降旨，不許盜襲漢人惡習。曾有「漢人以鈕鈷祿氏為郎者蓋鄙之為狼」之諭，言雖激切，亦深恐忘本故也。(《嘯亭雜錄》卷一)

【善待外藩】蒙古生性強悍，世為中國之患，雖如北魏、元代皆雄起北方者，然當時柔然、海都之叛未嘗罷絕。本朝威德布揚，凡氈裘月窟之士，無不降服，執殳效順，無異世臣。純皇恢廓大度，尤善撫綏，凡其名王部長，皆令在御前行走，結以親誼，託諸心腹，故皆悅服駿奔。西域之役，如喀爾沁貝子札爾豐阿，科爾沁額駙索諾木巴爾珠爾，喀爾喀親王定北將軍成衮札布、其弟郡王霍斯察爾，阿拉善郡王蘿卜藏多爾濟，無不率領王師，披堅執銳，以為一時之盛。其子孫亦屢登膴仕，統領禁軍，以為誇耀。故上宴蒙古王公詩注「其令入宴者，率皆兒孫行輩」，其親誼也若此。故上崩時，諸蒙古部落

皆躄踴痛哭，如喪考妣，新降都爾伯特汗某，幾欲以身殉葬，其肫摯發於至誠，不可掩也。(《嘯亭雜錄》卷一)

【不用內監】自世祖時，般鑒前代宦官之禍，乃立鐵牌於交泰殿，以示內官，不許干預政事。純皇待之尤嚴，稍有不法，必加箠楚。又命內務府大臣監攝其事，以法《周官》冢宰之制。凡有預奏事者，必改易其姓為王，以其姓眾多，人難分辨，其用心周詳也若此。有內監高雲從素與于相交善，稍泄機務，上聞之大怒，將高立置磔刑，其嚴明也如此。(《嘯亭雜錄》卷一)

【不喜朋黨】上之初年，鄂、張二相國秉政，嗜好不齊，門下士互相推奉，漸至分朋引類，陰為角鬥。上習知其弊，故屢降明諭，引憲皇《朋黨論》戒之。胡閣學中藻為西林得意士，性多狂悖，以張黨為寇讎，語多譏刺。上正其罪誅之，蓋深惡黨援，非以語言文字責也。故所引用者，急功近名之士，其迂緩愚誕，皆置諸閒曹冷局，終身不遷其官。雖時局為之一變，然多獲奇偉之士，有濟於實用也。(《嘯亭雜錄》卷一)

【重讀書人】上雖厭滿人之襲漢俗，然遇宿儒耆學亦優容之。鄂剛烈公容安不諳國語，上雖督責，然厚加任使，未嘗因一眚以致廢棄。國太僕柱習為迂緩，嘗較射禁庭，國褒衣大冠，侍衛有望而笑者，上曰：「汝莫姍笑，彼為儒士，今乃能持弓較射，不忘舊俗，殊為可嘉也。」其優容如此。(《嘯亭雜錄》卷一)

【今上待和珅】丙辰元日，上既受禪，和珅以擁戴自居，出入意頗狂傲。上待之甚厚，遇有奏純廟者，託其代言，左右有非之者，上曰：「朕方倚相公理四海事，汝等何可輕也？」珅又薦其師吳稷堂省蘭與上錄詩草，覘其動靜。上知其意，吟詠中毫不露圭角，故珅心安之。及純廟崩後，王黃門念孫、廣侍御興等先後劾之。上立命儀、成二王傳旨逮珅，並命勇士阿蘭保監以行。珅毫無所能為。控制上相，如縛庸奴，真非常之妙策。恭讀《味餘書室稿》中《唐代宗論》，有云：「代宗雖為太子，亦如燕巢於幕，其不為輔國所讒者幾希。及帝即位，若苟正輔國之罪，肆誅市朝，一武夫力耳！乃捨此不為，以天子之尊，行盜賊之計，可愧甚矣！」乃知睿謀久定於中矣。(《嘯亭雜錄》卷一)

【崇理學】仁皇夙好程、朱，深談性理，所著《几暇餘編》，其窮理盡性處，雖夙儒耆學，莫能窺測。所任李文貞光地、湯文正斌等皆理學耆儒。嘗出《理學真偽論》以試詞林，又刊定《性理大全》《朱子全書》等書，特命朱子

配祠「十哲」之列。故當時宋學昌明，世多醇儒耆學，風俗醇厚，非後所能及也。(《嘯亭雜錄》卷一)

【重經學】上初即位時，一時儒雅之臣，皆帖括之士，罕有通經術者。上特下詔，命大臣保薦經術之士，輦至都下，課其學之醇疵。特拜顧棟高為祭酒，陳祖範、吳鼎等皆授司業，又特刊《十三經注疏》頒布學宮，命方侍郎苞、任宗丞啟運等裒集《三禮》。故一時耆儒夙學，布列朝班，而漢學始大著。(《嘯亭雜錄》卷一)

【本朝文人多壽】王弇州著《文人九厄》，使人閱之，索然氣盡。余按本朝文人多壽，可以證王之失。如王文簡公士禛七十七，朱竹垞彝尊八十四，尤西堂侗八十五，沈歸愚尚書德潛九十五，宋漫堂犖七十二，查初白慎行七十八，方靈皋苞八十二，袁簡齋枚八十二，錢辛楣大昕七十七，紀曉嵐尚書昀八十二，彭芸楣尚書元瑞七十三。姚姬傳鼐八十四，翁覃溪方綱八十餘，梁山舟同書九十二，趙甌北翼八十二，四公至今猶存。(《嘯亭雜錄》卷二)

【宗室詩人】國家厚待天潢，歲費數百萬，凡宗室婚喪，皆有營恤，故涵養得宜。自王公至閒散宗室，文人代出，紅蘭主人、博問亭將軍、塞曉亭侍郎等，皆見於王漁洋、沈確士諸著作。其後繼起者，紫幢居士文昭為饒餘親王曾孫，著有《紫幢詩鈔》。宗室敦成為英親王五世孫，與弟敦敏齊名一時，詩宗晚唐，頗多逸趣，臞仙將軍永忠為恂勤郡王嫡孫，詩體秀逸，書法遒勁，頗有晉人風味。常不衫不履，散步市衢，遇奇書異籍，必買之歸，雖典衣絕食所不顧也。樗仙將軍書誠，鄭獻王六世孫，性慷慨，不欲嬰世俗情，年四十即託疾去官，自比錢若水之流。邸有餘隙地，盡種蔬果，手執畚鍤從事，以為習勞。晚年慕養生術，每日進食十數，稍茹甘味即哺出，人皆笑其迂，然亦可諒其品矣。先叔嵩山將軍諱永惠，詩宗盛唐，字摹滎祿。晚年獨居一室，人跡罕至，詩篇不復檢閱，故多遺佚。近日科目復盛，凡溫飽之家，莫不延師接友，則文學固宜其駸駸然盛也。(《嘯亭雜錄》卷二)

【宋金形勢】宋自建隆、開寶後，民不知兵者一百餘年，一旦金人以飆迅之勢，破京俘主，其勢實不可與敵。然建炎之初，河北尚為宋守，河南、淮右堅城數十，自相保障，使高宗重任宗忠簡等，使其固守殘疆，漸為恢復之計，則金雖強，無能為也。乃先避敵南下，一聞兵燹，首倡泛海，方自以為得計。明州之役，幾不自保其軀，其不為石頭之降者幸耳。使金兵攻破臨安即設置郡縣官吏，以一旅窮追，雖有智者亦無如何矣。梁王智不出此，乃復倉卒凱旋，致有黃天蕩之戰，乃金自失其機，非宋人有能御者。其後張、韓、劉、岳等練集士卒，防守邊隅，至紹興庚申、辛酉間，宋兵日見強盛。金兵自入中國，習於安逸，其強不及於前，故韓常每為之憂懼。順昌、朱仙鎮之役，宋人屢次獲勝，而高宗狃於見聞，甘心乞和稱臣，以致大仇不復，受金人朽木燈檠之欺，良可悲也。(《嘯亭雜錄》卷二)

【松相公好理學】自和相秉權後，政以賄成，人無遠志，以疲軟為仁慈，以鄙惕為風雅，徒博寬大之名，以行狗庇之實，故時風為之一變。其中行不阿者，惟松相公筠一人而已。公性忠愛，幼讀宋儒之書，視國事為己務，肝膽淋漓，政事皆深優厚慮，不慕近功。鎮伊犁時，撫馭外夷，視如赤子。凡哈薩克、布魯特、俄羅斯諸國貢使至日，公皆呼至坐前，詢問其國之治亂，親賜以食，教以忠孝之道，並曰：「我大清國所以立萬年基者，惟賴此二字也。」辭行時，厚加賞賚，其豐貂錦幣之物，滿載而返，故屬國愛若父母，涕泣而別。又以國家經費有常，不可以邊鄙故，致有絀國用。乃議開屯田數百萬頃，皆命滿洲士卒耕之，並與以牛糧籽種，厚其賞恤。故人樂為之用，歲省邊費鉅萬。又重於交誼，傾蓋之士與之告匱者，即解囊與之，毫無吝色，故任封疆數十年，而家無擔石。上深知其忠正，擢為參政御前大臣。公於召見時，凡民間隱情，街談巷諺，無不率口而出，毫無隱忌，故人多尼之。癸酉秋，復出為伊犁將軍，新疆聞其復來，慶若更生，老稚荷擔以迎。公笑撫之曰：「鯫生此行，頗不寂寞也。」其冬擢為首輔，仍兼攝伊犁事，朝中之士君子皆翹首以望其歸也。(《嘯亭雜錄》卷四)

【朱文正】今上親政之後，寬仁厚德，不嗜殺人，皆由朱文正公於藩邸時輔導之功良多。公諱珪，大興人。年八歲，即操觚為文，文體倔聱蒼古，與兄竹君學士筠齊名。年十九登進士，為乾隆戊辰科，時大雨連綿三日，蓋即為公霖雨兆也。純皇帝深重其品，劉文正公復薦於朝，曰：「北直之士多椎魯少文，而珪、筠兄弟與紀昀、翁方綱等皆學問淵博，實應昌期而生者。」上曰：「紀、翁文士，未足與數，朱珪不惟文好，品亦端方。」數年外擢山西布政使。時撫軍為黃檢，文襄公之孫也，少年紈袴，貪黷驕奢，公時匡正之。黃以公為腐儒不足與談，因劾公為迂滯，純皇帝優容之，改公以學士，入直上書房。時為甲午春季，蓋已為豫教今上計。公欣然就職，日導上以今古嘉猷，侍講幄十年餘，無一時趨之語，今上甚重之。後以孫文靖公薦，純皇帝曰：「朕故知朱珪通曉吏治事。」遂授安徽巡撫。公以清介持躬，自俸廉外，毫不沾取。余業師吳修圃騊為公所取士，嘗謁見公，時夏日酷熱，公飼吳以瓜，亦必計價付縣隸，其不苟也如此。公經學醇粹，愛惜人才，所保薦如荊道幹、王秉韜等，其後皆為名臣。掌己未、乙丑二春闈，所取張惠言、鮑桂星、陳超曾、湯金釗、孫原湘、孫爾準、謝崧等皆一時知名士。嘗於闈中子夜搜得吳山尊鼒卷，再三詠讀，大呼曰：「山尊在此！」因披衣叩阮中丞元扉，命其秉燭批點，曰：「其佳處在某處，老夫眼方倦，不能執筆，君可代為之書，此吳山尊文也。』榜發果然，其賞鑒也若此。故其薨日，上甚震悼，親臨奠醊，世共惜之，以為劉文正公後一人而已。然性純厚，易為人欺詐，有貪吏某知公嗜好，故為衣服藍縷狀以謁公，竟日談皆安貧之論，公深信之。其人以罪遣戍，及赦歸，公掌銓日，力為超雪，欲復其官。彭文勤公元瑞言其貪狀，公艴然曰：「若其人者，可謂忠於朝，友於家，為今世之閔、顏，安可辱之以貪名也。」又取文尚引據經典，故士子多為盜襲獺祭之學，文風為之一變。素嗜許氏《說文》，所著詩文，皆用古法書之，使人不復辨識。晚年酷嗜仙佛，嘗持齋茹素，學導引長生之術，以致疽發於背。時對空設位，談笑酬倡，作詭誕不經之語，有李鄴侯之風。余嘗與共宿郊壇，時鮑雙五病劇，余向公惋惜，公岸然曰：「彼祿命方長，安得驟死？」若實有先知者。然雙五果病癒，致位通顯，則公之仙伎亦未易窺測也。(《嘯亭雜錄》卷四)

【于文襄之敏】乾隆初，軍機大臣入參密勿，出覽奏章，無不屏除奔競，廉直自矢。如果毅公訥親，其人雖溪刻不近人情，而其門庭闃然，可張羅雀，其他人可知矣。惟汪文端公由敦，愛惜文才，延接後進，為世所訾議。然所拔取者，皆寒畯之士，初無苞苴之議者。于文襄敏中承其衣缽，入調金鼎，初尚矯廉能以蒙上眷。繼則廣接外吏，頗有簠簋不飾之議。再當時傅文忠、劉文正諸公相繼謝事，秉鈞軸者惟公一人，故風氣為之一變。其後和相繼之，政府之事益壞，皆由公一人作俑，識者譏之。然其才頗敏捷，非人之所能及。其初御製詩文，皆無煩定稿本，上朗誦後，公為之起草，而無一字之誤。後梁瑤峰入軍機，上命梁掌詩本，而專委公以政事，公遂不復留心。一日，上召公及梁入，復誦天章，公目梁，梁不省。及出，公待梁謄默，久之不至，問之，梁茫然。公曰：「吾以為君之專司，故老夫不復記憶。今其事奈何？」梁公愧無所答。公曰：「待老夫代公思之。」因默坐斗室中，刻餘錄出，所差惟一二字耳，梁拜服之。故其得膺天眷，在政府幾二十年，而初無所譙責

者，有以哉！（《嘯亭雜錄》卷七）

【梁瑤峰】梁文定公國治，中乾隆戊辰狀元，入直南書房。累任學使，後以粵東事免。復擢湖南巡撫。入繼于文襄輔政，故當時有于、梁之稱。其實公醇謹持躬，不敢濫為交結，與文襄異趣也。其撫湘時，其家人索屬下賄不遂，故意阻其膳脯以激公怒，而公枵腹終日，初無怨嗟，惟吸煙草而已，亦不知為其奴所紿也。在軍機時，和相以其懦弱可欺，故意揶揄，至用佩刀薙公髮以為嬉笑，公亦歡容授之。亦可覘公之度矣。（《嘯亭雜錄》卷七）

【謝薌泉】謝薌泉（名振定）侍御，性豪宕，嘗蓄萬金，遨遊江、浙間，拋棄殆盡。嘗曰：「人生貴適意耳，銀錢常物，何足惜也？」與余交最善，嘗屢戒余之浮妄躁進，余愸服之。嘗曰：「君子之交，可疏而厚，不可傾蓋之間頓稱莫逆，其交必不久也。」嘉慶初，和相當權時，其奴隸抗縱無禮，無敢忤者。公巡南城，遇其妾兄某，馳車衝騶從，公立命擒之，杖以巨杖，因焚其轂，人爭快之。王給諫鍾健希和相意，劾罷公官，管御史世銘笑曰：「今日二公各有所失。」有問之者，答曰：「謝公失官，王公失名。失官之患，不過一身，失名之患，致傳千古矣。」今上親政，復特召為祠部主事。」（《嘯亭雜錄》卷十）

【皇史宬】皇史宬在東華門外迤南，與普度寺相近，蓋明南內地也。殿廡七楹，扉牖楹楣以石代之，內貯金漆櫃數十，蓋古人金匱石室之意。凡列聖實錄、玉牒、聖訓皆藏其中，設旗員年老者八人守之，地甚嚴密。余於丁卯冬奉迎《純皇帝實錄》，曾一至其地。嘗聞徐崑山先生述聞李穆堂侍郎言，其中藏全分《永樂大典》，較今翰苑所貯者多一千餘本，蓋即姚廣孝、解縉所修初本，繕寫精工，非隆慶間謄本之所能及。惜是日匆匆瞻禮，不得從容翻繹，未審是書尚存與否也。（《續錄》卷一）

【皇上日閱實錄】列聖於每早盥沐後，即敬閱列朝實錄一卷，自巡狩、齋戒外，日以為常，雖寒暑不間也。聞覺羅侍讀榮昌言：「其書皆收貯內閣大庫內，每前一日，中書舍人啟鑰取書，用黃綾袱包裹，外用楠木匣盛貯，次早同奏章送入。一日，寓直者偶忘啟鑰，同事以為次早可及，遂不獲開。五更時，上已遣小內侍索取，余是日承值，乃匆匆啟庫取書，未及盛匣，上已催促者再矣。」亦可覘聖主之勤於法祖也。（《續錄》卷一）

【小說】自金聖歎好批小說，以為其文法畢具，逼肖龍門，故世之續編者，汗牛充棟，牛鬼蛇神，至士大夫家几上，無不陳《水滸傳》《金瓶梅》以為把翫。余以小說初無一佳者，其他庸劣者無足論。即以前二書論之，《水滸傳》官階、地理雖皆本之宋代，然桃花山既為魯達由代郡之汴京路，何以三山聚義時反在青州？北京之汴，不過數程，楊志奚急行數十日尚未至，又紆至山東鄆城，何也？此皆地理未明之故。一百八人原難鋪排，然亦必各見圭角，始為著書體裁，如太史公《漢興諸王侯》是也。今於魯達、林沖輩詳為鋪敘，至盧俊義、關勝輩乃天罡著名者，反皆草率成章，初無一見長處。又於馬麟、蔣敬等四五人層見迭出，初不能辨其眉目，太史公之筆固如是乎？至三打祝家莊後，文字益加卑鄙，直與續傳無異，此善讀書人必能辨別者。《金瓶梅》其淫褻不待言，至敘宋代事，除《水滸》所有外，俱不能得其要領。以宋、明二代官名羼亂其間，最屬可笑。是人尚未見商輅《宋元通鑒》者，無論宋、金正史，弇州山人何至謭陋若此，必為贗作無疑也。世人於古今經史略不過目，而津津於淫邪庸鄙之書稱讚不已，甚無謂也。(《續錄》卷二)

【考據之難】本朝諸儒皆擅考據之學，如毛西河、顧炎武、朱竹垞諸公，實能洞徹經史，考訂鴻博。其後任翼聖、江永、惠棟等，亦能祖述淵源，為後學津梁，不愧其名。至袁簡齋太史、趙甌北觀察，詩文秀雅蒼勁，為一代大家，至於考據皆非所長。《隨園隨筆》中載宋太宗高梁之敗，中遼人弩箭以崩。雖本王銍《默記》，然太宗自幽州敗歸後二十餘年始崩，弩箭之毒焉能若是之久？況《默記》所載狄武襄跋扈，韓魏公擅權，至以司馬溫公之劾王廣淵乃授執政之指，直與胡紘之劾真、魏可同傳矣，其踳駁不一而足，奚可據為典要？至趙甌北《簷曝雜記》，以湯若望、南懷仁至乾隆中猶存，其言直同囈語，未審老叟何以昏憒若此，亦著述中一笑柄也。(《續錄》卷二)

【性情之偏】余性情褊急，嘗為質恪郡王所箴曰：「兄至眾叛親離時，始信弟言之不謬也。」余嘗以為過激之談，今終以暴戾致怨，深悔不從其語。然古以郭汾陽盛德，卒因暴怒杖死判官張譚；陳執中為宋相，以無道虐死婢子三人，迎兒年方十二，累行笞撻，窮冬髀縛，絕其飯食，攣囚至死，為趙清獻所劾；漢相魏相以撻斃婢子故，為趙廣漢所究治，皆歷見諸史冊。諸公皆當世名卿賢相，其過失如此之甚，終未以此罷斥。何況懲治強暴，法雖奇刻，究未致斃，乃使先王封爵自余而失，深有所愧恥也。(《續錄》卷三)

【古史筆多緣飾】余素怪前代正人君子名節隆重，指不勝屈，近時人材寥寥，何古今之不相及若此。嘗與畢子筠孝廉談及，子筠曰：「君泥諸史冊語，故視古今異宜，不知本朝人才之盛，為前代所不及。先朝無論已，即以目下人才論，如王文端之持正，朱文正之博雅，松相公之高談理學，岳少保起、蔣勵堂攸銛之廉名素著，戴文端、百菊溪之才鋒敏捷，慶丹年相公、董太保之和平謙讓，額經略、德將軍之戰功克捷，楊軍門遇春之宣勞西北，王提督得祿之揚譽東南，李壯烈長庚、穆忠果克登布之忠節，強忠烈克捷、李太守毓星之死事，汪瑟庵廷珍、吳山尊鼒、鮑雙五桂星之文學，擬之前代人才，有過之無不及者。使史筆有所潤飾，皆一代名臣也。」余韙其言。近讀王文正筆記，丁鶴相言：「古今所謂忠臣孝子，皆未足深信，乃史筆緣飾，欲為後代美談耳！」言雖出於姦邪，未必無因而發也。(《續錄》卷三)

【宗室積習】近日宗室繁衍，入仕者少，飽食終日，毫無所事。又食指繁多，每患貧窶，好為不法之事，累見奏牘。蓋宗室習俗倨傲，不惟漢士大夫不肯親暱，即滿洲親戚，稍知貴重者，亦不肯甘為之下。惟市井小人，日加諂媚，奉為事主，宗室樂與之狎，一朝失足，遽難回步。每有淫佚干上之事，有司以其天潢，故為屈法，市井之良善者又多畏其威勢，不敢與抗，適足以長其兇焰，其俗日漸卑惡也。若執法者罔顧情面，明其勸懲，善良者為之助衣食，不肖者嚴夏楚，其實有干犯名義者，即立斃之刑杖，則驕悍之風自熄，又豈真難化導者哉？(《續錄》卷四)

【瘟疫】道光辛巳春夏間，瘟疫流行，始自閩、粵、江、廣，日遷於北。七月望後，京中大疫，日死者以千百數。其疾始覺脛痛，繼而遍體麻木，不逾時即死。治者以針刺舌齶逮紫血出，再服藿香正氣丸，始得無恙。然死者率多里巷小民，士大夫罕有染者。惟刑部侍郎覺羅承光，年逾六十，身素強健。清晨入署，聞有談是疾者，力斥其妄。逾時覺不爽，即乘輿歸，及抵家已卒矣。(《續錄》卷四)

【湯敦甫】湯敦甫金釗，浙江蕭山人。成己未進士。出朱文正公門，公甚器之。敦甫性質樸，悃愊無華，不修邊幅。在詞林時，寓光明殿左廊，廣授童蒙，無異冬烘。任祭酒時，尚居地安門外文昌宮，無安宅也。嘗刊《文昌化書》《陰騭文》等書，勸人一如文正公之學。視學江南時，僕從惟數人，公自司課卷。暇日攜書卷至江陰君山上，誦讀終日，自笑曰：「此亦可謂翫物喪志矣。」今洊至少司農，儉素猶如故也。然壬午典江南試，有貪吏章廷梁二子，連駢中式，嘖有煩言。其長子燡，予素識之，固才俊之士也。聞公少居鄉時，行頗俶詭，里人多畏之。及成名後，始以理學自命，以延時譽，亦善於盜名之士矣。(《續錄》卷四)

【十六國春秋】崔鴻《十六國春秋》明人具有刻本，然皆雜集《晉書》載記及太平御覽、《華陽國志》諸書而成，實非鴻之原本。其《石虎傳》乃抄襲《鄴中故事》、《法苑珠林》諸書，痕跡宛然。其他內晉外魏諸處，似出朱子《綱目》之後。魏道武之弒，直書其事，使鴻執筆，必不敢作此辭也。其他注中有引及沈約及《北齊書》及《冊府元龜》諸語，更在鴻數百年後，其為贋作明矣。(《續錄》卷四)

【理學盛衰】自乾隆中，傅、和二相擅權，正人與之梗者，多置九卿閒曹，終身不遷，所超擢者，皆急功近名之士。故習理學者日少，至書賈不售理學諸書，予前已具論矣。近年睿皇帝講求實學，今上復以恭儉率天下，故在朝大吏，無不屏聲色，減騶從，深衣布袍，遽以理學自命矣。如李侍郎宗昉、黃給諫中模，往昔皆以聲色自娛者，近乃絕口不談樂律。芝岩會客，必更易布袍，然後出見，以自詡其節儉。亦一時風氣然也。(《續錄》卷四)

【姚姬傳文集】姬傳先生古文簡潔秀瑋，一出方、劉正軌，實為近代所罕有。其平生以考據自命，然記近事，反有差訛。如《許祖京神道碑》誤福康安封號為誠嘉毅勇公，《趙文哲墓誌銘》誤書大學士溫福為溫敏，若此者指不勝屈。當時雖無所傷，傳之日久，反有據碑版以證史誤者，故表出之。(《續錄》卷四)

【明末風俗】世皆以明人重理學，尚氣節，繼挽唐、宋頹風，有返樸還淳之盛，殊不知近日陋偽實皆起於明末之時。徐鴻儒數於山東燒香聚眾，稱白蓮教，沿至嘉慶初年，三省教匪弄兵九載。其後京師復有林清之變，皆其流毒，鄉塾與高頭講章，議論紕繆，北省村儒，奉為圭臬，不復知先儒注疏為何物也。馬弔與自萬曆末年，致有張、李之變。近日士大夫尚有好者，玩愒時日，莫甚於此。小說盲詞，古無是物，自施耐庵作俑，其後任意編造，層見迭出，愚夫誦之，幾與正史並行。助亂長奸，言之切齒。劇曲雖由元代，然腳色無多，好者尚寡。自魏伯龍改為崑曲，院本增多。近日弋陽、皮黃諸曲，大足誨淫敗俗。各部署書吏，盡用紹興人，事由朱賡執政，莫不由彼濫觴，以至於今，未能已也。(《續錄》卷四)

【宋儒習氣】宋代理學昌茂，詩文放溢，不肯履人跬步，頗有自得之豪。然其弊專欲掩蔽前人，以伸己長。如鄭康成之《易書》注，后蒼之《禮》，服虔《左傳》，虞翻、荀爽諸家之《易》，唐時尚存規模，延至宋代，遂至遺佚，使後人莫能知其崖略。歐陽《五代史》既行，薛居正之《舊史》即以覆瓿。

蘇、黄諸家詩文日盛，宋初諸作者劉筠、晏殊輩即湮沒不章，使乾德至明道六七十年間傳者惟騎鯨數人而已。一時之趨尚如此，良可慨矣。(《續錄》卷四)

【近代詩人】詩之正宗，自沈歸愚尚書沒後，日見其衰，嗜學之士皆以考據見長，無復為騷壇祭酒。袁子才、蔣心餘、趙甌北三家，恃其淵博，矜才騁辯，不遵正軌。毗陵諸家，自立旗幟，殊少剪裁。惟吳穀人株守浙西故調，不失查、朱風範。其餘皆人各為學，正變雜陳，不相統一。近日惟吳蘭雪舍人詩才清雋，落筆超脱，古詩原本道淵，近體取裁范、陸，實為一時獨步。他若鮑雙五之繼躅七子，陳雲伯之接踵西崑，法時帆之規摹王、孟，翁覃溪之瓣香蘇氏，非不各有所長，然於正宗法眼殊無取焉。(《續錄》卷四)

【納蘭太傅妻】納蘭太傅明珠，康熙時煊赫一時。其夫人和舍里氏與公起自微賤，甚相和睦。性妒忌，所使侍婢，不許與太傅交談。一日，太傅偶言某婢眸子甚俊，次晨夫人命侍者捧盒置太傅前，即某婢雙目也。婢父某恨甚，伺太傅他出，夫人獨處房中時，突入，以刃剚夫人腹，立斃。事聞，置奴於法，時謂奴殺宰相妻云。(《續錄》卷四)

【封神演義】鍾伯敬《封神演義》荒誕幻渺，不可窮詰。然皆暗指明事，以神宗為紂，鄭貴妃為妲己，光宗常洛為殷洪王，恭妃為姜后。張維賢為聞仲者，以其行居次也。朱希忠為黃飛虎者，姓皆色也。西岐者，暗指播州楊應龍。以孫丕揚為楊任，因其家居關西，而無甚知識，以手下為耳目也。以朱賡為尤渾，以其尤劣於四明也。三教道師暗指齊、浙、楚三黨，托塔天王暗指李三才也，鄧九公者，鄭芝龍也，申公豹者，申時行門下客也。至以鄒元標等江右人為梅山七怪，尤為誣善。夫食毛踐土之士，而謗毀其君為辛紂，居然筆之於書，其人可誅，其板可斧矣！而尚流傳世間，亦可怪也。(《續錄》卷四)

【姚姬傳集】近讀《姚姬傳集》，其載張太傅英為王敦轉生，實為紕繆。敦於晉衰亂之時，稱兵犯闕，誅戮名臣，實為元惡大憝，焉能數千年後復生為熙朝賢相也。予意應為宋臣王德。德與敦音相近，故文端母誤聽之，理或宜然。又載達天見班禪事，亦甚虛妄。按：班禪入京時，毫無知識，深為和相所姍笑。偶問京中有高僧否，金司空簡以達天對。二人相會於萬壽寺，互相畏懾，不敢談法，惟問佛事科儀而退。此予聞達天徒體仁所目擊者，此又何嘗有振錫斥責之事也。(《續錄》卷四)

【汪瑟庵】近日自朱石君講論古學，時文中試者，多以填砌經典為貴，文體為之一變；其能以清純取士者，惟汪瑟庵參政一人。先生山陽人，少家貧不能舉炊。先生肆力文學，初不少懈。素不善書。己酉廷試，彭文勤以其策對詳明，取中榜眼，實近科罕有者。任祭酒，與法時帆共事，學課甚嚴。選《成均課士錄》，今里巷奉為圭臬。為鐵冶亭門下士，冶亭策士偶有錯誤，先生條縷駁難，鐵公心甚折服。亦甚服善，偶與鮑雙五談《說文》，雙五間有心解，先生語人曰：「覺生學亦淵博，非祇詞章善也。」又善於教授，八旗子弟及門者甚多。聞覺羅侍郎寶興言：「先生督學歸，予與及門諸弟子迎於郊，先生乘弇棧車，首戴毳帽，從者惟一老僕，與諸生落第歸者無異。」其廉亦可覘矣。侍上書房，課藝甚勤。膳房大官饌頗簡率，他學士莫肯食，先生甘之如飴。今上即位，寵眷甚渥，加太子太保。欲任政事，先生屢辭之，故以宗伯終其位。然性吝愎，治生頗急，每歲所入，皆治田產，其餘封閉不用。以京師米頗昂，乃屯積數十廪，以待厚價，幾為金吾所舉劾。門生饋遺亦頗勒索，以多寡為舉黜。任其鄉人張培誠、屠春林等為線索，在外頗多延納，世論訾之。又自負科名，視異途如寇讎。甲申夏，審侯際清獄，頗多羅織，韓司寇葑、董鄂少農恩銘以與其不睦，故勘其罪以為報復，甚失大臣之道。然亦矯廉詐偽之士耳。（《續錄》卷四）

【徐健庵】予向言健庵兄弟暗扶明裔，有失君親大義。近見其《詠酴蘼詩》云：「春至酴蘼始著芳，天姿綽約舞《霓裳》。亭亭自向東風立，不與凡姿鬥豔陽。」蓋時鄭氏尚據海東也。其詩不覺流露而出，言為心聲，信非誣也。（《續錄》卷四）

樗園銷夏錄三卷　（清）郭麐撰

郭麐（1767～1831），字祥伯，號頻伽，吳江人。乾隆四十七年（1782）補諸生，後絕意仕途。工詩善謔，在京師時，王公貴人倒屣相迎，爭先恐後。〔註 594〕嘉慶九年（1804）講學蕺山書院。著有《靈芬館詩集》《唐文粹補遺》《金石例補》等書。生平事蹟見馮登府《頻伽郭君墓誌銘》。

郭麐嘗問學姚鼐，故記其語錄及詩文。又嘗與其友湘湄言：「今人可愛，古人難知。蓋當日情事委曲，以及笑談諧謔之語，漸遠漸湮，則讀其詩者，不能盡解，雖當時以為可喜者，後人見之皆索然矣。」書中所記，或評論文

〔註 594〕薛鳳昌：《邃漢齋謎話》。

人詩文著作，如論唐人《無題》詩、魏泰《東軒筆錄》、東坡詩詞、馬永卿《嬾真子》、詠懷詩、墓誌銘文及記徐濤、姚鼐論詩之語，皆平實切當，有益後人。或記社會風氣，如論科舉風氣皆「一時襲取之學」。又間有考證之語，如考指頭畫昉自司馬光，古人針砭用石不用鐵，亦可備一說。其說頗負重名，如《詠詩筒》云：「之子遠行少鴻雁，美人贈我有瑯玕。」梁紹壬稱之為如羚羊香象，微妙不可思議云。〔註 595〕此書為詩話筆記。〔註 596〕

此本據上海圖書館藏清嘉慶間刻本影印。〔註 597〕

【附錄】

【臧庸《別郭頻伽序》（戊午季秋）】自史官列傳分儒林、文苑，經生、才子旨趣不同，往往互相短長，猜嫌日積，有相忌而無相愛也。而東漢鄭司農、蔡中郎則相契特深。余今年寓湖上，耳熟頻伽郭君才名，見所為《餞春詩序》，有六朝遺響，頗心善之。然頻伽屢來湖上，過同舍友人，余奪於他事，不暇款接，頻伽亦有以自重，不必詣余也。一日偕撰詁齋主人來，余出晤，則彼此不相識，錯愕問姓名，既而常常見之，始知頻伽與余同歲生，其為人磊落多情，於友誼極篤，不特才人韻致可愛可親已也。然頻伽氣骨崚然，俯視一切，庸眾人目之曰狂，深嫉大怪之，而與余如舊相識。見拙輯《漢書音義》，頗珍惜之。既工書法，復手自繕錄，為校勘一二皆當，而惓惓然欲得余言，以致一時情好。余於頻伽亦不能釋然。余今遠別在邇，未稔覿面何日，遂題數言於《漢書音義》，以識鄭、蔡之交云。（臧庸《拜經堂文集》卷四）

【郭頻伽詩】吳江郭頻伽明經麐，少有神童之目，一眉白如雪。屢試不售，橐筆江湖，詩名噪一時。所著《靈芬館集》，氣骨清雋，洗淨俗塵。余最愛其言情之句，摘錄於此。《西湖春感》云：「二月落花如夢短，一湖春水比愁

〔註 595〕梁紹壬：《兩般秋雨庵隨筆》卷一。

〔註 596〕郭麐《樗園銷夏錄》是一部頗具特色的詩話筆記類作品。全書共分上中下三卷，編古今軼聞，間涉民風世俗、文壇掌故，徵引頗豐。所載筆記大致分為考辨詩論、收錄詩作、考據詩文掌故及記錄日常隨感五大類別，從中可分析郭麐本人的詩學思想，也為研究有清一代蘇州文人創作及其日常生活提供文獻依據。見崔宣萱《論樗園銷夏錄的詩學思想及其文獻價值》，載《漢字文化》2019 年第 2 期。

〔註 597〕齊魯書社 1993 年曾出版蒲澤校點本，錯訛很多；中國文聯出版社 2011 年修訂版，後出未能轉精。

多。」《汶上道中卻寄載園》云：「歲月不多須愛惜，功名無定且文章。」《寄壽生獨遊》云：「狂因醉後輕言事，窮為愁多廢著書。」《夢中得句》云：「憂果能埋何必地，人猶難問況於天。」《雪持表弟至杭得家中書賦贈》云：「此地逢君同是客，故鄉如我已無家。」《客中飲酒》云：「身世不諧偏獨醒，飢寒而外有奇窮。」（陸以湉《冷廬雜識》卷一）

【秋鳥】吾鄉土產秋鳥，味絕鮮美，出乍浦陳山屠康僖公墓，當是日本國所產，秋來春去。初至，剖其腹猶有青椒。大者名截毛鷹，亦曰鸛鵜，中者花雞，小者鑽籬，詳載沈季友檇李詩繫附考。此物惟宜碎切，豕膏和糖霜、椒末漬以酒娘蒸食，或細切調雞卵蒸食，亦佳。有苕西人購數瓶歸家炙啖之，枯勁無味，詫為不佳，盡棄其餘，傳以為笑。吳江郭頻伽明經麐嘗與諸名士賦秋鳥詞，一時推為絕唱。其詞云：「荒林落照，認宰樹蒼茫，一群驚噪。纖繳鳴弦，已有弋人尋到。陶村馬曈披綿好，算總輸、酒邊風調。蜀薑鳴釜，吳鹽點雪，櫓瓶開了。問何事、輕離海嶠？有綠衣同戲，紅椒堪飽。萬里頭顱，來博樽前人笑。雲羅滿地西風早，想江湖羈雌多少？料應夢斷，蠻天一角，暮煙孤島。」〔調寄桂枝香〕（陸以湉《冷廬雜識》卷四）

【浩然樓】江心寺西偏有浩然樓，相傳為孟襄陽題詩遺跡，因建此樓。秦小峴先生謂樓名不應直斥前賢之名，改題為孟樓，鐫跋於額紀之。余按，謝康樂《遊孤嶼詩》，鋪陳景物，言不及寺觀，舊志載唐咸通中始建東塔，宋開寶中始建西塔，至建炎駐蹕於此，而叢林始盛，則是樓當亦成於宋、元以後。樓之西為文公祠，蓋信國公流寓舊址，拜瞻遺像，正氣如生，始恍然於浩然之名，實寄尚友之慨，與襄陽兩不相涉，小峴先生之改題，似未深考。憶余四十三年前登此樓，曾私辨之，而繫以詩云：「憑欄潑眼盡秋光，城樹村煙俯莽蒼。歷覽敢希謝康樂，標題漫借孟襄陽。江山如此清輝在，人物當年逝水忙。誰識浩然留正氣，西偏丞相有祠堂。」故人郭頻伽明經麐極以為是，曾編入《靈芬館詩話》。今年重登此樓，則樓中有近人一聯，跋語所見亦與余同，而寺僧遊客，亦尚同聲稱為孟樓，可笑也。余前詩專辨浩然樓舊額不必改題，而於江心寺之題面題情，實未賅括也。茲遊周覽寺中略遍，又偕吳平一思權、程介笙祖壽二郡丞及恭兒飲於浩然樓中，遊事視前較暢，因補成七律一首以紀之。俯仰四十餘年而詩不加進，姑錄附此，但益汗顏而已，詩云：「江上諸山對酒杯，江心古寺憶曾來。建炎舊事徒增慨，信國遺風亦可哀。漫借孟樓作詩話，更無謝客擅清才。天涯水氣長如此〔杜詩：「孤嶼

亭何處，天涯水氣中。」]，四十餘年首重回。」（梁章鉅《浪迹續談》卷二）

【郭頻伽論詩兩則】郭頻伽麐詩話云：「余最厭宋人妄議昔賢優劣，元微之作《杜工部墓誌》，軒輊李杜，退之蚍蜉撼樹之論，未必不為此而發。山谷以杜《北征》為有關係之作，昌黎《南山》詩雖不作亦可，以此定《北征》為勝於《南山》，詩詎可如此論耶？」頻伽又有《樗園消夏錄》云：「宋四靈之論五律曰：『一篇幸止四十字，再加一字，吾未如之何矣。』金源黨竹溪之論七律曰：『五十六字皆如聖賢，中有一字不經爐錘，便若一屠沽子廁其間也。』語皆名俊，可為東塗西抹者下一針砭。」（梁章鉅《浪跡叢談》卷十）

【名士受窘】達官厭棄名士，名士遂傲慢達官，然亦有時受其窘者。吳江郭頻伽麐飲於友人處，有某太史在座，少年甲第，未免意氣凌人。頻伽語氣之間，多所狎侮。太史不堪其謔作而言曰：「頻伽先生有何開罪，卻句句奚落下官？」頻伽曰：「公讀書中秘，言當雅馴，奈何以稗史之談掛諸齒頰？」太史曰：「《晉書·百官志》：『朝士七品以下，不得稱臣，但稱下官。』《南、北史》亦然。某承乏翰林，官止七品，稱下官，禮也。先生獨未之前聞乎？」頻伽慚，不能答。（梁紹壬《兩般秋雨盦隨筆》卷一）

野語九卷　（清）程岱葊撰

程岱葊，約生活於嘉慶、道光間。生平事蹟不詳。卷端署「伏虎道場行者編」，《語逸小引》自稱：「僕西吳之鄙人也，早歲遠遊四方，吾鄉名勝半未涉歷，吾鄉畸士少所交接，而吾鄉掌故諸書又不獲薈萃而遍讀之，中心怦怦，曷其有極。憶初涉征途，時見江光山色，蒼蒼茫茫，言語不通，風物殊致，彳亍道周，輒覺天地改色，稠人中聞有操土音者，必與之通款曲，如平生歡，如談鄉里人物，奇聞讕語，欣然神往，傾聽忘倦……」又稱：「余童年受業於陸寅齋師。師字載熙，好苦吟，一字未安，或忘寢食，習舉子業，屢試不售。」知其師為陸寅齋。又云：「族叔楓葊公，諱元宸，歸安名諸生。性慷慨，喜談忠孝節烈事。棘闈屢困，齎志以歿，已二十餘年矣。嘉慶庚辰冬，余在里門，夢公語余曰……」知為湖州歸安人矣。又云：「道光辛卯歲，余客涇川，與毘陵徐繹堂交。繹堂年五旬，家止繼室，一子甫六齡，藉館穀以資朝夕。壬辰春，余返里兩月，迨重至涇川，則繹堂病矣。」道光辛卯即公元 1831 年，壬辰即公元 1832 年。據書中「鴉片」條，可知作者卒年已在鴉片戰爭之後矣。今考，論者以為此書作者或為印垣。印垣事蹟史傳未載，僅據書中序文等，知其字星甫，號南峰先生，別號拔劍斫地生，乾隆、嘉慶間鹽城人，以俠風見稱於世。〔註 598〕此說難以成立，與書中內容不兼容。

全書十萬言，凡九卷，分為四類，前四卷曰「語逸」，卷五、卷六曰「語幻」，卷七、卷八曰「語屑」，卷九曰「語餘」。前兩類為小說，後兩類為考證與雜錄。「語逸」記吳興等地風俗民情及名賢軼事。「語幻」為神鬼怪異故事，多談因果報應，其中部分劍俠故事繪聲繪色。書中間有妙論，如「君子小人」條論契約（文見附錄），又謂醫俗之術但須讀書，縱使通身無雅骨，如能發憤攻苦，沉酣卷軸，至於書味盎然，則俗狀自除，俗見自消，俗累自釋，俗念自去，而俗骨亦化，霍然病已；若謬則不然，少不更事固謬，閱歷年深尤謬，不識一丁固謬，讀破萬卷更謬，古今不乏謬人，然未有如漢之王莽、宋之荊公之甚者，謬入膏肓，攻之不可，達之弗及，雖有和、扁，無所施其技，故惟謬不可醫。謂女子裹足不纖，咎在父；男子讀書不勤，咎在母。謂邪教之源，起於方士，流為巫蠱，至黃巾而邪焰始熾。唐有劍俠，與刺客同，亦邪術之一端，然未見正史，或文人遊戲，故神其術耳。書中亦間存妙語，如曰：「天下第一件好事，還是讀書。」曰：「醫書充棟，得其道者能有幾人？」曰：「貪侈之禍人甚矣哉！」曰：「語曰：甚矣貪之害生也！明知禍機所伏，徒為腥膻所惑，輕蹈危機，遂致自縶其足，倒懸莫解，可嗤也，亦可哀也。自古英豪，威信名立，而能不貪其餌，全身遠害，如少伯子房者有幾人哉？彼暴而貪者何惜焉？」卷八「西藏略」述西藏風俗，「長崎略」述日本風俗。卷九《木蘭考》述三家說，《辟邪略》述邪教源流。

書前有嘉慶十三年（1808）周之冕序，稱人各有消遣法，惟著書自娛，其法最優。據周之冕序、伏虎道場行者識語，知本書原名《南峰語乘》，後更名《野語》。本書向未見著錄。《販書偶記》及《續編》列入雜家類。今考，此書以文言小說為主，不知何以收入雜家類中？

此書有嘉慶十三年刊巾箱本。此本據天津圖書館藏清道光十二年刻、二十五年廛隱樓增修本影印。

〔註 598〕石昌渝主編：《中國古代小說總目》，山西教育出版社，2004 年版，文言卷第 585 頁。

【附錄】

【周之冕序】人各有消遣法，未嘗同也，而亦未嘗不同。或一己消遣，或供人消遣，或自消遣而又供人消遣，其途判然。消遣之法各異，而其為消遣則一。戊辰新正，余遊堯城，維時柏酒桃符，銀花火樹，呼盧喝雉，鬥茗拍浮，羅綺香聞，笙歌響沸，笑聲滿室，燭影滿堂，此其人消遣法也。我則安能素無所好，亦無所長，時攜一卷，孤坐吟諷，或弄柔翰，隨意摭拾，徐步閒庭，細嗅梅花，仰看明月，入室則一燈青螢，照我無寐。人欣佳節，我則如常。此一己消遣法也。先生又不然，以彼舊聞，抒所新見，兀坐一室，著書自娛，日錄數則，俯就商榷，可驗之俗，可備鄉評，可作勸懲，可資談助，未及旬日，裒然成編，此自消遣而復供人消遣者也。余惟齊諧志怪人所樂觀，近今轉相仿傚，坊間居為奇貨。此書一出，行見不脛而走。人各有消遣法，惟先生消遣之法為最優。嘉慶十三年，歲在戊辰上元後一日，荊溪周之冕拜題。

【君子小人】嘗見農工商賈者流，與人交貨財，通有無，為數甚微，必先立文券，謂之先小人後君子。迨市易既成，期約已至，出券相質，恪守弗敢違，違則眾論所不予，法令所不貸也。於此有人焉，察其貌，儼然士夫也，其與人交，事理雖重，財貨雖鉅，未嘗立文，約與者或請之，則曰：「吾輩豈市井之徒而不見信耶？」與者語塞。迨貨財既得，期約已至，與者申前說，輒佯弗聞，若反唇相稽，輒飾詞以拒，欲質成控訴，又無文券可憑，與者忿無所泄，將申申以詈，揮以老拳，而解之者曰：「彼固先君子後小人者也，於小人又何難焉？」（《野語》卷七）

【姑息】余嘗謂，女子裹足不纖，咎在父；男子讀書不勤，咎在母。凡為母者，莫不欲其女足之纖，其初裹也，痛楚特甚，啼聲慘切，而其父愛憐，姑息以為女子所重不在此，輒令家人緩之，迨年長一年，女亦自慚其大，而骨格堅強，不復能小，為終身憾。凡為父者，莫不欲子讀之勤，而童稚好弄，視入塾為畏途，其母愛憐姑息，以為子齒尚幼，百方迴護，以遂其逃學之私，迨年長一年，習與性成，不復振作，而韶光易邁，老大徒傷，回首當年，悔之已晚，皆由姑息害之也。女子無論已，為男子者，慎毋恃姑息而自悞，而為人父母者，可不以姑息為戒哉！（《野語》卷七）

【鴉片】一旗員帥閫，有家奴酷嗜鴉片，懲戒不悛，遂以此斃旗員。察軍中嗜者尚多，以理諭，以法禁，皆面從而背非，帥恨甚，令剖視死奴腹，其肺作青黑色，取出懸之簷前，以觀其異。日晌午，則肺大倍於常，須臾有蟲無數，自肺內鑽，頭向外，肺僅如衣膜，然其青黑皆蟲也。呼食鴉片者以煙噴之，蟲稍縮連，噴七八口，肺即如故，始悟每日上癮之故，漸遵其禁。（《野語》卷七）

聽雨樓隨筆八卷　（清）王培荀撰

王培荀有《管見舉隅》，已著錄。

書前道光二十五年（1845）培荀自序，稱錄於聽雨樓中，即命之曰《聽雨樓隨筆》。〔註 599〕又有道光二十六年（1846）蔡振武序，稱其書大率仿《錦里耆舊傳》，而以揚扢風雅為主，凡蜀人士及遊宦於蜀者，嘉言懿行，志乘所缺，無不摭拾而存之，以至異物、殊俗、軼事、雋詞悉識云云。〔註 600〕培荀於凡例之末自稱本無學問，復寡見聞，辦公拮据，無暇復事翰墨，案頭並少冊籍可資考證，孤處一隅，無士大夫往還，不過搜什一於千百云云。

全書三十一萬言，分八卷，內容廣泛，所記多為蜀人及宦蜀者詩文事蹟。如記李調元借周永年抄本刻《函海》而屢索不還，後其萬卷樓遭族人焚毀，而藏書以散落。又如記順治初年蜀地之衰敗。又如記湖北教匪齊二之妻入川抗清事。又如記威遠令李南暉抵抗叛逆戰死之事。又如嘉慶元年重慶鎮總兵袁國璜剿匪事。又記大相嶺、小相嶺之險峻異常，而史冊不言，此為難解。又記司馬相如、卓王孫故宅琴臺下甕用意之異。又記武侯祠銅鼓之來歷及擊鼓之法。又謂司馬相如實「今之蓬州人」〔註 601〕。又謂：「花蕊夫人宮詞豔絕，千古文人學士，嘔心不能學步，非獨才華不逮，緣未親歷其境，縱極力摹擬，皆隔膜耳。」（卷三）大致皆巴蜀地區之見聞，起明末，訖道光，尤以康熙、乾隆、嘉慶、道光四朝為主。

此本據中國科學院圖書館藏清道光二十五年刻本影印。〔註 602〕

【附錄】

【蔡振武《聽雨樓隨筆序》】道光癸卯冬，余奉命視學蜀中，下車觀

〔註 599〕《續修四庫全書》第 1180 冊，上海古籍出版社，2002 年版，第 150 頁。今按：聽雨樓為王氏在四川滎縣官署中，故以此命名。又書成於道光二十四年（1844）。

〔註 600〕《續修四庫全書》第 1180 冊，上海古籍出版社，2002 年版，第 147 頁。

〔註 601〕此論已經被今人實地考察之後證實。

〔註 602〕可以參考楊詩瑩《聽雨樓隨筆研究》，四川師範大學碩士學位論文，2018 年。

風……出其所著《聽雨樓隨筆》，問序於余。大率仿《錦里耆舊傳》，而以揚扢風雅為主，凡蜀人士及遊宦於蜀者，嘉言懿行，志乘所缺，無不摭拾而存之，以至異物、殊俗、軼事、雋詞悉識焉，富矣哉！《蜀雅》一書不得專美於前矣……是書也成，余尤先睹為快矣。時道光二十六年歲次丙午秋八月，愚弟蔡振武拜撰。

【卲勷《聽雨樓隨筆序》】存目。

【王培荀《聽雨樓隨筆自序》】國初費氏父子輯《明蜀詩》及《劍閣芳華》，李雨村因之有《蜀雅》《續蜀雅》，則斷自本朝，所採皆蜀人，而遊宦於蜀者咸闕焉……錯雜無章，無以名之。因錄於聽雨樓中，即命之曰《聽雨樓隨筆》。夫隨所見而錄其所不見者多矣，隨所聞而錄其所不聞者亦多矣。

【《聽雨樓隨筆・凡例》】唐、宋、元、明諸大家無論生於蜀、遊於蜀者均可不錄，即本朝如蜀之費滋蘅、張船山，宦遊如吾東、漁洋、茘裳諸先生詩，人所共見，多不勝錄，略摘一二，未免掛漏，故概從割愛，或因他端連及則附見焉；李雨村《詩話》載近今蜀人詩為多，然或因事及之，各有所取，非相襲也；是編非詩話之比，故直錄其詩，不敢妄參末議；鄙意在存風土，故於異物殊俗多有採訪，嫌其枯寂，隨手作韻語以紀，非敢言詩也，凡不著作者姓名皆是；新奇可喜之事，雖涉幻杳亦錄，以資談助，其中難免以訛傳訛，不復能辨。〔註 603〕

【蜀中開井法】蜀井自宋皇祐始用筒井，架木如桔槔，懸繩繫木，木端縛圓刃如杵，鑿石得屑，日以升計，井口如盌，以鉅竹去節，牝牡相銜，周貼井身，以隔淡水。竹壞，有隙能補，墜物如針能取，巧侔鬼工。又以竹之差小者出入井中，為桶無底而竅，其上懸熟皮數寸，出入水中，氣自呼吸而啟閉之，一筒致水數斗。豎高木數丈於井傍，謂之天杆，入井之筒繫焉。井側設木，以繩絞之。宋時用人，今用牛，掣上機發水瀉流於畦，匯於池，熬之成鹽，鹽多少視水重輕。作《鹽井行》:「鹽產於海或在池，蜀中產鹽鹽更奇。水伏於地數百尺，地下有無孰得知。欲識地脈探水窟，還憑巧匠鑿山骨。穴細如盌深莫測，鑿來那復計歲月。一旦水通如通潮，長繩竹竿貫一條。淡水滲漏偏能補，肯使點滴得混淆。黃牛挽繩如旋磨，自地昇天筒一個。傾水成渠如灌畦，鐵鍋煮鹽裕國課。水性不一辨重輕，得鹽多寡分濁清。霏霏如雪市中鬻，堅硬鉅塊運邊氓。榮邑邇來商無力，苦說井久多堙塞。官稅不盈頻追

〔註 603〕《續修四庫全書》第 1180 冊，上海古籍出版社，2002 年版，第 151 頁。

呼，令我對井三歎息。」（《聽雨樓隨筆》卷六）

【驪山歌】驪山火，諸侯不至謂誆我，美人一笑鎬京墮。驪山水，冰肌賜浴溫泉裏，美人一笑鼓鼙起。美人美人真傾城，驪山何辜代受名。君不見，穆王鸞輅登崑崙，西宴王母探河源，八駿未返徐稱尊。又不見，秦皇之罘駐旌旆，志欲求仙觀海外，六龍初駕為民害。驪山一拳近郊甸，未約仙人開荒宴，鐵騎胡為來酣戰。噫籲嘻！烽火有如崑山燔，玉石俱焚天地昏。禍水有如海水闊，一滴浸成無底壑。山不在大，慾不在多，請君聽我驪山歌。

鄉園憶舊錄六卷　（清）王培荀撰

王培荀有《聽雨樓隨筆》，已著錄。

書前道光二十五年（1845）培荀自序。又有凡例十一條，略曰：《聽雨樓隨筆》以詩為主，人物軼事特附見焉；茲編不以詩為主，人物山水事蹟有得即書，詩特點染生色，故不必全錄，且一人之詩，不妨迭見層出，各有體制，不必相襲。是編繼《聽雨樓隨筆》而作，可參觀互見。〔註 604〕

全書二十一萬言，分六卷。名曰「鄉園憶舊」，實則書中所記不乏明清勝流，皆山東籍及遊宦山東之文人學者，起於明前七子之邊華泉、後七子之李滄溟，訖於郝懿行、王照圓。如記濟南李攀龍不薄鄉誼而獨絕交謝榛。又如記戚繼光懼內之隱情。又如記蒲松齡工詩文傳奇，又「纂輯古來言行有關修身、齊家、接物、處事之道者，成書五六十卷，粹然醇儒之學」，且謂其「嬉笑怒罵，皆具救世婆心，非以口筆取快一時也」。如記黃六鴻因銜恨而劾趙執信國喪期間演《長生殿》事。又如記顧炎武修《山東通志》，僅列名而已。又記周永年晚年與僧辨難佛經，僧不解即以杖擊其禿頂。記書昌怪異言行，如引其言：「予平生無他長，惟不能作妄語。」又謂「先生樸誠，生

〔註 604〕《續修四庫全書》第 1180 冊，上海古籍出版社，2002 年版，第 508 頁。今按：周連華認為，《鄉園憶舊錄》是清代淄川地方士紳王培荀回憶記錄家鄉風俗的隨筆之作，書中記述了大量有關淄川乃至山東地區的傳說、建築、物產、人物掌故、地方史實等事象，具有一定的地方民俗志色彩，是瞭解清晚期淄川鄉土真實風貌的重要地方史料文獻。從王培荀的個人生活世界切入，發現王氏在看似樸實客觀的敘述中呈現出自己的書寫策略與民俗觀念，即鑒賞雅玩的著述觀、眼光向下的取材觀、寄情於俗的書寫觀以及辨風正俗的教化觀。詳見《從王培荀〈鄉園憶舊錄〉看清晚期地方士紳的風俗觀》（《文化遺產》2019 年第 1 期）。

平不妄語」。一再渲染，淡淡數語，頰上三毫，而神以傳也。時人以為其文筆兼有王士禛、蒲松齡二人之長，信不誣也。又間有論詩之語，如謂：「詩以紀事，故稱詩史，然必其人足重，而後所言可憑。」又謂：「詩忌書多，埋沒性靈，若用典確切，而有風韻，則妙矣。」皆可窺其旨趣。書中亦有訛誤處，如謂「獨精三禮，卓然經師，吾不如張稷若」出汪琬《論師道書》，此實出顧炎武《廣師說》。

此本據上海圖書館藏清道光二十五年刻本影印。

【附錄】

【王培荀自序】存目。

【安仲逆案】安御史仲少時讀書甚鈍，足所履磚為穿，手撫案木為刓，勤苦如是。後與兄俱成進士，侍御居官清正。崇禎元年定逆案，乃列之魏黨。其兄為之辨云：「當璫焰方熾，無不頌德歸功，每衙門有疏通，署列名，其人不必知，亦不必心願也。文藏於家，不達於朝，人鮮知者。」予觀《東林籍貫》《盜柄東林夥》《夥壞封疆錄》皆有侍御之名，其為魏璫所惡久矣，安得謂之同黨？定案精審，猶有疏失，恐含冤者不止侍御一人也。侍御遺有當日計典一冊，各官姓名有圈有×，有評語，亦有全無者，皆蠅頭細字，手跡猶存，嘗見其鄉會對策，多是淋漓血指之語，蓋明季沿習陋套，如今時之策，腐爛抵塞，其為無用陳言一也。侍御與余家相去甚近，故知之特詳。思陵發建祠稱頌諸疏，定案者姚希孟。(《鄉園憶舊錄》卷一)

【周永年逸聞】周林汲先生，字書昌，名永年，歷城人。嗜古多聞，讀書過目不忘，以薦入《四庫全書》館，賜編修。典試貴州，落水，以救獲免。後又放山東主考，大臣奏係該員本籍，乃止。家酷貧，趙渭川助以金，並贈詩云：「髯翁貧病今猶昔，時欠長安賣藥錢。堪笑石倉無粒米，亂書堆裏日高眠。」論者謂絕似先生行樂圖。與先王父交善，嘗以商彝託先王父代售，其清況可想。性好書，有僕四人，專為收掌。先王父在都日，寓舍比鄰，朝夕過從。家僕田升亦代為經理所刻書，多寄余家代為消散。其家藏書最多，先生在館時，蒙上垂問。家藏書籍刻有書目二部，遂以進呈，點出一千餘部進之，後印以御寶發還。堂官某求暫留借觀，未數日，而其家籍沒，書遂入大內矣。出門每以五車自隨，在德州書院將歸，以書寄朋好處，逮返而其書盡為人竊去。在濟寧時，留書某家，為水漂去。子東木，名震甲，為河南太康令，以二千金往江南，買書以歸，家中無人。戚某守宅，書籍古玩字畫盡為所鬻。及歸里，問所藏，則零篇斷簡無一全者。先生在日，常以抄本三十種質於四川李雨村，雨村於逆匪之變，萬卷樓被火焚，未盡者亦被人搶去，所選《制藝類編》幾於家傳戶誦，四川亦為翻刻。與紀曉嵐先生同年、邵二雲輩契厚，皆一時推為博雅者也。先生晚年喜談禪，瀾翻釋典，見僧輒舉佛經相與辨難，不解即以杖擊其禿頂。（《鄉園憶舊錄》卷二）

【周永年讀書處】在濟南與同邑韓百木樹柏、王鳳占其昌遊龍洞，之明日凌晨，至佛峪，入深壑，綠樹蔽天，拾級而登，僧房依石壁，壁陡立，萬棱千竅，縱橫無紀律，疑鬼斧神工鑿削而成，驟觀之可怖，諦視甚可愛也。雜花叢叢，清露霏亹，石崖後細泉，下墜入澗，有聲不絕，如操玉琴，所謂杯汲泉也。周書昌先生讀書於此。劉寄庵《佛峪詩》云：「半生愛遊山，山靈不我怒。禹穴與既終，佛峪意所慕。提攜到山巔，僧居伴雲住。登高嘯秋風，倚石觀瀑布。勝遊安可窮，神仙渺難逐。吁嗟此山中，大儒讀書處。窮岩有幽泉，一勺涓涓注。旁鐫林汲名，天壤久已著。乃知地與人，相成莫相誤。不見鉛山堂，過之無人顧。以此深自省，行藏安吾素。落日山房中，第看紅葉樹。」（《鄉園憶舊錄》卷四）

無事為福齋隨筆二卷　（清）韓泰華撰

韓泰華（1810～1878），字小亭，浙江仁和（今杭州）人。江西巡撫文綺之子，近代大儒沈曾植之舅。以貲郎兩至巡道，皆因事罷。其罷歸，皆擁鉅資，而不久散盡，至飢寒以死。沈曾植稱：「至光緒戊寅，舅氏卒於廳事西廂中。」家有玉雨堂，藏書甚富。〔註 605〕始由四川觀察罷居江寧，刻《玉雨堂叢書》未竟，而遇咸豐三年（1853）太平天國之亂，板稿皆毀。生平事蹟見文廷式《純常子枝語》、李慈銘《越縵堂日記》及沈曾植《家傳稿》。

此書二卷，內容博雜。有關考證者，如謂乾清門侍衛差使謂之「挑蝦」，「蝦」是清語官名。今考，文廷式《純常子枝語》卷三十七云：「蝦，今官書多作轄，即侍衛之譯語。北語轄、蝦同音。然墨勒根蝦之名見《國史名臣

〔註 605〕張小仲《韓泰華及玉雨堂藏書述略》認為，其藏書樓由其祖父韓文綺於杭州初建，韓泰華在南京復建。從仁和到江寧，韓泰華延續祖志，增擴收藏，將蓄書大業發揚光大。見《文化學刊》2017 年第 10 期。

傳》者固未盡改也。《順治十八年搢紳冊》余於潘文勤公家曾見之。」錄以備參。又謂王鉷《天寶元年清真寺碑文》詞義俚鄙，字體惡劣，疑非唐人手筆。又考摺扇之制，宋以前即有，以證陳霆《兩山墨談》「中國宋前惟用團扇」之誤。有關掌故者，如謂：「自明以來縉紳齒錄俱刻於京師西河沿洪家老鋪。余藏有嘉隆至康熙朝四十餘冊會試齒錄，猶是洪氏彙集所印。高祖純皇帝御極六十年，親以大寶授之仁宗，真千古稀有。」有論古今人著作者，如謂：「吳荷屋《帖鏡》列帖目次序，詳著某刻何字殘泐、何處斷裂，一覽了然，帖賈無所容偽。」又謂：「坊間所刻《二十四孝》不知所始，後讀《永樂大典》，乃是郭守敬之弟守正所集。謝應芳《龜巢集》有《二十四孝贊序》，云常州王達善所贊《二十四孝》以《孝經》一章冠於編首，蓋別是一書。」〔註 606〕又有評書畫詩文者，如謂放翁詩善用「陰」字，以心地清閒，故體帖得到；又如謂觀唐伯虎《溪山秀遠》，「直覺子畏胸中有萬壑千山，何止筆端秀遠也」。俞樾《茶香室三鈔》多稱引其說，平步青《霞外攟屑》、葉昌熾《緣督廬日記鈔》、王蘊章《然脂餘韻》亦徵引其書，足見其價值。

文廷式《純常子枝語》卷十四曰：「韓泰華《無事為福齋隨筆》云：『予性好讀史，幼病《元史》蕪陋，欲倣《五代史記注》，凡有關元一代典章制度、名臣碑版墓誌，無不詳細錄載，更訪求各家之文，搜羅十餘年，得百數十家，半繫傳抄精本，或四庫中所無而元刊尚在者，擬先為《元文選》……僅存《元文選目》，留待後者。』泰華字小亭，仁和人，官潼商道，為余友人沈子培刑部曾植、子封編修曾桐之母舅。聞小亭晚年落拓京師，其所藏金石書籍悉為人所盜賣，其所見元人舊集距今不過三四十年，而海內藏書家有不及見者矣。其所選目猶存，惜未及借鈔也。」李慈銘《越縵堂日記》丙戌（1886）十月四日（10 月 30 日）亦惜其《元文選》燼於賊炬，又稱潘伯寅刻其《無事為福齋隨筆》二卷，亦略有考證云云。

此本據清光緒間潘氏《功順堂叢書》刻本影印。

【附錄】

【元文選目】予性好讀史，幼病《元史》蕪陋，欲倣《五代史記注》，凡有關元一代典章制度、名臣碑版墓誌，無不詳細錄載，更訪求各家之文，收羅十餘年，得百數十家，半繫傳抄精本，或四庫中所無而元刊尚在者，擬先

〔註 606〕郭守正，即郭守敬之弟。

為《元文選》，以十家作一集，陸續刊刻。道光庚戌首集既成，尚未散佈，即毀於亂。嗟乎！文之顯晦，數也。余心緒衰耗，無能為役矣。僅存《元文選目》，留待後者。（《無事為福齋隨筆》卷上）

【三絕】宋之問父令文富文辭，且工書，有力絕人，世稱「三絕」。自寫其詩，並畫以獻，玄宗大書署其尾曰「鄭虔三絕」。肅宗謂李揆曰：「卿門地、人物、文學皆當世第一，信朝廷羽儀乎？」故時稱三絕。又謝瞻作《喜霽詩》，靈運寫之，琨詠之，王宏在坐，以為三絕。（《無事為福齋隨筆》卷下）

【訪琵琶亭】道光己酉，隨沈鮑廬外舅榷稅九江，訪琵琶亭舊址，半已荒頹。時余用唐榷使英原韻成二律：「幾株翠柳影交加，寂寞荒亭未見花。斷碣尋詩舒倦眼，小舟破浪勝浮槎。雲來匡嶽山如畫，秋老湓城客憶家。此日風騷更誰主，月明空自怨琵琶。」「浪齧濤翻剩此樓，煙籠遠水尚清幽。千年弔古無仙筆，盡日閒情有白鷗。細雨斜飛多羃羅，大江東去足遨遊。蘆花楓葉蕭疏甚，依舊潯陽十月秋。」外舅亦和二律：「潯陽選勝此何加，瑟瑟依然蘆荻花。動地干戈馳羽檄，兼天波浪泛星槎。賓筵闃寂誰為主，宦海飄零便當家。東去大江西去月，照人清淚滴琵琶。」「眼前突兀見飛樓，杖策登臨逸興幽。臺榭荒寒辭壘燕，煙波浩蕩狎汀鷗。勞人簿領風塵夢，老我江湖汗漫遊。白髮青衫無限感，不關彈出四絃秋。」幕中賦者甚眾，余再疊前韻：「愛士憐才豈有加，安排筆硯更栽花〔唐榷使置筆硯於亭過客賦詩最有贈〕。那知露草埋雲地，曾繫詩人貫月槎。不盡濤聲悲落木，無邊秋色屬誰家。白公仙去坡公杳，空聽江城板與琶。」「漫向當壚問酒樓，且拚雙屐更尋幽。舊巢難返僧如燕〔亭舊有僧主守此來應客即去〕，古剎全荒佛對鷗〔亭後奉關聖廟圮樓中尚存大士像〕。一樣青衫拋別淚，百年幾輩不空遊。江州猶自傷淪落，我亦閒居易感秋。」（《無事為福齋隨筆》卷下）

【韓泰華小亭】張燕昌《刻印跋》：「馮研祥《金石錄》，今為玉屏先生所有。珍重視余，余為用飛白書刻印以贈，藝林中又增一段佳話矣。」昌熾案：是書後歸趙晉齋魏。復相繼為阮文達、韓小亭所得。今藏座主潘文勤師滂喜齋。韓名泰華，浙江仁和人，官潼關道。晚年僑居金陵，築玉雨堂，藏書甚富。有元人集百餘家，皆傳抄精本，或四庫所無，而元刊僅存者。嘗欲輯《元文選》，以十家作一集。道光庚戌，首集既成，即毀於兵。其所著《無事為福齋隨筆》云：「《金石錄》明以來多傳抄，惟雅雨堂刻之。阮文達有宋槧本十卷，即《敏求記》所載者。文達自撫浙至入閩，恒攜以自隨。一日書賈來售，驚喜若狂，余得之，亦刻『金石錄十卷人家』小印。」又考翁蘇齋詩：「阮公積古邁歐趙，蘇齋快與論墨緣。恰逢葉子仿篆記，宛如舊石馮家鐫。」又云：「葉子篆樣又摹副，其一畀我蘇齋筵。」則翁、阮二家亦有此印也。曩年假館滂喜齋，文勤師嘗出以相示。有「馮文昌印」「字研祥」「馮氏三餘堂收藏」「馮子元家藏印」「平安館印」五朱記。其餘各家題詞圖記，充然滿幅，洵驚人秘籍也。（葉昌熾《藏書紀事詩》卷四）

【韓泰華藏書於玉雨堂】韓泰華，仁和人。嘗官潼關道，晚年僑居江寧，築玉雨堂以藏書，有元人集百餘種，皆傳抄精本，或四庫所無而元刊僅存者。嘗欲集《元》《選》以十家作一集，道光庚戌，首集成，即毀於兵。其所著《無事為福齋隨筆》云：「《金石錄》，明以來多傳抄，惟雅雨堂刻之。阮文達有宋槧本十卷，即《讀書敏求記》所載者。文達自撫浙至入閣，恒攜以自隨。一日，書賈來售，驚喜欲狂。余得之，亦刻『金石錄十卷人家』小印。」（徐珂《清稗類鈔》鑒賞類上）

橋西雜記一卷　（清）葉名澧撰

葉名澧（1811～1859），字潤臣，號翰源，湖北漢陽人。志詵子。兄名深，頗自負，好大言，官至體仁閣大學士。其家有平安館，藏書十萬卷，金石書畫亦富。名澧得承家學，亦稱淹貫。道光十七年（1837）舉人。官內閣侍讀，後改浙江候補道。著有《讀易叢記》《周易異文疏證》《禮記鄭讀疏證》及《敦夙好齋詩集》初續二集。生平事蹟見張星鑒《懷舊記》（《續碑傳集》卷七九）、朱琦《葉中憲君傳》（《碑傳集補》卷五十）、《晚晴簃詩匯》卷一三九。

書中所載，有論學術者，如「叢書」條述叢書之流變及各種叢書之優劣，又如「趙甌北、汪龍莊考史之法」條稱讚二君考史之法，並謂：「讀史者自當奉正史為主，正史而外，不妨兼及別史，折衷於一是，凡支離謬誕之談，概從刪削。」又如「藏書求善本」條記其「嘗見邵蕙西案頭置《簡明目錄》一部，所見宋元舊刻本、叢書本及單行刻本、抄本，手記於各書之下，可以備他日校勘之資」。又如「《癸巳存稿》」條記俞正燮為孫星衍撰《古天文說》二十卷，又為問經堂孫氏輯緯書，又卒成彭元瑞《五代史記補注》一書，晚年又為張芥航河督輯《續行水金鑒》若干卷，而「著述零種，為他人所借梓不可殫述」。又云：「朱子嘗著《韓文考異》，校勘之學，宋儒所不廢。」又云：「偶憶李生甫先生跋盧氏抱經堂所校《方言》云：『冷談生活，勝於徵歌選舞多矣！』歎為至言。」葉名灃又稱：「嘗欲撰輯《中書舊事考》，後見仁和王正功《中書典故匯紀》八卷，甄錄考證至為詳覈，遂棄其稿。」潤臣早歲以詩文鳴一時，官京師日，縞紵之交，率為名流，與道、咸間名士賡相酬唱，士林重之，名滿天下〔註 607〕，猶且服善不矜如此。

此書前有同治十年（1871）潘祖蔭序，稱《橋西雜記》則隨筆最錄之書，塗乙過半，然首尾完具，中述掌故，志舊聞，有資考證，致功良勤。橋西者，名灃所居紀文達舊宅，當北京虎坊橋之西也。〔註 608〕劉咸炘稱此乃雜記故實見聞，語語有益，多關掌故學術，記體甚高。趙撝叔得其稿本，潘鄭庵校刻。麼小考證，亦無陳言云云。〔註 609〕

此書稿本藏湖北省圖書館，又有張氏適園排印本。此本據清光緒十年滂喜齋刻本影印。

【附錄】

【潘祖蔭序】葉丈潤臣，承家學，擁書數萬卷，有志纂述。少以詩名，故群目為詩人。所著有《周易異文疏證》《禮記鄭讀疏證》《戰國策地名考》，皆未卒也。《橋西雜記》則隨筆最錄之書，塗乙過半，然首尾完具，中述掌故，志舊聞，有資考訂，致功良勤。橋西者，丈所居紀文達故宅，當京師虎坊橋之西也。丈與家大人同官內閣，過從親密。祖蔭曩曾奉手受教。己庚之間，丈改官赴浙，膺疾遽賈，聞者痛傷，乃不及十年，藏書散盡，遺著淪諸廢紙，已刻詩編亦不知歸何所。此記幸得自棄擲之餘，爰為校正字句，刻以存之。撫今懷昔，感何能已！同治十年六月，吳潘祖蔭。〔註 610〕

〔註 607〕李尚迪《恩誦堂集》詩卷三：「愛士葉公子，把臂竹林中。詩思滿竹林，竹林多清風。別來詩更好，竹翠正捎空。」載《域外漢籍集部・韓國文集・二》。葉氏與韓國文人交往較多，李尚迪即其一。

〔註 608〕《續修四庫全書》第 1181 冊，上海古籍出版社，2002 年版，第 25 頁。今按：紀文達北京舊宅，今稱晉陽飯店，位於北京市西城區珠市口西大街 241 號，以經營山西風味菜肴為主，兼營客房及紀曉嵐文化展覽。

〔註 609〕劉咸炘：《內景樓檢書記》，《推十書》子類，第 582 頁。

〔註 610〕潘文勤師《橋西雜記序》：「葉丈潤臣，擁書數萬卷，有志纂述。所著有《周易異文疏證》《禮記鄭讀疏證》《戰國策地名考》，皆未卒也，《橋西雜記》則隨筆最錄之書。橋西者，丈所居紀文達故宅，當京師虎坊橋之西也。」今按：此為葉昌熾《藏書紀事詩》卷六檃括潘祖蔭序文，然較之原序已經

【續修四庫全書總目提要（稿本）13～652】《橋西雜記》一卷（滂喜齋刊本），清葉名澧撰。名澧字潤臣，漢陽人。道光舉人。官內閣侍讀。是編為雜記見聞之屬。曰橋西者，因其居為紀文達故宅，當京師虎坊橋之西也。書中多述掌故，並志遺聞，訂正舊說，大題確實允當，足資考證。微有斟酌者，如謂曾慥《類說》為後世叢書所由昉，不知慥書雜抄典故，任意芟薙，與後世之叢書異趣。叢書之名，始於陸龜蒙之《笠澤叢書》；叢書之實，錢大昕以為始於左禹錫之《百川學海》。其實俞鼎孫之《儒學警悟》尚在《百川學海》之前，至名實兼備，當始於明程榮之《漢魏叢書》矣。柳耆卿墓，《東南紀聞》謂在棗陽縣之花山，王漁洋謂在真州城西仙人掌，名澧據王象之《輿地紀勝·至順鎮江志》，以為棗陽乃丹陽之誤，但柳葬丹陽之花山，殊無實證，今考葉夢得《避暑錄話》云，柳永死，旅殯潤州僧寺，王和甫為守時，求其後不得，乃為出錢葬之，可為名澧得一左證矣。永葬襄陽，《方輿勝覽》《獨醒雜志》並有此說，葬潤州，《避暑錄話》之說也，葬真州，《花草蒙拾》之說也。名澧所考，正可與葉說相印證，雖未能確知其本源，然其考訂花山之所在，實足以供人參考，其他亦翔實可據。李慈銘《越縵堂日記》謂其所記，惟內閣官制職掌及師傅保銜兩條為有裨掌故，則苛刻之言也。

【張星鑒《懷舊記》】葉侍讀名澧，字潤臣，湖北漢陽縣人。道光十七年舉人，官內閣侍讀。家門鼎貴，依然寒素，汲引人才，惟恐不及。著《敦夙好齋詩集》八卷。咸豐九年，歿於杭州。

【藏書紀事詩】邵君蕙西，購書甚富，名澧與之言曰：「彭文勤公嘗詆《讀書敏求記》染骨董家氣，我輩讀書，當用力於其大者，未可蹈此蔽也。」後閱錢氏《曝書雜記》，引鄭康成戒子書：「吾家舊貧，不為父母昆弟民容。」康成大儒，不應出此語。考元刻《後漢書》康成本傳無「不」字，與唐史承節所撰《鄭公碑》合，今本乃傳刻之誤。此校書之有功於先賢者，名澧始悔前言之陋。

【三公三孤】贈少保者：宋文康權〔順治九年〕、房安恪可望〔順治十年〕、劉明靖武元〔順治十一年〕、高文端爾儼〔順治十二年〕、王文通永吉〔順治十六年〕、梁敏壯化鳳〔康熙十年〕、黃忠襄芳世〔康熙十七年〕、阿文清蘭泰〔康熙四十年〕、張文端鵬翮〔雍正三年〕、楊清端宗仁〔同上〕、

刪去若干信息，可見，研究歷史文獻必須回到原文，不可輕易利用二手文獻。

嵇文敏曾筠〔乾隆三年。按《橋西雜記》所載間有錯誤，此已參考他書加以校正。惟所錄尚有黃文僖機贈太傅，李文勤霨加少保，皆國史本傳所無，未知所據何書，姑誌此以待考定〕。(朱彭壽《舊典備徵》卷一)

【儒林外史】國朝葉名澧《橋西雜記》云：坊間所刊《儒林外史》五十卷，全椒吳敬梓所著也。字敏軒，一字文木，乾隆間人。嘗以博學鴻詞薦，不赴，襲父祖業，甚富，素不習治生，性復豪上，不數年而產盡，醉中輒誦樊川「人生直合揚州死」之句，後竟如所言。程魚門吏部為作傳。(俞樾《茶香室續鈔》卷十三)

【秋江別思圖】順治辛卯，亭林先生以行賈至淮上，訪萬年少於隰西草堂，自稱名曰書年，自謂從原字再轉注而成此音，蓋寓逃名意也。年少方變服為緇流，名曰慧壽，臨別繪《秋江別思圖》贈亭林，各題詩卷中。圖後為程易疇所藏，易疇有跋，後又歸蔡友石。道光間，張石州屬江陰吳儁重摹，手錄顧、萬詩及程跋，又自題一詩於上，置之顧祠。原圖轉入葉潤臣。所重摹之圖，展轉復出廠肆，歸武清朱九丹。光緒之季，士鑒乃得之。又何子貞年丈亦嘗摹此圖，蓋從友石之子小石所借摹者。《東洲草堂詩鈔》於創建顧祠及歲時祀事皆有詩，獨繪圖事無一字及之，而胡光伯焯跋吳畫卷，有云：「月齋、子貞各摹其畫。」祁文端詩亦有「石翁仙去蝯翁老」之句，楊芷晴《雪橋詩話》載之頗詳。今吳畫幸存，何畫不知尚在人間否？(吳慶坻《蕉廊脞錄》卷七)

侍衛瑣言一卷補一卷　（清）奕賡撰

奕賡，姓愛新覺羅氏，自號愛蓮居士、墨香書屋主人、鶴侶主人，北京人，和碩莊襄親王綿課之子。道光十一年（1831）至十六年（1836）充宮廷三等侍衛。著有《東華錄綴言》《清語人名譯漢》《謚法續考》等，皆為抄本，民國二十一年（1932）燕京大學圖書館從舊家購得，二十四年（1935）合刊為《佳夢軒叢著》。生平事蹟附見《清史稿・允祿傳》。

書前有道光二十四年（1844）自序，稱追憶見聞數條，以備考察話靶，命曰《瑣言》。〔註611〕此書於清廷侍衛制度，諸如侍衛種類、選拔、職責、待遇、值班之類，乃至檔案管理、武器樣式與佩戴、鑰匙保存與使用，皆有

〔註611〕《續修四庫全書》第1181冊，上海古籍出版社，2002年版，第57頁。

私記。與昭槤《嘯亭雜錄》、福格《聽雨叢談》諸書所載侍衛之職可相印證，可補官書之未備。所載各類侍衛之關係、侍衛之文化程度、文場搜檢之差及站班衣著，皆活靈活現，畢見侍衛之醜態。自序所稱「充役雖只六載，世味則備嘗之」，洵非虛言。末有「自記」，稱追憶見聞，補書數條，聊以驅睡魔、解愁煩，所謂於世無益我有益云云。〔註 612〕

本書據上海辭書出版社圖書館藏民國二十四年燕京大學圖書館鉛印《佳夢軒叢著》本影印。

【附錄】

【奕賡《侍衛瑣言自序》】余充侍衛六年，凡值班、備差及薪俸所入、應付所出，均有私記，告休以後，匯鈔一冊，題曰《小黃粱》。蓋余生長貴邸，性情未免高傲，視天下物渺如也；幸叨一命之榮，醒我片時春夢，充役雖祇六載，世味則備嘗之矣，如黃粱夢醒，回思舊味，不覺啞然自笑。今而後聽其所只而休焉，此《小黃粱》之立意也。紙有餘頁，又將《同人說帖》鈔存數條，非文理可鄙者不錄也；又追憶見聞數條，以備考察話靶，命曰《瑣言》，與余之自紀《年譜》一冊並裝一函有年矣。今春種菜之暇，將《瑣言》從錄一通，另裝成冊，其《小黃粱》《值班應役》《同人說帖》則不復錄焉。

【搜檢】侍衛有文場搜檢之差，凡鄉、會試皆預焉。由章京派出。是日隨章京赴至公門，列坐於搜檢王大臣之次，盤腿疊胸，望之儼然，此一時不似侍衛，大有重臣之氣象，惟不敢與王公抗顏接談，若王大臣等，偶一顧及其踧踖之形，甚屬可憐，傍觀者不禁失笑。且最不解者，如搜檢認真查出挾私等弊，王大臣等皆得議敘，侍衛則否，如有失查等情，侍衛隨王大臣一體罰俸。又有天壇求雨等差，若有執事人等各給紀錄之時，侍衛則否，若偶有小失，應處分者侍衛當之。

管見所及一卷補遺一卷　（清）奕賡撰

奕賡有《侍衛瑣言》，已著錄。

書末有道光二十五年（1845）自序，稱性疏懶而善忘，其於耳於目也有所得，逾時便忘，故每事輒錄之，以備翻閱，久而成冊，從鈔一通，以《管見

〔註 612〕《續修四庫全書》第 1181 冊，上海古籍出版社，2002 年版，第 64 頁。

所及》名之云云。〔註613〕此書所記百餘條，皆奕賡耳目所得，雖事無頭緒，語無文章，不便查閱，然多真實可信之語，涉及宗室事務、大臣軼事、旗人習俗，如所載「宗室命名之例」、郎坤、松筠、錢名世諸大臣事蹟，皆為寶貴之史料。

補遺一卷，多為奕賡所記宗室貴族、王公大臣之腐化墮落、荒淫無恥，如記「貝勒永珠之鄙吝」，「勳戚大臣飲酒挾妓」，奕山、奕經出征英夷而有「翡翠將軍」「琵琶將軍」之稱等，皆他人所不敢言，而未見他書所載者。

清人稽古右文，興儒尊賢，而於當代史事、典制，則視為畏途，成書無多。奕賡通曉有清一代掌故，非一般宗室子弟可比，故其書中所記之事，治史學者當注意焉。

本書據上海辭書出版社圖書館藏民國二十四年燕京大學圖書館鉛印《佳夢軒叢著》本影印。

【附錄】

【奕賡《管見所及自序》】余性疏懶而善忘，其於耳於目也有所得，逾時便忘，故每事輒錄之，以備翻閱，久而成冊，從抄一通，以《管見所及》名之。事無頭緒，語無文章，以之問世，雖不足以之自怡，頗有益於睡餘飯後也云爾。道光乙巳冬至月，錄於佳夢軒。

【續修四庫全書總目提要（稿本）5～776】《管見所及》一卷補遺一卷（傳抄本），清宗室奕賡撰。奕賡有《東華錄綴言》《煨柮閒談》等書，已著錄。此亦雜言劄記之屬。前有自序，略謂「余性疏懶而善忘，其於耳於目也，有所得，逾時便忘，故每事輒錄之，以備翻閱，久而成冊，從抄一通，以《管見所及》名之，以之問世，雖不足以之自怡，頗有益於飯後睡餘」云云。署道光乙巳冬至月。書中所錄，皆遜朝中葉掌故，尤以內族之事居多數。首述聖祖以下皇子帝系及諸王命名，上一字用胤、弘、永、綿、奕、載凡六代，下一字帝系取用礻、日、王、忄、糹、金六字，其諸王二十四房後裔，下一字不許與帝系相同。聖祖以前宗支，即上一字亦不許用，其後道光六年又於載字輩下，續定溥、毓、恒、啟四代，再後啟字輩下，又續定壽、闓、增、祺四代，其下一字奕字輩改糹為言，載字輩改金為水，溥字輩下用人傍，毓字輩以下現帝系現尚未有也，惟所記宣宗御名，上一字作旻，係屬筆誤，次

〔註613〕《續修四庫全書》第1181冊，上海古籍出版社，2002年版，第76頁

記榮郡王綿億名其二子曰奕銘、奕鏁，質郡王綿慶名其子曰奕濬，仁宗責其未用糸傍，自行疏遠，改奕銘為奕繪，奕鏁為奕演，改奕濬為奕綺，又宗室綿開弟名綿瑚，責其下一字擅與永字輩同用王傍，命改名綿胡。次記列朝陵名清語。如太祖福陵曰瑚圖靈阿等，臣下命名不得相犯，雖然，光緒時有烏里雅蘇臺將軍託克湍，與顯廟定靈之清語相同，一品大員不知避改，朝廷亦不過問，豈非怪事？又旗人漢名，近支宗室有字輩者，清字應單寫，遠支無字輩及覺羅八旗人等，清漢名各從其便，惟無論清漢，皆不許單寫，漢字名不得用三字，漢軍人之繫姓者，並漢人之姓名，准單寫清字云云。此例並載之《大清會典》，凡旗人鈕祜祿氏稱郎，瓜爾佳氏稱關之類，皆禁之。舊日之數代通以一字居首為姓，如尹泰之傳尹繼善，顧喬之傳顧八代，及三字漢名福隆安、福康安等，亦不許再用。又如宗室姓趙、姓黃，覺羅姓紅，更無論焉。末附補遺一卷，記宗室王公獲咎革爵等事。東便門外二閘靈官尼廟廣貞案，盡人皆知，好事者編成小曲，至今傳唱之。其他瑣事，如貝勒奕綺唱八角鼓革爵，並令宗人府堂上官率領行杖之人，赴伊府第，重責四十板，令其閉門思過，時至現在，尊重歌舞，不能同日語矣。此書敘錄朝野舊聞，莊諧並見，談國故者，容有可取，非委巷瑣談之作可比云。

寄楮備談一卷　（清）奕賡撰

奕賡有《侍衛瑣言》，已著錄。

書前有道光二十六年（1846）自序，稱每賓朋會談，及觀書所得有關典故者，退輒錄之，久而成冊，題曰《管見所及》；今又輯錄數條，寄之楮墨，以備談柄，即名曰《寄楮備談》，例仍前例，古事不談，文意荒疏，字兼魚魯，斷不可出以示人云云。〔註 614〕

全書凡一百六十二條，所載皆關乎典章故實、奇事佳話，或補官書之不足，或糾私記之謬誤。如所載彭元瑞與紀昀之對聯，孫在豐扈從聖祖仁皇等事，皆一時佳話；指文人說部「以本朝無三元」之失，並舉清朝三元嘉慶庚辰狀元陳繼昌，皆真實不誣。又記「道光十五年考試滿蒙侍郎以下、五品京堂以上清文」事，可窺當時滿蒙人所受漢文化之影響。末條所言著作說部當直書當道諸公之名，云：「著作說部，每書表字，或書謚、稱公，當時觀之或可

〔註 614〕《續修四庫全書》第 1181 冊，上海古籍出版社，2002 年版，第 81 頁。

明晰，數十年後，則未必盡傳也。」

本書據上海辭書出版社圖書館藏民國二十四年燕京大學圖書館鉛印《佳夢軒叢著》本影印。

【附錄】

【奕賡《寄楮備談自序》】余性善忘，每賓朋會談及觀書所得有關典故者，退輒錄之，久而成冊，題為《管見所及》。今又輯錄數條，寄之楮墨，以備談柄，即名曰《寄楮備談》，例仍前例，古事不談，文意荒疏，字兼魚魯，斷不可出以示人也。道光二十六年，太歲在丙午，春王正月，書於峻德堂東偏海棠小院之愛吾廬。

【續修四庫全書總目提要（稿本）5～778】《寄楮備談》一卷（傳抄本），此亦奕賡所撰。紀錄前朝掌故之書，為《佳夢軒叢著》十一種之一。自敘末署道光二十六年太歲在丙午春王正月書於峻德堂東偏海棠小院之愛吾廬。編中首述宣宗之儉德，高宗、仁宗之慈孝，聖祖之仁愛武勇，凡若干事；次紀政典遺聞，如八旗漢軍敖爾布為邰鹿角兵，按，敖爾布係清語，馬褂之稱，又內務府三旗之旗鼓佐領，原作齊固佐領，清語作……對音無義，辛者庫乃半個佐領下食口糧人，國初有半個佐領，清語謂之琿託和……漢名為管領辛者庫……清語斗糧也。又謂蒙古樂之什榜即後來十番一音之轉，阿爾沙蘭年老能負千斤之碑，富僧德能手格二牛，倒曳五騾車，富俊年逾八旬，趺坐能開六力弓，皆稱神力，次紀「陸費」複姓之原始，今湘鄉有許鄧起樞其人者，即此例姓。次紀宗室祿康耆英父子為相。宗室敬徵親王之子為相，宗室德沛歷任侍郎、綠營提督、巡撫、總督、尚書，承襲親王，皆族內之異數，祿康為誠毅勇壯貝勒穆爾哈齊四世孫，其父炳文亦加追贈如例，敬徵係肅恭親王永錫子。次紀嘉慶丁丑翻譯進士三龍泰，蒙古旗人，命名甚奇，又如傅繼祖、顧八代、尹繼善、帥顏保、李榮保、耿古德、杭奕祿、朱天保、尹貴綬、徐元夢，皆滿蒙旗人，命名與漢人同，今則不許三漢字連用，並不准繫以姓氏，又宗室有甲鑲分三色，紅甲以之供驅使，白甲以之守府門，藍甲以之贍族眾，凡有徵調，惟紅甲隨營。又乳母清語曰嫫嫫，乳母之夫曰嫫嫫媽，凡皇帝乳母，例封夫人，乳公亦予謚，世祖乳媼樸氏，封奉聖夫人，葉黑勒氏封祐聖夫人，聖祖乳媼謝氏，封恭勤夫人，世宗乳媼爪爾佳氏，封保聖夫人，劉氏封安勤夫人。王士禛《謚法考》有穆穆阿媽一等阿達哈哈番邁坎謚勤僖，又乳公二等阿達哈哈番哈喇，謚恭襄，即嫫嫫媽也。考鮑康《謚法考》，順治朝有札爾固齊二等副將世職喀喇，追謚恭襄，記此乳公哈喇，惟勤僖謚中無邁坎名，此可補證。又國初服貂無定制，康熙丙辰，御史任洪嘉始條奏定為三品以上准服貂褂，丙辰是康熙十五年，任洪嘉原作任弘嘉，宜興人，康熙丙辰始成進士，由行人司行人考選江南道御史，歷升通政使，原紀丙辰年奏定誤。又乾隆間御製有雅爾吉煙闊里齊圖切莫圖齊布和佛滿洲吉孫尼畢特和一書，無漢名。按，此書據宗室宜興《清文補匯》凡例定名，名為實錄，內擇出售清語，省稱舊清語。諸如此類，皆關一朝國故，作政典之零拾，亦《嘯亭雜錄》之流亞焉。

【鄂爾泰】鄂爾泰四十尚充侍衛，有句云：「看來四十還如此，雖至百年亦枉然。」後不數年節制七省軍務，出將入相，故後謚文端，配享太廟，亦奇人也。父名鼇拜，故終身箋柬只書頓首，不書拜字。

【孫在豐】孫在豐，湖州人，官侍講學士時扈從聖祖仁皇帝南苑行圍，會有鹿逸出，聖祖以御用弓矢賜在豐令射之，一矢而得。聖祖大笑曰：「孫在豐真文武才也」。後考試武進士，又令在豐較射，連中數箭，聖祖顧謂近臣曰：「是固前射鹿者」。一時傳為佳話。

【有坫乃祖乃父】道光十五年考試滿蒙侍郎以下、五品京堂以上清文，欽定題目，在圓明園正大光明殿考試。其宿學之人，尚能翻譯者不過十之三四。竟有不識清書己名，持以問人者，寔不能落筆，以白卷書漢字銜名而進。上亦無如何也，降嚴諭申飭而已，有「有坫乃祖乃父」之語，不知當之者有何顏也。

【直書其名】人之有名，原為呼喚而設也，前代人樸誠不訛，相遇間直以名呼，近世人尚虛華，不敢直呼人名，則代以表字，不敢直呼其表，則易以翁字、老字，是風氣日趨日下矣。著作說部，每書表字，或書謚、稱公，當時觀之或可明晰，數十年後，則未必盡傳也。故余於當道諸公俱直書其名，略存古道，不趨時風，且後之觀是書者亦可據名考核，非無益也。

煨柮閒談一卷　（清）奕賡撰

奕賡有《侍衛瑣言》，已著錄。

書名「煨柮」，取古嵩山題壁詩「茅火雖盛，可以灸空，爐煨榾柮，可以久暖」之意。此書篇幅短小，僅四十餘則。或記朝野軼事，如記高士奇遭際之奇，乾隆間臺灣官員改「天地會」為「添弟會」奏報朝廷以免責難，義僕余升為主裕謙鳴屈等事。或載各地出土之文物，如所記萬承紀所得之「銅質五銖錢範」、張廷濟所得漢、晉八磚等。又雜怪誕之事，如記蘇清阿夢為伊犁城隍神、右旋聖螺等，皆迷信無根之談。又有疑他書記載者，如引王士禎《居易錄》卷六所言皇帝「觀八旗走馬」事，而言「今未見此例」。亦有直接抄錄他書而為表明者，如所記「陸隴其從祀文廟」一事，鈔自梁章鉅《楹聯叢話》。

此書雖雜亂無條例，然亦小有可觀。如記巨盜郭學顯曰：「嘉慶間，粵洋鉅盜郭學顯剽掠為生，而性好學，舟中書籍鱗次，無一不備。船頭一聯曰：『道不行，乘桴浮於海；人之患，束帶立於朝。』在洋驛騷官兵不能捕治，後受兩廣總督百齡之招撫，欲授以官，不就。居鄉教子，以布衣終。」又記粵西衛生口號：「粵西煙瘴之地，傳有衛生口號，曰：『莫起早，莫吃飽，莫摘帽，莫脫襖，莫洗澡，莫討小。』無論寒暑，反此者輒受其毒。」

本書據上海辭書出版社圖書館藏民國二十四年燕京大學圖書館鉛印《佳夢軒叢著》本影印。

【附錄】

【五銖錢範】道光甲申，洪澤湖水決口，南昌府知府萬承紀於高家堰淤泥中得一銅質五銖錢範，形長六七寸，陰陽二模，色似碧玉，聲如鏗金，誠漢物也。

【雙翼飛遞】官府文移之緊急者輒加羽於上，封面書「雙羽飛遞」四字。乾隆十五年廣東學政金銈奏避關帝諱，改書「雙翼飛遞」四字。

【遭際之奇】高士奇，錢塘人，為諸生，十九歲至京，賣文自給，新正為人書春聯，偶為聖祖仁皇帝所見，召至內廷供俸，後官至侍郎，謚文恪。人臣遭際之奇，未有如此者也。

【伊犁城隍之神】御前侍衛護軍統領蘇清阿，一日在內語同儕曰：「吾昨夢為伊犁城隍之神。」眾亦未之異也。越二日，即奉旨補授伊犁將軍。伊仍理前夢，遍告同人曰：「吾不回矣。」怏怏而行。之任一年，調黑龍江將軍，交卸後未出伊犁之境，無疾而逝。其果否為伊犁城隍，不可知矣。子豐申現官總兵官。

【行惡者往往得善報】人之行善未必得善報，行惡者往往得善報，此自有天理在，非人能測也。其見急赴救，活人於頃刻之間，而反速其害，未有如吾友巴公者也。公名巴哈布，以恩騎尉充侍衛，夏日出城放槍，見有婦人落水，急將線槍遞入，極力拽之，彼婦雙手持槍而出，得不死。詎巴力用過猛，登時吐血一口，回家後二日而亡。此段天理，令人不解。

【義僕】裕謙殉節鎮海，余步雲奔逃寧波。彼時裕謙僕人余升者在署守印，聞變即奔控大吏，言余步雲擁兵不救，致伊主失城死難。大吏奏交刑部，余步雲雖有萬喙，亦難掩護，且余升一心為主鳴屈，不顧權勢，供辭甚利。雖余步雲之斬不由余升之首控，而余升奉旨放歸，不加以罪，京師之人多以義僕目之。

【八磚精舍】嘉興張廷濟得漢、晉磚八：曰萬年不敗，曰蜀師，曰太康二年，曰永寧元年，曰元康二年，其不全者曰吳氏，曰儒墓，曰萬固。以八磚顏其齋。阮芸臺元為書「八磚精舍」額，朱為弼作《八磚精舍歌》以紀之。

【臺灣天地會】乾隆三十二年，臺灣奸民倡天地會，以三指按心，大指為天，小指為地。地方官改書添弟會，化大為小，以避處分。及林爽文叛，始察明改字之故，將造意之幕友沈某治罪。今案牘習俗以此為恭，如湖南趙金龍，必書為趙金隴之類是也。

【水落石出】「山高月小，水落石出」，東坡《赤壁》之句也，人所皆知，不知何時被人竄入案牘中，作為證證之詞，動輒曰「必須水落石出」，其意以為清到底也。近日奏稿中頗用之，即諭旨往往亦用者，自是軍機撰擬不察耳。甚已哉！習俗之染人也。

括談二卷　（清）奕賡撰

奕賡有《侍衛瑣言》，已著錄。

此書分上下兩卷，凡百三十餘條，書末題「道光丙午閏月書於海棠小院之愛吾廬北窗下。長白愛蓮居士」。卷上有證古書之誤者，如劉侗《帝京景物略》誤以「雲水洞」與「孔水洞」同，而奕賡據親歷所見而辨其異，又錄房山孔水洞中五篇碑刻碑文；有論及俗語者，如「闒茸」「雨點釘子」「鵝項」「碼磉」「屈戌」等；又有論古人錢幣、植物俗稱之語；且多載奇怪之事，如記「洪武私行」「文天祥過吉州」「刑氏自縊關廟」及人死亡干支等事，皆怪誕不足信。卷下多為奕賡讀書節錄之語，糾繆寥寥，如言《八旗通志初集》所載「怡親王允祥為聖祖仁皇帝第二十二子」當為「第十三房」等。又有錢幣辨偽一條曰:「錢莫多於宋，而真偽混淆。如太平、元符、元祐、紹聖、熙寧、元豐、皇宋、聖宋諸錢，銅質薄小，銅色黯暗，字不工整者，皆外洋所偽鑄，襲宋之年號耳。世以皮錢目之。又漢元通寶亦有皮錢。又如光中、景盛等錢皆海洋私鑄也。寬永錢為日本國之錢，近日琉球、安南等國亦皆用之。其一種幕文仙字者最少，幕文字者銅質雖好，惜其太多，反不為世所貴。」

田洪都序稱皆為尋常記載所不及，而語必有徵，足以參史，蓋能讀《實錄》《會典》《八旗通志》等書，見聞復廣，隨事留心，勤於記載，禮俗並陳，宏纖畢具，單辭碎語，皆關考證，可謂耶律儼之流亞云云。奕賡所著諸書，命名雖殊，旨趣則一，皆為雜記當代史事、典制之作。

本書據上海辭書出版社圖書館藏民國二十四年燕京大學圖書館鉛印《佳夢軒叢著》本影印。

【附錄】

【續修四庫全書總目提要（稿本）6～8】《括談》二卷（傳抄本），清宗室奕賡撰。書之體裁，與《煨柮閒談》相類，所記除新舊遺事瑣談外，多著朝政公規，及章服制度，草茅下士於《會典》《通禮》等書詎能人盡寓目，涉於此，亦可以少嘗一臠焉。書分上下兩卷。上卷之末，結銜署道光丙午閏月書長白愛蓮居士，丙午閏月是道光二十六年閏五月，愛蓮居士當是奕賡別號。所記事物之有應討論者，如云怡親王允祥，據冊檔為聖祖位下第十三房，以《八旗通志》初集所稱第二十二字為誤，《清史稿》與冊檔同，雖然，王薨後，其行狀係世宗特敕大學士張廷玉所撰，其房次亦云第二十二字，敕撰行狀豈容錯誤？此或並殤亡諸皇子及二十公主統同計數，如世俗所謂大排行之說乎？九城啟閉係鐵雲版，俗呼為點，云惟東直門用鐵鐘，按九門八點，獨崇文門用鐘，現仍如舊，亦載之金吾事例，但未明言其故，宣武甕城磚阜俗傳五火神墓，此言水平與紀昀《閱微草堂筆記》所言正同。前年有人發掘冀獲殉葬寶物，卒之一無所見，可為笑柄。謂世傳元豐通寶錢最多，乃海外所鑄，非宋錢，宋元豐通寶錢有行書、篆書二種。考李兆洛《紀元編》及近世校增本《元號韻編》，載元豐為宋神宗並理宗時交趾陳煚年號，並無元豐，與此書所記不同；明熹宗得天啟錢，此獨舉天完徐壽輝有天啟年號。按，北魏元法僧年號大啟，一作天啟，陳永嘉王莊唐南詔晟豐祐改元皆號天啟，亦見李氏書，則奕賡所記不必定為徐氏之物。又云混同江產石砮，土人以之礪刀，即古肅慎砮矢遺意，呼為木變石，清語曰海蘭察，言榆木入水千年，化石可磨刀劍云。按，清語榆曰海蘭，則察字似衍。另條記常談清語，以不甚修飾為懶散，乃漢語闌珊之轉，雕散貌，並非清語。又西遼感天皇后，鑄感天元寶錢，其讀法先右，而上，而下，而左，天字在第二，遂位於上，其意以天之不可居下，世不知者，以常錢例呼之為天元感寶，此正與清初天命天聰老滿洲字錢皆以汗字居上之義同。又言鳥槍所出鉛丸，城門鎖鑰並曰錢糧，皆不可解，此則三百年前便有是稱，見明代公牘。此外紀錄大房山孔水洞所在，並石刻為其身所經歷，可正劉侗《帝京景物略》之誤。澳門之新聞紙，知今之報章，道光時早成故事，卷末載前明鼎革時，正陽門賣卜人邢姓，書聯語於關帝廟壁，自經一事，未見他書著錄，可備史料檢討。全編雖是是非非，瑕瑜互見，而一時國故，總屬可傳之書也。

見聞隨筆二十六卷　（清）齊學裘撰

齊學裘（1803～？），字子貞，號玉溪，婺源人。諸生。工書畫，以貴公子隱居綏定山中。以詩名著江左，文人咸相引重，以為綽有父風雲。同治七年（1868）秋，與胡遠、盧谷、楊伯潤等人相聚賞菊。光緒年間流寓上海，與劉熙載、毛祥齡友好。著有《蕉窗詩鈔》《見聞續錄》《清畫家詩史》《寄心盦詩話》。生平事蹟見《晚晴簃詩匯》卷一四一、《國朝書人輯略》卷一〇。

此書大旨以因果報應之事而寓勸善懲惡之理。書前有學裘自序，稱偶聞友人暢談因果，可以感發人之善心，可以懲創人之逸志，事有關於名教，理無間乎陰陽，事異而理常，言近而旨遠，是不可不紀者，遂舉有生以來聞見交遊、奇人怪事，隨筆直書，不假雕琢，兩月之中，著稱十有餘卷，名之曰《見聞隨筆》云。〔註615〕又有同治七年（1868）許國年序，稱家承庭誥，詞宗白石，詩學青蓮，表章毅魄而如生，感動忠魂而欲泣，此由於春秋褒貶之中，寓微顯闡幽之意。〔註616〕又有應寶時、王希廉、余治、葉廷琯、六汝猷、蔡錫齡、徐振邦、孫玉堂、謝鵬飛、張鴻卓、張家豐、鍾國華、劉瑢、

〔註615〕《續修四庫全書》第1181冊，上海古籍出版社，2002年版，第119頁。
〔註616〕《續修四庫全書》第1181冊，上海古籍出版社，2002年版，第117～118頁。

鄭應鈞、萬年清、秦雲等人題辭。〔註 617〕又有同治十一年（1872）張德堅題跋，稱其在儒宗為有功世道人心之文，移易風俗，足以佐中郅治。〔註 618〕張端譯盛道其書發潛德之幽光，表名流之盛業，有關世道人心，不類搜神志怪。〔註 619〕然此書《清朝續文獻通考·經籍考》列入小說家，《中國古代小說總目提要》亦歸之為志怪小說集，稱其書以獵奇為宗，怪誕不經，庶幾近之。

此本據華東師大圖書館藏清同治十年天空海闊之居刻本影印。

【附錄】

【齊學裘《見聞隨筆自序》】同治五年，歲在丙寅，重來吳陵，寄住甥館。子規聲裏，客思頻興；蝴蝶夢中，墨緣未了。春蠶縱老，寧無未盡之絲；秋樹雖枯，尚有能鳴之葉……偶聞友人暢談因果，可以感發人之善心，可以懲創人之逸志，事有關於名教，理無間乎陰陽，事異而理常，言近而旨遠，是不可不紀者，遂舉有生以來聞見交遊、奇人怪事，隨筆直書，不假雕琢，兩月之中，著稱十有餘卷，名之曰《見聞隨筆》。藉以消磨歲月，未免貽笑方家……齊玉溪自序。

【許國年《見聞隨筆序》】一生業報，始於白馬之經；九百虞初，載自黃車之使……且夫提要鉤玄，纂事必徵其實；洽聞殫見，擇言宜近於馴。今玉溪先生隨筆之作其庶幾乎？先生家承庭誥，業受楹書，以鉤河洛之才，擅潤古雕今之手。詞宗白石，逍遙於竹所水邊；詩學青蓮，跌宕於滄州五嶽……表章毅魄而如生，感動忠魂而欲泣，此由於春秋褒貶之中，寓微顯闡幽之意……同治七年戊辰秋八月，烏程愚弟許國年拜序。

見聞續筆二十四卷　（清）齊學裘撰

齊學裘有《見聞隨筆》，已著錄。

書前有同治十二年（1873）方濬頤序，稱其舉數十年來目見耳聞之事，擇其有關風化，勘備勸懲者，隨筆紀之，得二十六卷，梓以行世，中外士夫，

〔註 617〕《續修四庫全書》第 1181 冊，上海古籍出版社，2002 年版，第 120～122 頁。

〔註 618〕《續修四庫全書》第 1181 冊，上海古籍出版社，2002 年版，第 123 頁。

〔註 619〕《見聞續筆》卷二十附錄張端譯《張壽齋先生家傳》

幾於家置一編，而玉溪則坐隨安室，手操不律，矻矻寒暑，無少休，近復成《續筆》若干卷。又稱其講因果，說禍福，婆心苦口，足令頑石點頭，則言近旨遠，又儼若畫家之雙管齊下也，其傳世奚疑云云。〔註 620〕又有孫簪勳題辭〔註 621〕，劉熙載、潘曾瑩、王春寅三人題跋〔註 622〕。

此書為續《見聞隨筆》之作，其旨仍同《隨筆》，以因果報應之事而寓勸善懲惡之理，除記異聞怪事外，多雜記珍禽異獸、奇花怪石，並附以詩詞文鈔。如卷二、三錄先大夫梅麓公《文鈔》七首，卷四、五、六錄方蓮舫年丈《蔗餘偶筆》百餘則，卷九、十錄陽羨綏安古今體詩近百首，卷十一錄吳門遊草古今體詩五十七首，卷十二錄江進湖海紀遊古今體詩七十六首，卷十三錄黃山靈巖天鄣齊雲梅源遊草古今體詩五十二首，卷十四、十五錄古樹名花怪石古今體詩七十首餘，卷十六金石龕古今體詩十三首，卷十七、十八、十九錄先大夫雙溪草堂書畫錄。如「盜女報讎」條記盜賊之女為救船客而殺父兄，後反被船客害死水中，女子化為鬼而復仇。是編多載詩歌，未免有乖體例，與阮元《小滄浪筆談》《定香亭筆談》相近。

此書《清朝續文獻通考·經籍考》列入小說家，《中國古代小說總目提要》亦歸之為志怪小說集，良有以也。

此本據華東師大圖書館藏清光緒二年天空海闊之居刻本影印。

【附錄】

【方濬頤《玉溪見聞隨筆序》】文人不可無筆。玉溪則兼擅三絕，橫掃千人，玉溪可謂有筆矣。予兒時常聞先大夫言玉溪之孝心，竊志之不忘。及來揚州見玉溪，則固詈詈然一隱君子也。跡其內行敦篤，終始勿渝，故天祐善人，雖陷賊中，卒能縋城而出。年過花甲，聰明強健，猶日以書卷自娛。爰舉數十年來目見耳聞之事，擇其有關風化、勘備勸懲者，隨筆紀之，得二十六卷，梓以行世。中外士夫，幾於家置一編，而玉溪則坐隨安室，手操不律，矻矻寒暑，無少休，近復成《續筆》若干卷，屬予序之……予獨嘉其講因果，說禍福，婆心苦口，足令頑石點頭，則言近旨遠，又儼若畫家之雙管齊下也，其傳世奚疑焉。或難之曰：「是編多載詩歌，未免有乖體例。」予

〔註 620〕《續修四庫全書》第 1181 冊，上海古籍出版社，2002 年版，第 379～380 頁，方濬頤《二知軒文存》卷十五有《玉溪見聞續筆序》。

〔註 621〕《續修四庫全書》第 1181 冊，上海古籍出版社，2002 年版，第 380 頁。

〔註 622〕《續修四庫全書》第 1181 冊，上海古籍出版社，2002 年版，第 381 頁。

應之曰：「古人不必具論，請讀阮文達之《小滄浪筆談》《定香亭筆談》，即可廢然返已。」同治癸酉秋七月定遠方濬頤撰。

【孫簪勳題辭】存目。

【劉熙載跋】存目。

【潘曾瑩跋】存目。

【王春寅跋】存目。

靜娛亭筆記十二卷　（清）張培仁撰

張培仁，字少伯，號子蓮，廣西賀縣人。道光二十七年（1847）進士，曾任湖南善化知縣，加同知銜。著有《金粟山房詩文集》《妙香室叢話》等。生平事蹟見《（光緒）賀縣志》《（光緒）湖南通志》卷一二三。

此書《販書偶記》列入小說家，《中國古代小說總目提要》亦歸之為筆記小說集。書前有曾紀鴻序，稱其抱玢豳效旴之學，擅含章通理之才，網羅逸事，搜訪異聞，成《筆記》十二卷。〔註623〕此書所記多為張氏所見所聞，或採自前人著作，或錄自當時報刊，多涉及軍事、外交、經濟、異聞、詩詞、名人軼事。間亦有議論之語，要以期於有裨人心，有益世道。如曰：「天下有兩種人最難共事，曰多疑寡斷，曰固執不通。」又曰：「近日說經者，不屑附會，好為穿鑿；說史者，不欲騎牆，故作翻案，方謂新奇可喜，實則離經畔道，背理害義，謬種流傳，將來置之高閣，徒以飽蠹耳。」又曰：「維持風化，莫如理學一途。」他如「汪容甫」條記洪亮吉述汪中軼事，「黃觀察論天主教」條記黃文琛論衡州焚燒天主堂一案，「劉繼莊通音韻之學」條記劉獻廷音韻之法。又有記文字音義者，如「字音通用」「敦字十二音」「苴字十四音」「離有十五義」「平仄兩用」「字音異讀」諸條皆是。

《（光緒）湖南通志》卷七十六《典禮六・祠廟三》載：「新建君子祠在天嶽書院左。同治八年建，元人所祀宋九君子外，署知縣張培仁詳請增祀朱子弟子李杞、李燔、李雄及再傳弟子許應寅，是為十三君子，而國朝舉人彭昌鳳仍祔祀焉。」於此可見其學術取向。開卷即為「民以食為天」，可窺其經世基調矣。

〔註623〕《續修四庫全書》第1181冊，上海古籍出版社，2002年版，第605～606頁。

此本據復旦大學圖書館藏清刻本影印。

【附錄】

【曾紀鴻《靜娛亭筆記序》】夫人抱玢豳效盻之學，擅含章通理之才，娩丁覽之精微，甘子雲之寂莫，執古之醇聽，誦先之清芬，翯翯然春規而秋矩，翯翯乎翔鳳而飛鸞。江都以儒術顯，長卿以文章進。松茂柏悅，箕舒翼張。德輝所臨，鸑鷟布其丹采；直聲既昭，騶虞騰其白章。於以軒轅，帝載曲蘖。皇風比正禮於二龍，許公明以一驥。方將綰銅麟甸，豈徒製錦凫郊。以不剛不柔貞百度，以無偏無黨定九流。由是攬轡起澄清之志，側席膺簡畀之任。願慰抱膝，效微格心，豈非儒者遭逢之盛，然而風花舛午，才命升沉。琴韻既奏，伯牙乏鍾期之遭；鼎器雖宏，烹雞屈函牛之量。葩華萍布，偏遺空谷之孤芳；綿羽啁啾，孰聽樊衢之鳴鳥。握靈珠而匿耀，拊古瑟以銷聲。見之於吾師子蓮先生矣。先生八桂流芳，雙榕擢秀，驅染煙墨，鏗調金絲，抽雞次之典，探龍威之藏。凡紫宙異聞，黃車軼事，莫不流談若海，著錄成帷……湘中人咸望東山再起，南國重來，而先生無出山之意。良以流行坎止，東坡不合時宜；嗜古避榮，曼倩豈諧世俗；未褒曲突之功，徒起積薪之歎。蛾眉見妒，猿臂難封。袞袞登臺，鄭虔之官獨冷；悠悠自得，龐公之心常安。先生天懷淡定，不慕浮榮，幸生堯舜之朝，何思何慮；宛在羲皇之世，以遨以遊。為七松居士，作五柳先生。怡志者瑤華十乘，插架者緗帙千函。所著《金粟山房詩文集》，固已丹篆羅胸，吐陳芳之符采；墨書盈掌，搜唐述之精華。其大者闡揚忠孝，其小者箋釋蟲魚，其麗者舄奕詞壇，其奇者峢峇辯囿。決懿濞而使之暢，慰鬱伊而使之伸，猗歟盛哉！茲又網羅逸事，搜訪異聞，成筆記十二卷，是知分柳文暢之技，足敵十人；展龐士元之才，原非百里也。或者惜其鳳池未到，鵲印遲來。豫章出地，早儲作棟之材；和璧在山，誰識連城之寶。難比卜商，特進於十三行之後；徒憐虞望，自安於百六椽之中。未嘗帷幄運籌，徒令煙霞託跡。嗟乎！馮唐已老，介推不言。太沖詠史，下僚懷古之悲；虞卿著書，秋士憂時之淚。遂使臨浣紗之江，越女照影而自憐；袖運斤之手，拙匠相率而呈技。良可慨已！不知通塞有命，富貴在天。紅休之略既通，綠錯之文咸究。以權奇倜儻之才，加旭歷銳銀之力。賈逵之問不休，有資津逮；河間之事求是，如飫謨觴。於以怡襟抱，達性情，樹得靈檀，杯傳照世，精進不已，未必非儒者安全之素志也……受業湘鄉曾紀鴻拜撰。

郎潛紀聞十四卷郎潛二筆十六卷郎潛三筆十二卷

（清）陳康祺撰

陳康祺（1840～？），字鈞堂，寧波府鄞縣人。同治六年（1867）鄉舉後，以貲為刑部員外郎。十年成進士，官刑部員外郎，後改官昭文縣（今屬江蘇常熟）知縣。〔註 624〕辭官後居蘇州，築舍滸園，藏書頗豐。著有《舊雨草堂文集》《舊雨草堂時文》《虞東文告》《陳氏先型錄》《篷霜輪雪集》《雙湖翹秀集》《鄉諺證古》。生平事蹟見《正誼堂文集》卷四《陳鈞堂五十壽序》。

《郎潛紀聞》為康祺官西曹時紀述掌故之書。書前有光緒六年（1880）自序，稱多採陳編，或詢耆耇，非有援據，不敢率登，刪並排比，約可百卷，姚君福均，力請刪削，編十四卷為《初編》云。〔註 625〕《二筆》前有光緒七年（1881）楊峴序，稱《郎潛紀聞》於中外政治，當代典故，人事奇怪，條搴而件摭云。〔註 626〕《三筆》前有光緒九年（1883）張文虎序，稱初筆、二筆擇焉必精，語焉必詳，非特雜撰瑣聞者不能夢見，即本朝掌故之書，如新城、山陽、柳南、蔗塘諸家，無此博贍精覈。《三筆》大抵仍前書體例，而更謹嚴，凡考名人言行，政治得失，世事變遷，胥於是乎有取云云。〔註 627〕《二筆》題《燕下鄉脞錄》，《三筆》題《壬癸藏劄記》。今考，此書尚有《四筆》十一卷。〔註 628〕

此書內容，或記四庫館事，如記朱筠上書輯錄《永樂大典》中逸書，而上命纂輯《四庫全書》，自《大典》中輯出者幾六百部；又記乾隆癸巳四庫館，分為內府秘書、舊藏《永樂大典》輯佚書、採進民間藏書三處；又記四庫校勘諸館臣姓名，並為館臣開乾隆以後諸儒以金石之學印證經史一派。或論清代學術，如「王文簡公言人所不敢言」條記王引之非築圓明園宮牆高厚、增圓明園兵額之論；又如「閻徵君《古文尚書疏證》」條記《疏證》一書之著述情況，並謂「康祺昔嘗取徵君書與毛氏《冤詞》互證，西河縱橫穿

〔註 624〕曾國荃參奏庸劣不職各員一摺稱：「江蘇江陰縣知縣陳康祺操守平常，嗜好甚重，巧於趨避，物議沸騰。」見《光緒實錄》卷二百十五。

〔註 625〕《續修四庫全書》第 1182 冊，上海古籍出版社，2002 年版，第 161～162 頁。

〔註 626〕《續修四庫全書》第 1182 冊，上海古籍出版社，2002 年版，第 312 頁。

〔註 627〕《續修四庫全書》第 1182 冊，上海古籍出版社，2002 年版，第 476 頁。

〔註 628〕《四筆》為陳氏乙亥、丙子（光緒元年、二年）兩年之日記。當時陳康祺被命主稿奉天司，公務餘暇，暝寫晨抄，積而成帙，名曰《判牘餘瀋》，中華書局收入《清代史料筆記》叢刊。

穴，論辨之雄，在閻書右，惜偽古文罅漏太多，彌縫匪易，雖盛氣強詞，仍不能拔趙幟而立赤幟也」。又如「臧在東經學」條記臧鏞堂論戴震、惠棟經學之語曰:「戴東原所為毛、鄭詩，好逞臆說，以奪舊學；惠定宇好用古字，所校李氏《周易集解》，與開成石刻往往互異，皆惠氏私改也。」「北學南學關學」條分清初學術為孫奇逢之北學、黃宗羲之南學、李二曲之關學三類。「阮刻十三經校勘記」條記阮元校刻《十三經注疏》之過程。又有記社會狀況者，如「蘇州治平寺淫僧案」條記蘇州治平寺僧之恣意淫縱，「育嬰堂」條記清世祖嚴溺女之禁，海內始知育嬰為善舉，孝莊皇后首頒祿米，滿漢諸臣，以次輸助，不數年，由京師以達郡縣，育嬰之堂遂遍布天下。

劉承幹《明史例案》卷二云:「本朝野史甚少，其記載掌故者，以王氏之《康熙朝政紀》、吳氏之《養吉齋叢錄》為可信，《嘯亭雜錄》亦間有錯誤，尚勝於魏氏之《聖武記》。若《郎潛紀聞》等類，浮言正不少也。又近出之《秘史》等書，尤多謬誤。」《緣督廬日記鈔》卷四亦稱其中多怨誹之語。

此書有光緒間初刻本、宣統間掃葉山房本。此本據清光緒十年琴川紬石室金鑽刻本影印。〔註 629〕

【附錄】

【陳康祺《郎潛紀聞初筆序》】余家守藏書，性嗜雜覽，童丱迄今，廢讀之日殆可指數。學未小成，輒喜弄翰。弱冠已前，壇坫角逐，摹揣韻格，捃獵華腴，夙所誦習。蓋徒以自澤其文，而懵於大義，謬獲名譽，旋亦悔之。既又肈究訓故，溫習經誼。舉凡乾嘉鉅儒，東南耆碩，號為漢學，演鬯奧旨者，什九泛覽。搜殘舉碎，時有譔述，憾未能淹貫精博，尋復棄之。甲科通籍，自請為郎，妄意依流平進，樞垣臺諫，尚非夢想。顧不可靡所儲蓄，備官未聞，乃益練習吏治、兵制、河漕、鹽法，尋討利病，銳意世用。又嘗默究天人，靜念身世，始生之歲，海上兵起，墳墓之鄉，島夷錯居，橫流滔天，匪可坐視，則又羅列書史，旁逮雜家，盟聘和戰，印證失得，渤澥形險，荒裔紀載，敞門人海，目營心維，條件掇拾，粗可玩索。而仕宦迍蹇，適會選部兩更舊例，浮湛

〔註 629〕褚家偉《郎潛紀聞四筆抄本的發現》一文稱，1984 年中華書局將清人陳康祺所撰《郎潛紀聞》一筆、二筆、三筆合為一書，點校整理出版了平裝本。此前，臺灣成文出版社於 1968 年還出版了此書一、二、三筆的影印本。這兩家出版社出書時都不知道《郎潛紀聞》三筆之後尚有四筆存世。今按：中華書局 1990 年出版褚家偉、張文玲點校本。

十年，雖由人齮，詎曰非命。於是投牒乞外，俛首鹽車，而芻論罪言，不可復出矣。作縣虞東，職業清簡，行篋舊作，料理雕鐫，率皆脞說短書，無關閎旨。《郎潛紀聞》者，余官西曹時紀述掌故之書也。多採陳編，或詢耆耇，非有援據，不敢率登，刪並排比，約可百卷。姚君福均，虞之宿學，不鄙弇陋，辱蒙校讎，觸諱忤時，力請刪削，編十四卷為《初筆》。《二筆》已下，踵付梓人。是書隨筆纂載，間附鄙論，先後凌雜，不類不次。區區之意，蓋將出其叢殘，就正大雅，矜煉修補，姑待異時，本非完書，故義例可略也。嗟乎！余年四十有一矣。玄髮將改，宦學不進，百里小試，兢兢恐墜。編剗之業，才士優為，平生志業，百未一申，濡筆寫懷，不其愧已！光緒六年冬，康祺識。

【楊峴《郎潛紀聞二筆序》】陳君鈞堂，以名進士為郎官，閉門不狎時流，著書逾百卷。已而改知縣來蘇，首梓《郎潛紀聞》十四卷，於中外政治，當代典章，人事奇怪，條擕而件摭焉，蓋史部載紀類也。今年又梓《燕下鄉脞錄》十六卷。燕下鄉者，遼地名，君京邸近之，故名書。讀之，猶初志也。余喟然曰：此漆園所稱宋人者與有不龜手之藥而洴澼絖，則何邪？今之學者，操不律效程、朱語錄，空言滿紙，頃刻尺許厚，獵盛名，攀高位，或妄希兩廡豚，豈不甚便。然而問九經七緯，百家諸子，瞠目不能對一語，亦嘗恧乎否也！夫程、朱大賢人也，人即至不肖，有不趣向者誰與。然而效程、朱者，果程、朱矣乎？夫天下不皆大賢，毋寧多讀書，多識故事，猶勝於絢虛美、絀實用者也。然而人多捨此而就彼，將毋畫仙鬼易、畫人物難乎？余辱與士大夫遊，竊疑博通者之少，即有矣，輒姍笑叢焉。傳曰：越人美羸蚌而簡太牢，鄙夫樂咋唶而怪韶濩，然邪非邪？夫君書不必賢於人人，然而指稱確，徵引富，如泰山之雲，潼滃蔚薈，日出而不已也。如鬱人貢百草之華，十葉為貫，百二十貫為築，鬻之焦中而芬芳條達也。視枵腹而操不律，奚止鈞銖之差耳哉？夫脞之為言，細碎也，著書如君，而奚細碎之有邪？夫君多讀書、多識故事而以著書，而曾不獲獵盛名、攀高位，而又何說邪？光緒七年歲在辛巳冬十一月，歸安楊峴撰。

【鄭崇敬《郎潛紀聞二筆跋》】條士先生刊其所箸《燕下鄉脞錄》，辱命崇敬校讎，事竣，乃跋其後曰：自南、董不作，載籍多誣，唐、宋以來，是非奪於愛憎，功罪淆於恩怨，前代名人言之詳矣。本朝列聖代嬗，公道大明，四庫所錄御製各書，皆折衷群言，垂憲百世。則凡紀錄之家，秉筆之士，宜如何恪秉聖裁，務歸至當。乃以崇敬所聞，有不盡然者。我朝崇尚理學，程、朱、陸、王並行不廢。乃孫承澤以方回之重臺，拾陳建之舊唾，醜詆姚江，自命衛道，其人不足重也。陸清獻沉潛理窟，冠冕群儒，亦復堅持門戶，附和同聲；謂明之亡，不亡於流賊，而亡於陽明。此等議論，其可據乎？國史館纂修列傳，於臣僚功過，兩不相掩，所以存直道也。而私家撰述，猶不喻此意，傳狀事實，類多掩飾。如張清恪、謝濟世之獄，張文端、孫文定皆以奉命往勘，瞻徇失實，得罪清議；乃煌煌大傳，見於名人文集中，不一而足。直若一代名臣，絕無瑕玷者，此等紀載，其可信乎？乾隆中，川楚用兵，高宗首賞胡世顯之不欺，以風動天下；而積習相沿，深根莫拔。羅壯勇之擒熊老八，參將陳弼攘其功，《聖武記》記之。石三保、聶人傑之事，誣罔朝廷，李忠毅不為，《嘯亭雜錄》記之。咸豐中，上海之亂，首逆周立春等皆報擒斬；而近人筆記，有謂諸逆多不死，且有商於外洋者。推此以言，中外章奏，亦有未可盡信者矣。不特此也。康熙大科得人最盛，學問經濟，照耀千古，繼之者乾隆丙辰也。是科徵士中，全庶常祖望，遠紹深寧，近衍南雷，融貫朱、陸，靡所偏倚，其學近於湯文正。桑主事調元，傳餘山勞氏之學，恪守師承，宗主洛、閩，其學近於陸清獻。二公其眉目也，庶常之不與試，或謂張文和以其負氣故齕之，然主事亦未取。餘若顧棟高、徐文靖、程廷祚、沈彤、牛運震、任瑗、陳黃中、沈炳震、王文清諸公，皆淹通經史績學之士；若厲鶚、胡天遊、劉大櫆、沈德潛、萬光泰、李鍇、張庚、黃之雋諸公，文章詩賦，亦堪方駕古人；若裘文達、方恪敏、曹文恪、金德瑛、錢載諸公，尤卓然不愧名臣。當時二百餘人，大半經桐城、臨川兩侍郎月旦，然後登諸薦牘，故其中博學篤行之士，幾居什九。設令碧海遺珠，盡收珊網，豈非一朝盛事？乃張文和以舊臣當國，與方、李二公所學異趨，適奉命主試，事遂假慎重之名，苛繩隘取，以呈御覽。兩侍郎所舉，一士不登，名流獲雋者，僅齊召南、杭世駿輩數人；士林咸失所望，文和之咎大矣。然前人未有言之者，何歟？是書與前筆皆掌故淵藪，採摭之勤，網羅之富，所不待言。至於闡揚幽滯，考證得失，並存數說，不徇一家；則知幾《史通》病其舛駁，《容齋隨筆》遜此精詳矣。又其論繼所施，和平嚴正，無一孔迂腐之見，以輔翼名教為宗。昔人嫌河間五筆以鴻才碩學評騭鬼狐，有乖立言垂教之旨。如先生是書復何憾乎？光緒壬午春，弟子鄭崇敬謹識於暨陽官舍之燕喜堂。

【張文虎《郎潛紀聞三筆序》】近世卮言日出，著書益多，往往掇拾可喜可愕之事，不考虛實，不別是非，茶餘酒後，苟以動聽，猶藉口曰：「吾所言皆人事不涉神鬼。」噫！俗語不實，成為丹青，不特無資於聞見，且恐遺誤於淺識，是亦不可以已乎？鄞縣陳鈞堂大令，以高材擢甲科，浮沉郎署，載籍極博，裒集國初以來朝廷政要，搢紳事略，忠節孝義，治術軍旅，目覽手披，隨所紀載，以為《郎潛紀聞》初筆、二筆。擇焉必精，語焉必評，閒有異聞輒加考正，誠恐流傳失真，自誣誣世也。君既不得於曹司，乃求改外，以縣令來江蘇，所至有聲。光緒九年秋，予應學使瑞安黄侍郎之聘，攝席南菁書院，君適宰江陰，因得讀其書而韙之。以為非特雜撰瑣聞者不能夢見，即本朝掌故之書，如新城、山陽、柳南、萉塘諸家，無此博贍精覈也。茲復以三筆刊成屬為之序。大抵仍前書體例，而更謹嚴。凡考名人言行，政治得失，世事變遷，胥於是乎有取焉。語曰：「前事之不忘，後事之師也。」傳之後世，當為紀載之最。夫何閒然。南匯張文虎撰，時年七十六。

【陳康祺《郎潛紀聞四筆自序》】余自志學之年逮今艾及，居家作客，皆以小冊自隨。人事瑣屑，排日手記。文詩撰著，輒錄稿附存其間。其紀述掌故之書曰《郎潛紀聞》。初、二、三筆先付梓繡，蓋即掇拾於宂殘舊冊者也。茲復出乙亥、丙子日記，名之曰《判牘餘瀋》。蓋是兩年，余方被長官命主稿奉天司，日入署治文書，慮囚讞獄，或攜破書、布被直宿曹司，辦公餘暇，故習未捐，暝寫晨鈔，積而成帙。若夫著書本旨，不過網羅國故，緝碎揚潛，敷暢鄙愚，閒施論斷。初筆自敘及歸安楊見山太守、南匯張君嘯山序，餘二、三筆略已鋪陳，不復贅述云。光緒丙戌秋日，盤園居士記。

【陳麟蔚《郎潛紀聞四筆題識》】是編寫定樣本後，檢閱前三筆，有偶涉重複者數則，爰取後來日記中字數相同者，補綴更易，以免行列之參差。故全書皆乙亥、丙子所纂輯，而牽及近年時事者，亦間有數條。此書為掌故之叢林、典章之淵藪。古人如《邵氏聞見諸錄》《容齋五筆》，刊布雖判後先，體例初無同異，似不必過分瓜畦豆畛也。男麟蔚校畢謹識。

【關忠節早定死志】關忠節公天培，道光朝名將也。起行伍，拜專閫，官廣東水師提督。時海警方萌芽，與林文忠經營十臺，累戰克捷。奏上，公卿相賀。嗣以和戰聚訟，廷議蜩螗，孤軍莫援，公卒身受數十創以殉，天下痛之。方公以海運入都，常從故人飲酒肆中，醉而言曰：「日者謂吾生當揚威，死當廟食。今吾年四十餘，安有是哉！」夷難起，緘一匣寄家人，堅不可開。及後啟視，則墮齒數枚，賜衣一襲而已，蓋死志早定也。嗚呼！庚、辛海上之變，文臣中可倚以禦侮者，僅林文忠公一人，次則裕靖節耳。奈懿親重臣，臨戎喪膽，徹防媚敵，惟恐失歡，以致窮島魍魎之徒，横行溟渤，擇利而食。而一時築室之議，反以開釁責文忠，以窮蹙而死謗靖節；赤舌燒城，天地易位，至今猶有拾唾餘者。至於陳忠愍公之守吳淞，葛壯節、王剛節、鄭忠節三公之守定海，及公之守虎門，皆以同舟匪夫，援絕鼓死，結纓免胄，頹我長城。余生庚子，世貫海東，採父老之傳聞，睹近年之世變，濡筆紀此，憤氣填膺。恨不能起儒帥殘魂，鏤割寸封，充死事諸忠臣祠廟犧牢之用。嗚呼！亦何及已。按：關忠節在廣，著《籌海集》，其奏疏亦俊偉光明，咸出公手，非假幕僚，倘生承平，亦彬彬儒將也。(《二筆》卷四)

【朱石君衡文之精】朱石君先生每握文衡，必合觀經策，以精博求士。乾隆丙午典試江南，一榜多名士宿學。嘉定李許齋方伯賡芸以第二人中式，儀徵阮文達公以第八人中式，尤為先生所奇賞。庚戌，先生總裁會試，會元既定，擬之曰：「此必江南李許齋。」及拆封，自第六人始見方伯名，大嗟訝。繼拆第一人，乃歙朱蒼楣文翰。朱亦以經史為根柢，兼工漢晉古文，與方伯齊譽者也。前輩鑒別之精如此。(《初筆》卷十四)

【王芑孫文集編次失當】長洲王惕甫學博芑孫，乾、嘉間號稱能文，與秦小峴、魯絜非、龔海峰、武虛谷諸君旗鼓相接。康祺讀其文集，茂密清雋，不背義法，亦自足以名家。惟未定稿目錄乃其手編，開卷《木犀醬賦》，鄉邦土產，取冠全編，雖古人有行之者，究戾大雅。第二首《蕩湖船》，第三首《叩頭蟲》兩賦，纖佻窊淺，全無體裁，而集中《文淵閣賦》一篇，反不以之弁首，其編次殊為失倫。其誌銘表狀亦多尋常酬應之作。甚矣文章之難刻，編集之尤不易也。(《郎潛紀聞初筆》卷十四)

【鄉試呈薦官卷之成例】今各省鄉試官生卷，什九呈薦，其事始於富陽董文恭公以官生應試時。乾隆庚辰秋，劉文定公與介野園少宰典京兆試，有同考官某，素識文恭名，得一卷呈介公，介公不取。某曰：「觀其詞采富麗，必董公子也。」時文恪公邦達在朝。介公大怒曰：「科場法至嚴肅，果爾，即奏聞。」賴文定力為寬解，乃悉取官卷付介公去取，自此沿為成例，順天鄉試官生卷遂盡呈主考，而外省亦然矣。是科揭曉後，文恪公聞文定闈中排解事，退朝，即率文恭踵門謝，命稱弟子，見文定《孫禮部集．記董文恭公遺事》。(《二筆》卷六)

【本朝狀元總數及常熟科名之盛】本朝狀元，自順治三年迄同治十三年，凡九十三人。江南一省，得四十五人。常熟一縣，已得六人，蓋順治戊戌孫承恩，康熙己未歸允肅，庚辰汪繹，戊戌汪應銓，咸豐丙辰翁同龢，同治癸亥翁曾源也。翁氏叔侄，八年中兩得大魁，科第之盛，已無比儷。（詳《初筆》）所尤奇者，道光丁未龐文恪公鍾璐以第三人及第，翁文端弟子也；越庚戌一科至咸豐壬子，楊太常泗孫以第二人及第，亦文端弟子也；復越癸丑一科至丙辰，文端子適為第一人。天干一周，三鼎甲蟬聯鵲起，同在一城，又同承文端公門牆堂構之遺，衣缽箕裘之緒，談形勝者，謂虞山地脈使然，豈果專藉地脈歟？〔按：三君在朝，並以文章政術見稱，益見文端遺澤之遠。〕（《二筆》卷十一）

【國初鄉會試同考官無定額】國初鄉會試房考無定額。順治十六年己亥會試，庶吉士為同考者九人，皆戊戌進士也。十八年辛丑會試，庶吉士為同考者十六人，內戊戌進士五人，己亥進士十一人。雍正二年癸卯順天鄉試，庶吉士為同考者八人。乾隆九年甲子順天鄉試，庶吉士為同考者十人，皆後來所無也。其同考人數最多者，則康熙乙未會試，至三十二人，內翰林二十一人，部曹十一人。戊戌、辛丑二科，亦三十二人。丁酉鄉試，同考至三十六人，內翰林三十一人，給事中二人，部曹三人。而最所鮮遇者，惟乾隆甲午順天鄉試，十八房中，彼此官階迥相懸絕，如宗丞竇光鼐、太常吳玉綸、光祿吳綬詔、理少周於禮、僕少曹學閔、通參趙祐，皆九列也；中允童鳳三、編修管幹禎，則翰詹也；司業朱棻元，則國子監也；御史戈源，都察院也；戶部許寶善、善聰，禮部施學濂、鄭源壽，則部屬也。而此外又有助教吳省蘭，學正徐立綱、汪如藻，皆舉人。大理丞朱衣點，貢生。此四人，皆例所不預開列者，是蓋採選清望，不限階資，睿鑒所加，絕人議擬，殆杜朝臣通榜之弊也。（《三筆》卷十一）

【周永年治生三變】歷城周編修永年，乾隆間與戴東原、邵與桐諸君同奉特徵，修四庫書，授官翰林，學者稱為榮遇。家素饒給，棄產營書，積卷近十萬，不欲自私，以「藉書」名園。藉者，借也。其意蓋欲構室而藏，託之名山，使強有力者贍其經費，立為法守，俾學者於以習其業，傳抄者於以流通其書。又感於古人柱下藏書之義，以為釋、老反藉藏以永久其書，而儒家乃失其法，因著《儒藏說》一十八篇，冠於書目之首，以為法式，其志善矣。視以藏書貽子孫者，所見抑又宏矣。既入翰林，以謂官清貴有守，惟治生有具，乃可無求於人。於是鬻閒架權市貨，倩賈客為之居廛，俄而大耗其貲，則矍然省曰：「商賈，末也；力農，本也。棄本逐末，我則疏矣。」則又僦田講求藝植，倩農師為之終畝，凡再遇豐年，而僦田所獲，不足償其糞溉，則又矍然省曰：「農夫耒耜，士之贄也。我不食業而耕，是謀失吾本矣。」遂評輯制舉之文，鐫印萬本，以為諸生干祿者資。其文多組織經史，沉酣典籍，意在即舉業而反之通經服古，自謂庶幾義為利矣。而應科舉者多迂之。印本不售，而刻印貲多券質，責逋計子母即鬻萬本不足償，於是至大狼狽。凡編修計治生，知其事者，無不規諫，雖妻子亦力阻。而編修自喜益深，又坦懷無逆億，故以溫飽之家，購書餘蓄無幾，至三變計，而益憊不支。士人讀萬卷書，明於大而忽於微；拘於常理而昧於物情之萬變。雖尋常一粥一饘，硜硜自守，猶或為僮奴所漸蝕，賓客所闇圖，況可歆動外來，與陶白輩角其心計乎？若其「儒藏」之說，則搜揚遺籍，津逮後賢之良法也。（《四筆》卷三）

【國初殿試規格】無錫鄒中丞鳴鶴，藏其高叔祖海嶽先生忠倚順治壬辰殿試第一卷。屬臨桂龍翰臣方伯啟瑞為之題後。以方伯擅古文，且距海嶽二百年，先後大魁天下者也。方伯集中，記國初殿試規格，與道光朝大不同。如讀卷官今止八人，用墨印名於卷背，國初則朱印銜名於卷後一葉。是科自洪少師承疇已下，得十二人，且諸人名下不加標識，而卷中斷句多用朱圍印其佳處，亦與近今異。行間長短參差不一，取盡其意，不限程序。方伯又云：「卷中所陳，皆按切時事，質直鯁亮。不敏科名幸從先生後，回思當時廷試所陳，乃不啻天壤。」此非方伯自謙，蓋文風士習，日即澆漓。又功令限人，點畫杪忽之差池，雖賈、董復生，亦不得破格而拔之上第，殆時世為之也。（《四筆》卷十一）

【曹振鏞忝竊榮名】國朝名臣身後得謚文正者，湘鄉以前僅衹四人，劉、朱、曾三公世無遺議，杜文正則以甘盤舊學，渥荷殊恩，惟歙縣相國亦獲享此榮名，殊為忝竊。相傳公性忮刻，道光初，蔣襄平以直督內召直軍機處，上眷甚厚，曹忌之。適江督琦善降調，上問：「誰可代者？」曹對曰：「兩江重任，當求資深望重、久歷封疆者付之。」既又曰：「以那彥成為最，惜西口正多事，不能捨而之他。」上頷之，曹不復言，頻以目視襄平，上意悟，乃指襄平曰：「汝即久任封疆，非汝無第二人。」議遂定。襄平出，語人曰：「曹公智巧，當面排擠，可畏也！」阮文達亦不為曹所喜。上一日偶問：「阮元歷督撫已三十年，壯年已升二品，何其速也？」曹對曰：「由於學問優長，聞其現在陝甘總督任內，尚日日談文刻書。」上默然，越日遂內召。蓋曹素揣成皇帝極

重吏治，深恐大吏廢弛也。(《四筆》卷七）

【懶於著書】觀陳康祺《燕下鄉脞錄》卷六《紀文達不輕著書之原因》中記其語曰:「吾自校理秘書，縱觀古今著述，知作者固已大備，後之人竭其心思才力，要不出古人之範圍，其自謂過之者，皆不自量之甚也。」此說人多有重之者，即如陳康祺，引其語後即曰:「我輩薄植，偶作一二短書雜說，輒姁姁妹妹，有亟於表襮之心，讀此能不顏厚！」夫戒人莫輕著書是矣，而以後之所有，皆莫出古人範圍，則過於武斷。信如彼語，將謂社會不能進展，危言不可日出乎？鄙意此或紀公一時之託辭，實有背其平日論學之宗旨。江藩（子屏)《國朝漢學師承記》卷六《紀昀》傳記言「公一生精力粹於《提要》一書，又好為稗官小說，而懶於著書」云;「懶於著書」一語，或更能得其實。吾人倘轉觀趙甌北《論詩》:「滿眼生機轉化鈞，天工人巧日爭新，預支五百年新意，到了千年又覺陳！」對照陳康祺所引紀公之語，是非自定。不審甌北名詩，康祺是否見及，見而又當作何感觸也！（劉衍文《雕蟲詩話》卷三）

庸庵筆記六卷　（清）薛福成撰

薛福成（1838～1894），字叔耘，號庸庵，無錫人。咸豐八年（1858）中秀才，同治四年（1865）投身洋務，先後入曾國藩、張樹聲、李鴻章幕府。光緒十年（1884）任浙江寧紹臺道，擢湖南按察使，出使英、法、意、比四國，又任光祿寺卿、太常寺卿、都察院左副都御史。著有《庸庵文編》《籌洋芻議》《出使英法義比四國日記》等。生平事蹟見《清史稿》卷四四六、《清史列傳》卷五八、丁鳳麟《薛福成評傳》。

全書六卷，分史料、軼聞、述異、幽怪四類。大旨主於挽回世道人心，有裨經世之學。書前有「凡例」六條，略曰：此書於平生見聞隨筆記載，自乙丑至辛卯，先後閱二十七年，其有精蘊及有關係者，復各以類相從，不能盡依先後為次。所書善惡，務得其實。史料一類，涉筆謹嚴，悉本公是公非，不敢稍參私見。即軼聞、述異兩類，無不考訂確實。惟幽怪一類，雖據所聞所見，究覺惝怳難憑，以其事本無從核實云云。〔註 630〕此書據平日見聞，隨意抒寫，亦間有閱新聞報紙，取其新奇可喜，而又近情核實者錄之，以資談助。

〔註 630〕《續修四庫全書》第 1182 冊，上海古籍出版社，2002 年版，第 599～600 頁。

前二卷為史料類，如「蒲城王文恪公尸諫」條記王鼎臨與林則徐之相知，力薦林則徐之賢而上不聽，廷諍甚苦而終不獲伸其說，後自縊薨。又如「李秀成被擒」條記南京失守後，李秀成遁走方山，被樵者八人所獲，提督蕭孚泗率兵奪之，後封一等男爵。卷三為軼聞類。如「查抄和珅住宅花園清單」條詳載和珅財產。又有「河工奢侈之風」條記河工官吏窮奢極欲，揮霍治河款項。又如「《盾鼻隨聞錄》當毀」條謂汪堃借記粵匪之事，著《盾鼻隨聞錄》，而附益以子虛烏有、憑空編造之辭，其命意專為道州何氏而發，兼以謗一二平生所憾之大吏，何桂清督兩江時曾禁其書，毀其板，書賈改其書為《鈔報隨聞錄》仍刻售之。卷四述異類，卷五、卷六記幽怪，多荒誕不經之語。

末有光緒二十四年（1898）陳光淞跋，稱其大抵尊聞談故，間涉寓言，其論事平正通達，涉筆謹嚴，與《文編》相表裏。〔註 631〕劉咸炘稱其史料最善，見聞無妄，文筆翔雅，說部中傑作。〔註 632〕然來新夏譏其雜掇零拾，貶之為識小之作。〔註 633〕

此本據天津圖書館藏清光緒二十三年遺經樓刻本影印。

【附錄】

【陳光淞《庸庵筆記跋》】余既刻薛公《海外文編》，明年公子慈明復以筆記相屬，亟為校理，期年蕆事。筆記之作由來舊矣，大抵尊聞談故，間涉寓言。此編體例、分類、編目，悉公手定。其論事平正通達，涉筆謹嚴，與文編相表裏。余雖隨筆劄記？類皆馳騁精覈，自備一格。回憶一鐙侍側，聽論往事，娓娓不倦。今僅得於此編讀之，前日之樂，渺焉如夢幻之不可復接，可慨也夫。光緒二十四年三月甲申朔，蕭山陳光淞謹跋。

【曾文正公勸人讀七部書】昔曾文正公嘗教後學云：「人自六經以外，有不可不熟讀者凡七部書，曰《史記》《漢書》《莊子》《說文》《文選》《通鑒》《韓文》也。余嘗思之，《史記》《漢書》，史學之權輿也；《莊子》，諸子之英華也；《說文》，小學之津梁也；《文選》，辭章之淵藪也；《史》《漢》，時代所限，恐史事尚未全，故以《通鑒》廣之；《文選》駢偶較多，恐真氣或漸漓，故以《韓文》振之。曾公之意，蓋注於文章者為重。此七部書：即以文章而

〔註 631〕《續修四庫全書》第 1182 冊，上海古籍出版社，2002 年版，第 775 頁。
〔註 632〕劉咸炘：《內景樓檢書記》子類，第 582 頁。
〔註 633〕來新夏：《清人筆記隨錄》，中華書局，2005 年版，第 462 頁。

論，皆古今之絕作也。人誠能於六經而外，熟此七部書，或再由此而擴充之，為文人可，為通儒可，為名臣亦可也。

【學使以快短明衡文】今之督學使者，按臨各郡考試生童，每次須分十餘場，往往因公事繁冗，期限迫促，不能從容評閱，悉心搜校。康熙、雍正以前，功令未嚴，格式未備，院試尚無試帖，僅四子書題文一篇而已。江蘇為人文淵藪，聞昔學院有以「快、短、明」三字衡文者——大抵交卷愈快愈妙，篇幅愈短愈妙，而意義則取其明白軒爽。題紙一下，不可構思，振筆疾書，奔往交卷，取額一滿，則不待終場而出案。往往考者方據案尹唔，研墨潤筆，忽鼓吹聒耳，龍門洞開，始知出紅案也，乃皆踉蹌不終卷而出。一日，文題為「山梁雌雉」，有一卷文僅十六字，曰：「《春秋》絕筆，西狩獲麟，《鄉黨》終篇，山梁雌雉。」遂拔取冠軍。又一日，題為「孟之反不伐」，有一卷文曰：「不矜功，良將也。夫伐，情也，反不然，良將哉？春秋時，不伐者二：一介子推，一孟之反。之推不貪天功以為己功，之反不假人力以為己力。吁！良將哉？」又拔取冠軍。蓋以其僅五十五字，而全篇規模已具，文乃劈分兩比格也。

【戒鴉片煙良法】自鴉片煙盛行中國，而染其癮者，如饑者之不能去食，渴者之不能去飲。甚有飲食可減，而煙癮必不可缺者。每見癮到之人，涕泗交頤，寢饋難適，故吸煙者為癮所牽縛，皆沉迷不返以終其身。近世有為戒煙丸者，其方藥品不一，然能絕去真癮者十無一二。或謂丸中須置煙膏，故吞丸而癮不發，卻丸而癮復來，其說似非無因。余嘗聞蜀人傳麗生別駕（誠）論戒煙之法，凡為人戒煙，必先審其歲月之淺深、精氣之強弱、飲食之多寡，然後依方以定藥品之加減，必與其人同室臥起，順其氣候而調攝之，察其宜忌而去留之，逾一月則癮可絕矣。通計一生，拯拔者不下數十百人。此其用心甚仁，用力甚勞，然恐不能遍及也。伯兄撫屏論戒煙之法尤為簡便，凡人煙癮至重者，不過數兩而止。初戒之時，每日減去五釐，兩旬則減去一兩矣，四旬則減去二兩矣。繼則每日減去一釐，一月則減去三錢矣。最後每日減去五毫，兩旬則減去一錢矣。中等之癮，閱三月而可以盡去。其癮多於此者，則閱時稍久焉，癮少於此者，則閱時亦稍短焉。惟矢志欲誠，校秤欲準，用力欲果，自始戒以至絕癮，毫無所苦，不必用藥也。（下略）

【《盾鼻隨聞錄》當毀】《盾鼻隨聞錄》者，蘇州人汪堃所著也。堃於咸豐初年任四川永寧道員，以性情乖僻，不孚輿望，屢掛彈章。始為學使何子貞太史（紹基）所糾，恨之次骨，繼以地方公事忤黃制軍（宗漢），被劾罷官。

堃於是刊布此事之始末，及督院批劄、道署稟牘，詆言箕制軍。制軍固非大吏中之賢者，然天下閱堃書者皆謂此事制軍未必非，而堃未必是也。堃又借記粵匪之事，著《盾鼻隨聞錄》，而附益以子虛烏有、憑空編造之辭，其命意專為道州何氏而發，兼以謗一二平生所憾之大吏。如吳文節公（文熔）賢督撫也，而堃亦毀之。何氏自文安公（凌漢）以下並逮其家婦孺，無不痛詆醜詆，至令人不忍觀。所以報太史糾參之怨也。何根雲制軍（桂清）督兩江時，曾傷禁其書，毀其板。然余見書賈仍刻售之，改其書名曰《鈔報隨聞錄》。余恐其流傳於世，疑誤後學，混淆黑白，不能不誌其崖略，以著其當毀。余弟季懷屬纊時，口中喃喃，謂將往審汪堃一案，俄而遂卒。意者！吾弟素性正直，生平最惡人之挾私誣謗，故陰間尚需其勾當此事歟？

金壺七墨十八卷　（清）黃鈞宰撰

黃鈞宰（1826～1876？），原名振均，字宰平，改名鈞宰，字仲衡，號天和生（一作天河生），又署缽池山農。山陽（今江蘇淮安）人。父以熒，貢生。兄振淮，字月清，後易名霔，諸生，有文譽，客揚州，太平軍破城，死難。道光二十九年（1849）拔貢，官奉賢訓導。後屢試不第，以校官終。博學能文，而偃蹇不遇。「中年喪偶，益侘傺不自聊」（《續纂山陽縣志》）。後因病飲鐵酒致狂而卒。撰《金壺七墨》，書估多翻刊以行。又著有戲曲《比玉樓傳奇》四種。生平事蹟見《(民國）續纂山陽縣志》卷十、卷十三，王錫祺《山陽詩徵續編》卷三十一、葉德均《讀曲小紀·曲家黃鈞宰》〔註 634〕。

書前有同治十二年（1873）林端仁《比玉樓已刻書目》。〔註 635〕又有春明倦客序，稱此書為其客遊隨筆所記，庚申、辛酉間，一毀於兵，丙寅，高郵運河決，再損於水，蓋十去五六。〔註 636〕又有楊文斌題詩三首，末稱其愜意之作大半選入文稿，茲編乃其吐棄之糟粕。〔註 637〕

此書為筆記小說。名為七墨，實為六墨。大抵按年為序，分為《浪墨》八卷，約為道光十四年（1834）至咸豐三年（1853）間見聞記事；《遯墨》四卷，記咸豐四年（1854）至同治二年（1863）間事；《逸墨》二卷，記同治

〔註 634〕《戲曲小說叢考》上冊，中華書局，1979 年版。
〔註 635〕《續修四庫全書》第 1183 冊，上海古籍出版社，2002 年版，第 1 頁。
〔註 636〕《續修四庫全書》第 1183 冊，上海古籍出版社，2002 年版，第 2～3 頁。
〔註 637〕《續修四庫全書》第 1183 冊，上海古籍出版社，2002 年版，第 3 頁。

三年（1864）至十二年（1872）間事；《戲墨》一卷，多為遊戲諧趣文字；《醉墨》一卷，多為勘破世情之憤激語；《淚墨》（又名《心影》）二卷，記哀豔傳奇。謝章鋌《賭棋山莊集·課餘續錄》卷四稱尚有《金壺叢墨》，不知為有目無書，抑書稿亡佚。〔註 638〕同治十一年（1871）友人梁觀、楊章武代為編輯，請付梓，然黃鈞宰以為：「人世間事莫不如飄風浮雲、鏡光石火之過而不留，吾適然遇之，亦即適然書之，里巷妄瑣之談，何足以勞民示識者！」《七墨》記錄鈞宰自道光甲午（1834）至同治癸酉（1873）四十年間「耳目聞見，可驚可愕之事」。如 1841 年「吳淞戰役」為鴉片戰爭史上之重要事件，黃鈞宰時任奉賢教諭，為此次戰役之目擊者，故書中記錄陳化成抗擊英軍、血灑炮臺之事蹟，揭露兩江總督、制軍牛鑒「聞勝趨出」，遭敵炮擊又倉皇出逃之醜態。《吳淞從殉》一節記普通士兵英勇殉義之壯舉，洵為難得之史料。此書內容廣博，或述家世生平，或考地方掌故，或譴責社會黑暗。各卷中尚述及清代政治、經濟及社會風尚，如《浪墨》卷一之《熙朝財賦》《南巡盛典》《鹽商》《漕弊》及《綱鹽改票》，卷四之《州縣積弊》；《遁墨》卷二之《銅廠》與《鐵礦》等條，其史料價值較勝。然書中亦有污蔑太平天國及捻軍之處。《清經世文續編》卷一〇一引其識語：「古人經世之語，當時忽之，往往驗諸數十百載之後，精誠所注，若合符節，雖百世可知也。」可謂名言。

此本據吉林大學圖書館藏清同治十二年刻本影印。

【附錄】

【春明倦客《金壺七墨序》】自道光甲午至同治癸酉，先後四十年中，時會之變遷、軍務之起迄，與夫耳目聞見、可驚可愕之事，生平悲歡離合之遭，按跡而求之，觸類而伸之，固已略具一斑矣。古人小說謂紀事實、探物理、示勸誡、資談笑則載之，《七墨》有焉……為其客遊隨筆所記，庚申、辛酉間，一毀於兵，丙寅，高郵運河決，再損於水，蓋十去五六。

【續纂山陽縣志·人物】黃振均，一名鈞宰，字仲衡，別號天河生。父以煛，貢生，兄振淮，字月清，後易名霆，諸生，有文譽，客揚州，髮逆破城，罵賊死。振均博學能文，偃蹇不遇，以拔貢就奉賢訓。中年喪偶，益侘傺不自聊，撰《金壺七墨》，書估多翻刊以行。

〔註 638〕來新夏：《清人筆記隨錄》，中華書局，2005 年版，第 432 頁。

粟香隨筆八卷粟香二筆八卷粟香三筆八卷粟香四筆八卷粟香五筆八卷　（清）金武祥撰

金武祥（1841～1924），字溎生，號粟香，江陰人。繆荃孫之表兄。早年遊幕，後以捐班於廣東候補，署赤溪直隸廳同知。後因丁憂歸，不復出。著有《芙蓉江上草堂詩稿》《木蘭書屋詞》《粟香室文稿》等書。生平事蹟見其自編《粟香行年錄》。

《隨筆》前有光緒七年（1881）武祥自序，稱為抱遺訂墜之資，亦感舊懷人之助，境有所觸，心有所好，雖習聞習見，並羼入焉。〔註 639〕有光緒九年（1883）周星譼序，稱挈其要領，稽其制度，分雜志、雜傳、雜考、雜錄，都為一編，擅有張茂先之博綜，劉原父之淹貫。〔註 640〕又有光緒十二年（1886）繆荃孫序，又有《粟香隨筆題詞》，有秦煥、劉彝、潘貞敏、凌兆熊、李乘時、胡鑒、繆祐孫題詞。書後有光緒七年（1881）陳陔跋，稱其論詩居多，間及考訂，異文軼事，往往而在，大者關於掌故，小亦資夫劇談，上追鄱陽，近即池北云云。〔註 641〕《二筆》前有光緒十年（1884）袁寶璜序，稱其中述祖德，紀遊跡，臚風土，備政要，凡見聞之所逮，朋舊之所撰箸而贈貽者皆錄焉。〔註 642〕《三筆》前有光緒十年（1884）陳陔序，稱於以稽掌故，於以採風謠。〔註 643〕《四筆》前有光緒十六年（1890）屠寄序，稱其大旨有五，曰誦芬，曰懷舊，曰辨俗，曰考古，曰榷藝。〔註 644〕又有光緒十三年（1887）汪瑔序，稱其體要有四善，曰述德，曰敬鄉，曰經務，曰闡幽。〔註 645〕《五筆》前有光緒二十年（1894）劉孚京序，稱其書多述近世之事，不越酬唱之間，亦耆舊之綜錄，文章之淵林。〔註 646〕又有光緒二十一年（1895）劉汝霖序，稱其書首述祖德，誦清芬，至於吉金樂石之文，訓詁考據之學，是其志趣所近，雅人之深致。〔註 647〕

〔註 639〕《續修四庫全書》第 1183 冊，上海古籍出版社，2002 年版，第 235 頁。
〔註 640〕《續修四庫全書》第 1183 冊，上海古籍出版社，2002 年版，第 231～232 頁。
〔註 641〕《續修四庫全書》第 1183 冊，上海古籍出版社，2002 年版，第 365 頁。
〔註 642〕《續修四庫全書》第 1183 冊，上海古籍出版社，2002 年版，第 366～367 頁。
〔註 643〕《續修四庫全書》第 1183 冊，上海古籍出版社，2002 年版，第 507 頁。
〔註 644〕《續修四庫全書》第 1184 冊，上海古籍出版社，2002 年版，第 2～3 頁。
〔註 645〕《續修四庫全書》第 1183 冊，上海古籍出版社，2002 年版，第 234 頁。
〔註 646〕《續修四庫全書》第 1184 冊，上海古籍出版社，2002 年版，第 147～148 頁。
〔註 647〕《續修四庫全書》第 118 冊，上海古籍出版社，2002 年版，第 14～149 頁。

胡玉縉稱是編蓋仿洪邁《容齋隨筆》而作，然邁學問淹博，其書辯證考據，頗為精確；武祥學不逮邁之什一，雖間及朝章國故、遺聞軼事，而所論以詩詞居多。又稱此書信手編輯，無所謂體例，詩詞較多，難免瑣屑猥雜之譏。〔註 648〕武祥自序又稱此書信手編輯，無所謂體例，詩詞較多，難免瑣屑猥雜之譏。〔註 649〕

《隨筆》刊於光緒七年（1881），《二筆》刊於光緒九年（1883），《三筆》刊於光緒十三年（1887），《四筆》刊於光緒十七年（1891）。此本據上海辭書出版社圖書館藏清光緒間刻本影印。

【附錄】

【《五筆》緣起】余纂《粟香隨筆》八卷，續成《二筆》《三筆》《四筆》各八卷，都三十二卷，始於光緒辛巳，迄於辛卯，凡十年，每得兩卷，即付剞劂，以本非著述，聊備遺忘，偶一復視，疵累不可勝言，復艱於改補，嗣是銜恤里居，考獻徵文，積成卷，遊蹤所至，凡載之日記者，亦摘錄數條，以誌鴻爪，各標題目，用便檢尋。〔註 650〕

【許廎經籍題跋・粟香隨筆書後】《粟香隨筆》八卷《二筆》八卷《三筆》八卷《四筆》八卷《五筆》八卷，江陰金武祥撰。武祥有《赤溪雜誌》，已書於後。是編蓋仿洪邁《容齋隨筆》而作。然邁學問淹博，其書辯證考據，頗為精塙，武祥學不逮邁之什一，雖間及朝章國故、遺聞軼事，而所論以詩詞居多。自序云「為抱遺訂墜之資，亦感舊懷人之助」，是其宗旨所在。又云「境有所觸，心有所好，雖習聞習見，並羼入焉」，故散見於他書者往往而在。中如《後漢書》李賢注引書目、《續漢志》劉昭注引書目，為出之於己；李蕃《南巖亭記》《南漢石刻六種》《常州石刻四種》及《壽聖院泛海觀音記》《莊田記》《淵禪師塐像記》《建炎紹興復江陰軍指揮碑》《張奕墓誌》《胡氏墓銘》《珠珍寶塔記》，為金石家著錄所罕見。又如桂蠹形如蟬，可作甘、鹹二味，足補《漢書・趙佗傳》之注；「出世再當為父子」詩，乃張宣，非李應升，足正洪亮吉《北江詩話》之失。凡若斯類，惜太寥寥。以不服藥

〔註 648〕胡玉縉：《續四庫全書三種》，上海書店出版社，2002 年版，第 669 頁。

〔註 649〕《續修四庫全書》第 1183 冊，上海古籍出版社，2002 年版，第 235 頁。今按：謝永芳認為，該書所具有的文學文獻價值而言，主要表現在校勘、輯佚、辨偽等三個方面。見《〈粟香隨筆〉的文學文獻價值》，載《聊城大學學報》2016 年第 3 期。

〔註 650〕《續修四庫全書》第 1184 冊，上海古籍出版社，2002 年版，第 151 頁。

為中醫為本《周禮》疏，不知「有病不治，常得中醫」，已見《漢書・藝文志》。以劉炳照《元公姬夫人墓誌考證》為足補陸、張所不及，不知「姬氏東郡神水三世」云云，陸氏已言之。以何拭議其《即事詩》紙、賄通押則可，祇押十賄一字便是出韻，意在定范晞文所舉魏文帝、阮籍兩詩之是非，不知當時無今之詩韻，陽、庚、歌、麻當為一韻，今既有詩韻，則金詩乃為出韻，曹、阮實非出韻。以人呼郭尚先為「金不換」，與倪鴻《桐陰清話》同，不知其為郭道閶。其他誤以《四庫簡明目錄》所論陸文圭、許恕、王逢各條為《提要》；誤以楊士奇《跋李靖上西嶽碑》「士重立志」云云為高士奇而稱高江村，尤見疏舛。以南海孔氏、巴陵方氏藏書之富，謂「風雅之事，亦非孔方不為功」，立言亦屬失體。《四筆》屠寄序謂「芟裁風月之辭，刊正傳注之失，斲雕為樸，託體益尊」，蓋有微詞。《五筆》劉孚京序翻之，謂「更歷時代，迨乎久遠，亦耆舊之綜錄，文章之淵林」。實則武祥之志均不在此，觀其所錄詩詞，大致清婉，所採陳說，不涉誕妄，未始不足以廣聞見而資瀏覽。惟如胡碩公《詠紙煤》一闋，互見於《二筆》《四筆》之類，不免複沓耳。自序既稱不標題，而《五筆》各條標題，且加總目，殊為自亂其例。至《二筆》稱「《五筆》校勘《牆東類稿》」云云，則以《二筆》第四卷後來改易補刊，不得疑為鶻突也（譚獻與武祥書，稱其「筆記言語妙天下，而望古遙集，憂時述事，別有懷抱，至於品藻詞人，流連文苑，《白虎》德論，《雕龍》文心，此其選也」。見《蘭言偶錄》，此則推挹逾量，正武祥所謂庸陋非所敢承者）。（《續四庫提要三種》第669～670頁）

【梁山伯祝英臺】國朝金武祥《粟香四筆》云：小說家豔稱梁山伯祝英臺事，而未知所出。《山堂肆考》亦以為俗傳蝶乃梁祝之魂為不可曉。余閱《宜興荊溪新志》載邵金彪《祝英臺小傳》云：「祝英臺，小字九娘，上虞富家女，生無兄弟，才貌雙絕，父母欲為擇偶，英臺曰：『兒當出外遊學，得賢士事之耳。』因易男裝，改稱九官，遇會稽梁山伯，遂偕至義興善權山之碧鮮岩，築庵讀書，同居同宿三年，而梁不知為女子，臨別，梁約曰：某月日可相訪，將告父母，以妹妻君。實則以身許之也。梁自以家貧，羞澀畏行，遂至愆期。父母以英臺字馬氏，後梁為鄞令，過祝家，詢九官。家僮曰：『吾家但有九娘，無九官也。』梁驚悟，以同學之誼，乞一見。英臺羅扇遮面出，一揖而已。梁悔念成疾，卒，遺言葬清道山下。明年，英臺將歸馬氏，命舟子迂道過其處，至則風濤大作，舟遂停泊，英臺乃造梁墓前，失聲慟哭，地忽開裂，墮入塋中，繡裙綺襦化蝶飛去。丞相謝安聞其事，於朝封為義婦。此東晉永和時事也。齊和帝時，梁復顯靈異，助戰有功，有司為立廟於鄞，合祀梁祝，其讀書宅稱碧鮮庵，齊建元間改為善權寺。今寺後有石刻大書祝英臺讀書處，寺前里許，村名祝陵，山中杜鵑花發時，輒有大蝶，雙飛不散，俗傳是兩人之精魂，今稱大彩蝶尚謂祝英臺云。」又云：「吳騫《桃溪客語》云：『梁祝事見於前載者凡數處。』《寧波府志》云：『梁山伯，字處仁，家會稽，出而遊學，道逢上虞祝英臺，偽為男妝，與共學三載，一如好友。既而祝先返，又二年梁始歸訪於上虞，始知其女也，悵然而歸，告之父母，請求為婚，而祝已許字鄮城馬氏矣。事遂寢。未幾，梁死，葬鄮城西清道原〔一云梁為鄮令而死〕。其明年，祝適馬氏，經梁墓，風雷不能前，祝知為梁墓，乃臨穴哀慟，悲感路人，羨忽自啟身，隨以入。事聞於朝，丞相謝安請封之曰義婦冢。』」（俞樾《茶香室四鈔》卷三）

【金武祥詞】江陵金溎生同轉武祥所著《粟香隨筆》五集，多錄朋輩詩詞。此外復刻書多種，提倡風雅。自為詩文詞罔不工。予甲告別遊粵，相與訂交，下榻公之坡山精舍浹旬。幸承履綦，錄其同人祝放翁生日《金縷曲》云：「嶺外春回早。夢醒時、梅花一樹，朗吟而笑。笑取清尊花下祝，仕隱如翁都妙。喜文字、長官同調。巾履蕭然頹放甚，太平庵、尚說歸來好。全晚節，鏡湖老。樓船鐵馬紛紛擾。想當年、滿腔忠憤，惄焉如搗。今日何堪談往事，也自悲歡歌長嘯。且把酒、同開懷抱。八十五年詩萬首，古鬚眉、團扇留遺稿。看皓月，一輪皎。」疏朗清勁，不以堆砌為能。（李佳《左庵詞話》卷下）

居家必用事類全集十卷　（元）佚名撰

黃虞稷《千頃堂書目》卷十五云：「一云熊宗立編。」錢大昕《補元史藝文志》亦云：「或云熊宗立撰。」《四庫全書總目》稱：「辛集中有大德五年吳郡徐元瑞《吏學指南序》，聖朝字俱跳行，又《永樂大典》屢引用之，其為元人書無疑。」《鐵琴銅劍樓藏書目錄》卷十六亦稱其書當為元人所編。此書前有隆慶二年（1568）「飛來山人」序，稱人有病其言多鄙俚，事屬瑣屑，宜無足取者，殊不知灑掃應對，可達天德，而四世元老，亦必克勤小物，則是籍也，固士君子之所不可無也。往年梓於吾杭洪氏，今則廢置矣。予深惜之，於是捐貲收集，重加校正，補刻遺闕，使永其傳，以公於同志云。〔註 651〕今考，《四庫全書總目》有《古今名賢說海》《名賢匯語》二種，列入存目，均不著編輯者名氏，前皆有隆慶五年（1571）自序，亦題曰「飛來山人」。《提要》又稱明陸楫有《古今說海》一百四十二卷，此似得其殘闕之板，偽刻序目以售欺者云云。若此說可信，則此書當為同一書商——飛來山人所偽竄。《（嘉靖）建寧府志》卷十八載：「熊宗立，建陽人，通陰陽醫卜之術，批註《天玄》《雪心》二賦，《金精鼇極》《難經脈絕》等書，撰《藥性賦遺》及集《婦人良方》，行於世。」熊宗立為建陽書商。〔註 652〕據王重民《中國善本書提要》稱：「熊宗立為書坊中人，所設坊曰種德堂，在明正統、天順間，刻書頗多。乾嘉大師誤以為明初人；竹汀先生偶未詳考，故或之也。」〔註 653〕

此書向不見藏書家著錄，惟東瀛《經籍訪古志》著錄，有元槧壬癸二卷，每半版十三行，行二十二，子卷中標目，並二行大書。又明刊本云：每集首有目錄，無序跋，每卷首題「居家必用事類全集」，次行題某集每半版九行，行十六字，卷中標目，白文模出，考版式當嘉靖間刊。〔註 654〕

此書載歷代名賢格訓及居家日用事宜。以十干分集，甲為學，乙家法，丙仕宦，丁宅舍，戊農桑，己食飲，庚飲食，辛吏學，壬衛生，癸謹身。每集又分子目，所錄子史雜說，簡而有要，皆有益於生人日用。如「為學」首錄「朱文公童蒙須知」五條，又錄朱熹「訓子帖」「顏氏家訓」「西山真先生教子齋規」「王虛中訓蒙法」「文公白鹿洞書院教條」「程董二先生學則」「程端禮讀書分年日程法」，實為資料彙編。王重民《中國善本書提要》稱是書將宋元間家庭社會實用書多全部採入，大有資於考據輯佚云。〔註 655〕

〔註 651〕《續修四庫全書》第 1184 冊，上海古籍出版社，2002 年版，第 309 頁。按：飛來山人即杭州書商，刻此書時距離熊宗立去世已將近 90 年。

〔註 652〕熊宗立（1409～1482），字道宗，號道軒，別號勿聽子。福建建陽崇化里熊屯人。其先祖熊秘在鄉建鼇峰書院，為子孫肄業之所，故熊宗立自稱「鼇峰後人」。熊宗立出生於醫學世家，其祖熊鑒（彥明）精於醫道。宗立自幼多病，喜讀醫書，從祖學醫，長大又隨劉剡學習校書、刻書、陰陽、醫卜之術。結合祖傳醫術，從事醫療和醫書的撰著、校注、刻印工作，整理出版醫學書籍甚多，自撰《素問運氣圖括定局立成》《洪範九疇數解》《傷寒活人指掌圖》《金精鼇極》《傷寒運氣全書》《婦人良方補遺》，又有《類證注釋錢氏小兒方訣》，錢氏即宋代錢乙。

〔註 653〕王重民：《中國善本書提要》，上海古籍出版社，1983 年版，第 347 頁。

〔註 654〕丁丙：《善本書室藏書志》卷十九。

〔註 655〕王重民：《中國善本書提要》，上海古籍出版社，1983 年版，第 347～348 頁。

此書有元至元五年友于書堂刻本。此本據南京圖書館藏明隆慶二年飛來山人刻本影印。

【附錄】

【四庫提要】《居家必用事類全集》十卷（內府藏本），不著撰人名氏。載歷代名賢格訓及居家日用事宜，以十干分集，體例頗為簡潔。辛集中有大德五年吳郡徐元瑞《吏學指南序》，聖朝字俱跳行。又《永樂大典》屢引用之，其為元人書無疑。黃虞稷《千頃堂書目》云，或謂熊宗立撰。恐未必然也。（《四庫全書總目》卷一百三十「子部四十・雜家類存目七」）

多能鄙事十二卷　舊本題（明）劉基撰

劉基（1311～1375），字伯溫，青田（今浙江文成）人。博學，通天文、地理、三教、九流、百技之書，天資穎敏，過目不忘，識天子於塵俗，佐太祖創帝業，其勳名不在子房、孔明之下。明洪武三年（1370）封誠意伯，正德九年贈太師，謚文成。著有《誠意伯文集》《郁離子》等書。生平事蹟詳見周群《劉基評傳》、郭梅《劉基傳》。

劉基嘗謂民生日用之書先五倫，次醫方，次《易》數，三者為民立身立民之本，不可不敷云云。此書《天一閣書目》卷三著錄。然《續文獻通考》卷一百七十七斷為偽書：「《多能鄙事》十二卷，舊題劉基撰，今審為偽託之書。」《四庫全書總目》入雜家類存目，亦稱此書備載飲食、器用、方藥、農圃、牧養、陰陽、占卜之法，頗適於用，又疑為託名之作。

今考，此書係從《居家必用事類全集》中抽出，偽託劉基之名而刊刻。除卷一飲食類、卷七農圃類、牧養類屬農業外，其他各卷內容均略同於《便民圖纂》。據內容推斷，此書大約成書於明代中葉。〔註 656〕今按范惟一《多能鄙事序》云：「往余在京師從友人所偶見二冊，非全書已。視學浙中，屬

今按：汪裕景從類書史、社會生活史、同模擬較三個視角梳理了此書的研究狀況，可參考其《居家必用事類全集研究》（浙江大學 2019 年碩士學位論文）。

〔註 656〕李學勤主編：《四庫大辭典》，吉林大學出版社，1996 年版，第 2002 頁。按：王重民、王毓瑚、南江等人皆有考辨。董光壁認為不偽，並據此認定劉基的科學家身份，詳見其《劉基和他的多能鄙事》，《中國科技史料》1981 年第 2 期。

青田尹購得之，然亦多錯亂脫落。攜至汝南，因稍為校訂而刻焉。其脫無考者，仍闕之。」范氏所刻之本原為殘本。明代官員往往喜刻此類小書以充書帕，此或為其一乎？考范惟一為范仲淹之十六世孫，字於中，初號洛川．，更號中方，南直松江府華亭人。嘉靖十九年中鄉試人，明年成進士，除鈞州知州，遷濟南府判官。入為工部員外郎，歷郎中，出為廣東按察僉事，改湖廣。歷山東參議、浙江提學副使、湖南參政、浙江按察使、江西布政使，召拜太僕卿。卒於萬曆十二年（1584），享年七十五。諸生時即有文名，《千頃堂書目》著錄其《范太僕集》，現存《范太僕集》十四卷。考其身世仕履，又似非造作書帕本者也。

此書據上海圖書館藏明嘉靖四十二年范惟一刻本影印。

【附錄】

【魯軒《多能鄙事序》】劉基所編之錄，有曰飲食，所以衛性也；有曰服飾，所以華躬也；有曰器用，贍日給也；有曰百藥，防時虞也；有曰農圃、牧養，則殖財之本根；有曰陰陽、占卜，與占斷、十神之類，則演《易》之支流；凡此皆切於民生日用之常，不可一缺者。又稱《多能》之錄，則開示儆覺間，賢愚皆獲其益，凡不能者亦轉而為能云。嘉靖十九年（1540）。〔註657〕

【范惟一《多能鄙事序》】《多能鄙事》十二卷，括蒼文成劉公所編……此書蓋公微時手輯，因題曰《多能鄙事》，以自附於孔子少賤之義。今觀其書，凡飲食、服飾、居室、器用、農圃、醫卜之類，咸所營綜，其事至微細，若無關於天下國家，然跡民生日用之常，則資用甚切，而溉益頗弘，其義曷可少焉……往余在京師從友人所偶見二冊，非全書已，視學浙中，屬青田尹購得之，然亦多錯亂脫落，攜至汝南，因稍為校訂而刻焉。其脫無考者，仍闕之。嘉靖癸未夏四月既望，河南布政使吳郡范惟一撰。〔註658〕

【四庫提要】《多能鄙事》十二卷（浙江汪啟淑家藏本），舊本題明劉基撰。基有《清類天文分野》之書，已著錄。是書凡飲食、器用、方藥、農圃、牧養、陰陽、占卜之法無不備載，頗適於用。然體近瑣碎，若小兒四季關、百日關之類俱見臚列，殊失雅馴。立名取孔子之言，亦屬僭妄。殆託名於基者也。（《四庫全書總目》卷一百三十「子部四十．雜家類存目七」）

〔註657〕《「國立中央圖書館」善本序跋集錄》子部二第632頁。
〔註658〕《續修四庫全書》第1185冊，上海古籍出版社，2002年版，第1頁。

新增格古要論十三卷　（明）曹昭撰　（明）舒敏、王佐增

曹昭，字明仲，松江人。生活於明代前期。舒敏，生平事蹟待考。王佐，字功載，吉水人。宣德二年（1427）進士，正統間宰連城。

前有洪武二十一年（1388）曹昭自序，稱其家蓄古法帖名畫、古琴舊硯、彝鼎尊壺之屬，置之齋閣，以為珍玩，自幼亦酷嗜之，凡見一物，必遍閱圖譜，究其來歷，格其優劣，別其是否而後已，因取古銅器書法異物，分其高下，辨其真贗，正其要略，書而成編，析門分類，目之曰《格古要論》，以示世之好事者云。〔註659〕舒敏序稱其見之廣，識之精，其書以辨釋器物，使玉石金珠、琴書圖畫、古器異材，莫不明其出處，表其指歸，而真偽之分了然在目，可謂有益於世；頗為增校，訂其次第，敘其篇端，亦可謂格物致知之一助云云。〔註660〕又有《新增格古要論凡例》九條。〔註661〕

曹昭《格古要論》原書成於洪武二十年（1387），四庫已著錄，原分古銅器、古畫、古墨蹟、古碑法帖、古琴、古硯、珍奇、金鐵、古窯器、古漆器、錦綺、異木、異石十三門，每門又各分子目，多者三、四十條，少者亦五、六條。《四庫提要》稱其於古今名玩器具真贗優劣之解，皆能剖析纖微，又諳悉典故，一切源流本末無不釐然，故其書頗為賞鑒家所重。王佐因增並其門類，凡分十五門，曰古琴論，曰古墨蹟論，曰古畫論，曰珍寶論，曰古銅論，曰古硯論，曰異石論，曰古窯器論，曰古漆器論，曰古錦論，曰異木論，曰竹論，曰文房論，曰古今誥敕題跋，曰雜考。其續增者注曰「後增」，其新增者注曰「新增」，或只注「增」字，成於天順三年（1459）。〔註662〕

高儒稱其辨釋器物及玉石、金珠、琴書、圖畫、古器、異材，皆明其處，表其真偽。〔註663〕然郎瑛稱其書洪武間創於雲間曹明仲，天順間增於吉水王功載，不無滄海遺珠之歎，若《琴論》後當入古笙管，《淳化帖》後當收

〔註659〕《續修四庫全書》第1185冊，上海古籍出版社，2002年版，第138頁。

〔註660〕《續修四庫全書》第1185冊，上海古籍出版社，2002年版，第137頁

〔註661〕《續修四庫全書》第1185冊，上海古籍出版社，2002年版，第139～140頁。

〔註662〕孟原召博士認為，明初曹昭根據家藏和所見古物撰寫《格古要論》，開創了古物賞鑒類著作的先河和體例。明代中期王佐對此書作了大量的增補，即《新增格古要論》，但因其雜抄而不受重視。他從版本、作者、體例、內容幾個方面對二書作了詳細的比較，著重強調了王佐新增本的意義。見氏著《曹昭〈格古要論〉與王佐〈新增格古要論〉的比較》（《故宮博物院院刊》2006年第2期）。

〔註663〕（明）高儒：《百川書志》卷九。

譜系一卷，珍寶門欠楚母綠聖鐵，異石類欠大理仙姑，異木欠伽藍香，古銅中欠古鏡布刀等錢，雜考欠剛卯，紙論欠藏經箋，且珍寶後當設一羽皮，如狐貉、孔雀、翡翠、豹兕之類，而文房門豈可不論宋元書刻，至於博古圖中之器，各省志內之刻又一考之，必尤有所增云云。〔註 664〕胡玉縉稱其書「語有本源，於考證、賞鑒兩家，均資翻檢。澄心堂紙，為南唐李後主所製，而以為不知所出。李筌乃唐人，而以秦人。然小小疏舛，不足掩其全書之贍博也」。〔註 665〕

此書有明天順六年徐氏善得書堂刻本、成化七年徐氏續增新刊本。此本據遼寧省圖書館藏明刻本影印。〔註 666〕

【附錄】

【曹昭《格古要論自序》】先子真隱處士，平生好古博雅，素蓄古法書、名畫、古琴、舊硯、彝、鼎、尊、壺之屬，置之齋閣，以為珍玩。其售之者往來尤多。余自幼性亦嗜之，侍於先子之側，凡見一物，必遍閱圖籍，究其來歷，格其優劣，別其是否而後已。迨今老猶弗怠，特患其弗精耳。嘗見近世紈袴子弟習清事古者亦有之，惜其心雖愛，而目未之識矣。因取古銅器、書法、異物，分其高下，辨其真贗，正其要略，書而成編，析門分類，目之曰《格古要論》，以示世之好事者。然其間或有謬誤，尚冀多識君子幸而正之。洪武二十一年戊辰春三月望日，雲間曹昭明仲書於澳上之寶古齋。

【四庫提要】《格古要論》三卷（衍聖公孔昭煥家藏本），明曹昭撰。昭字明仲，松江人。其書成於洪武二十年。凡分十三門，曰古銅器，曰古畫，曰古墨蹟，曰古碑法帖，曰古琴，曰古硯，曰珍奇，曰金鐵，曰古窯器，曰古漆器，曰錦綺，曰異木，曰異石。每門又各分子目。多者三四十條，少者亦五六條。其於古今名玩器具真贗優劣之解，皆能剖析纖微。又諳悉典故，一切源流本末，無不釐然，故其書頗為賞鑒家所重。郎瑛《七修類稿》嘗議其《琴論》後當入《古笙管》，《淳化帖》後當收譜系一卷。珍寶欠祖母綠聖鐵，異石欠大理仙姑，異木欠伽楠香，古銅欠布刀等錢，古紙欠藏經紙，且珍奇後當設一羽皮，如狐貉、孔雀、翡翠、豹兕之類而文房門亦不可不論云云。其言雖似有理，然其書不過自抒聞見，以為後來考古之資，固與類書隸事體例有殊，

〔註 664〕（明）郎瑛：《七修類稿》卷二十三《格古要論當再增考》。
〔註 665〕胡玉縉：《續四庫提要三種》，上海書店出版社，2002 年版，第 198 頁。
〔註 666〕朱仲英：《〈格古要論〉版本辨析》，《中國歷史文物》2006 年第 1 期。

要未可以一二事之偶未賅備，遽訾其脫漏也。惟所論銅器入土千年色純青如翠，入水千年色綠如瓜皮一條，孫炯《硯山齋珍玩集覽》以為信如所言，則水銀色、褐色、墨漆古色者，又將埋於何地，而深譏其說為未確，是誠不免於疏駁耳。(《四庫全書總目》卷一百二十三「子部三十三 · 雜家類七」)

【四庫未收書目提要續 · 新增格古要論十三卷】明王佐撰。佐字功載，吉水人。案《明史》，王佐有六，皆非此人乙書中有「錄囚至無為州學」語，未知終於何官也。先是，洪武戊辰，曹昭著《格古要論》三卷，《四庫》已著錄。佐因增並其門類，隨所見聞，為之附益。凡分十五門，曰古琴論，曰古墨蹟論，曰古畫論，曰珍寶論，曰古銅論，曰古硯論，曰異石論，曰古窯器論，曰古漆器論，曰古錦論，曰異木論，曰竹論，曰文房論，曰古今誥敕題跋，曰雜考。其續增者注曰「後增」，其新增者注曰「新增」，或只注「增」字，成於天順己卯。中如蕭洵《元故宮遺錄》與陶宗儀《輟耕錄》所紀，間有參差，可互相印證。其他亦語有本原，於考證、賞鑒兩家均資翻檢。惟《華山廟碑》謂「郭香察隸書」，則碑中「郭香察書」者，「郭香」為人名，「察書」謂監書；《雲麾將軍李秀碑》謂在蒲城，一在良鄉，石刻不及，則此為兩碑，在蒲城者為李思訓，其在良鄉者乃為李秀。《壇山石刻》《干祿字書》《戲魚堂帖》及《東軒筆記》論硯之類又先後重出，可省其一。「歐陽修讀李翱文」以下諸篇不盡關於金石，安得以為金石遺文？澄心堂紙為南唐李後主所製，而以為不知所出。虞集《跋子昂書陰符經後》所稱「李筌」乃唐人，而以為秦人。「解縉書學傳授篇」末附釋饒介諸人事蹟，而胡布並未見於本篇，殊不相應。然小小疏舛，不足掩其全書之贍博也。此李氏惜陰軒本，據所載《新增凡例》，知佐所見為五卷本，非三卷本，蓋舒敏重編云。按，王佐，宣德丁未進士，正統間曾宰連城，見《福建通志》。(《續四庫提要三種》第 198 頁)

【水晶】古人之言，有未可盡信者，《格古要論》及劉貢父俱云：「水晶為千年老冰。」然此物出於廣東潮州，潮州烏得有冰？且有黃晶、紫晶、綠晶、茶晶、墨晶、髮晶之別，其非冰也明矣。考《鐵圍山叢談》載：「政和間，伊陽太和山崩，裂出水晶。」則是石中所產無疑。又案：劉貢父與一弁員同座，偶言及水晶係是何物，貢父曰：「不過多年老冰耳。」冰、兵同音，蓋戲語也，本不可以為據。(梁紹壬《兩般秋雨庵隨筆》卷六，清道光振綺堂刻本)

【玉璽考】《通鑒綱目》：「漢光武建武三年春正月，馮異大破赤眉，劉盆子降，得傳國璽綬。」慈湖王幼學《集覽》云：「璽，王者印也。綬，帶也；

所以繫璽。黃赤綬四采，武都紫泥封，盛以青囊，白素裹兩端，無縫，尺一版中約署。衛宏曰：秦以前以金銀為方寸璽。秦得楚和氏璧，乃以玉為之，螭獸紐，在六璽之外。李斯書之，其文曰：『受命於天，既壽永昌。』秦王子嬰以獻於漢高帝，謂之傳國璽。王莽篡逆，使安陽侯王舜迫王太后求之。太后怒罵而不與，舜言益切，後出璽投之地，璽因歸莽。莽敗，王憲得之。李松入長安，斬憲取璽，送上更始。更始降赤眉，樊崇等立劉盆子。盆子以璽綬奉上光武。至獻帝時，董卓作亂，掌璽者投諸井。富春孫堅入洛討卓，軍於城南，見井中有五色光，濬井得璽。袁術僭逆，乃拘堅妻奪之。時廣陵刺史徐璆徵詣京師，道為術所劫。後術死，璆得璽還，以上獻帝於許昌，時建安四年己卯夏也。漢以禪魏文帝，魏以禪晉武帝。前趙主劉聰使劉曜入洛陽，執晉懷帝，取璽詣平陽獻聰。後為後趙石勒所併，璽乃歸勒。勒（按：當作後趙）為魏冉閔所滅，璽屬閔。閔敗，璽存其大將軍蔣幹，求救於晉征西將軍謝尚。尚使其將戴施據枋頭，遂入鄴，助守，給（當是紿）幹得璽以還建康，時東晉穆帝永和八年壬子也。佐按自璽寄於劉、石，凡五十五年，而晉後得之。是後宋、齊、梁相繼傳之。梁元帝承聖元年壬申夏四月，盜竊梁傳國璽歸之北齊。蓋侯景得之。景死，其侍中趙思賢棄之草間，至廣陵以告郭元建，元建取以送鄴。」（新增格古要論十一）今按：《集覽》引文與原文不同。

蕉窗九錄九卷　（明）項元汴撰

舊本題明項元汴撰。元汴（1525～1590），字子京，號墨林山人，嘉興人。家藏書畫之富，甲於天下，今賞鑒家所稱項墨林者是也。

前有彭壽承序，稱檇李項子京世丈，勳閥華胄，濡首文學，人皆以祖父之科名屬之。年甫三十五，自以體弱善病；《蕉窗九錄》者，大半採自吳文定《鑒古彙編》，間有刪潤，亦極精確。〔註 667〕後有《本傳略》，稱：「項元汴，字子京，秀水人，初為國子生，博雅好古，善鑒別古人翰墨，不爽毫髮，所藏多圖書鼎彝，欣賞得意，輒臨摹題詠，尤精繪事，得摩詰三味，自號墨林山人，神宗嘗賜璽書徵聘，不就，時論高之。」〔註 668〕

九錄者，紙、墨、筆、硯帖、書、畫、琴、香之謂。此書首紙錄，次墨

〔註 667〕《續修四庫全書》第 1185 冊，上海古籍出版社，2002 年版，第 297 頁。
〔註 668〕《續修四庫全書》第 1185 冊，上海古籍出版社，2002 年版，第 336 頁。

錄，次筆錄，次硯錄，次帖錄，次書錄，次畫錄，次琴錄，次香錄。《四庫全書總目》列入雜家類存目，稱其書陋略殊甚，彭序亦弇鄙不文，二人皆萬萬不至此，殆稍知字義之書賈，以二人有博雅名，依託之以炫俗云。《續文獻通考·經籍考》亦稱此書殊陋略當是偽託之作。謝國楨稱：「清初舊鈔，為周季貺手校之本。季貺尚有屠隆《考槃餘事》校本，惜未見。元汴不但負有賞鑒家盛名，且家本鉅富，一時珍貴書畫、文物多人其手，凡碑帖、書畫鈐有項墨林珍藏印者，人競寶之，後其印流人人間，作偽者極多，即有項墨林印者亦未必真品也，是在明眼人觀之耳。」〔註 669〕孫從添稱項子京《蕉窗九錄》、董文敏《清秘錄》講究宋刻，僅舉其大略云云，〔註 670〕朱啟鈐《絲繡筆記》亦云：「明項子京《蕉窗九錄》：宋之閨繡畫山水、人物、樓臺、花鳥，針線細密，不露邊縫，其用絨一二絲，用針如髮細者為之，故目畢具，絨彩奪目，而豐神宛然，設色開染，較畫更佳。女紅之巧，十指春風，迴不可及。」〔註 671〕孫、朱二人似不知其偽。

此書殊陋略，當是偽託之作。今考，查阜西撰《蕉窗九錄是偽書》，推斷《蕉窗九錄》是偽書。〔註 672〕翁同文先生《項元汴名下「蕉窗九錄」辨偽探源》一文業已將此書徹底證偽。〔註 673〕

此本據中國科學院圖書館藏清道光十一年晁氏活字印《學海類編》本影印。

【附錄】

【彭壽承《蕉窗九錄序》】檇李項子京世丈，勳閥華胄，濡首文學，人皆以祖父之科名屬之。年甫三十五，自以體弱善病，旋棄舉子業，日惟酬花賞月，問水尋山，萃集法書名畫、鼎彝琴劍之屬，與好事者品騭古今，評論真贋……《蕉窗九錄》者，大半採自吳文定《鑒古彙編》，間有刪潤，亦極精確，蓋子京丈之所好在此九者。而天籟閣中多植芭蕉。予嘗過其居，綠蔭清晝，

〔註 669〕謝國楨：《江浙訪書記》，上海書店出版社，2004 年版，第 38 頁。

〔註 670〕（清）徐珂：《清稗類鈔》，中華書局，1984 年版，第 4201 頁。按：原載孫從添《藏書紀要》第二則。

〔註 671〕朱啟鈐：《絲繡筆記》卷上《紀聞三·刺繡》。

〔註 672〕查阜西：《〈蕉窗九錄〉是偽書》，《查阜西琴學文萃》，中國美術學院出版社，1995 年版，第 133 頁。

〔註 673〕翁同文：《項元汴名下「蕉窗九錄」辨偽探源》，《故宮季刊》1983 年第 17 卷第 4 期。

觴詠流連，出其所藏，一一質證，恍置我於米顛書畫舫中與趙承旨之松雪齋中也。（下略）

【四庫提要】《蕉窗九錄》無卷數（江蘇巡撫採進本），舊本題明項元汴撰。元汴字子京，秀水人。家藏書畫之富，甲於天下。今賞鑒家所稱項墨林者是也。是書首紙錄，次墨錄，次筆錄，次研錄，次帖錄，次書錄，次琴錄，次香錄。前有文彭序，稱大半採自吳文定《鑒古彙編》，間有刪潤。今考其書，陋略殊甚，彭序亦弇鄙不文。二人皆萬萬不至此，殆稍知字義之書賈，以二人有博雅名，依託之以炫俗也。（《四庫全書總目》卷一百三十「子部四十·雜家類存目七」）

考槃餘事四卷　（明）屠隆撰

屠隆（1543～1605），字長卿，又字緯真，號赤水，別號由拳山人、一衲道人，晚號鴻苞居士，寧波府鄞縣人。家貧，為諸生之後以坐館為生。屢應鄉試，萬曆四年（1576）中舉，次年成進士。官至禮部儀制司主事。為人放誕風流，縱酒好色，萬曆十二年（1584）因同性戀問題遭同事疏劾，削籍為民。罷官之後，遊於吳越八閩，逍遙於奇山異水之間。晚年沉湎仙道，悵怏而死。著有《棲真館集》《鴻苞集》《白榆集》等。才氣縱橫，名列「末五子」，文名藉甚。《明史·文苑傳》附載徐渭傳中。清人將隆與陳繼儒並稱，以為其文輕佻，為敗壞文風之首惡。

今考，萬曆三十四年（1606）沈氏尚白齋所刻《考槃餘事》四卷，署名屠隆，後世學者多認同為屠氏著作，且加以引證，然書中條目大多已見於前人之作。是書廣泛截取舊作，巧加連綴，造為新編，乃有意作偽，此其一也；《考槃餘事》行文風格與屠隆之文截然不類，此其二也；屠隆缺少收藏賞鑒之條件與趣尚，此其三也。由此判定《考槃餘事》為偽託無疑。〔註 674〕錄此備參。

此書雜論文房清玩之事。卷一為書箋、帖箋，言書板碑帖，卷二為函箋、紙箋、墨箋、筆箋、硯箋、琴箋，專評書畫琴劍，卷三為香箋、茶箋、盆玩箋、魚鶴箋、山齋箋；卷四則起居器服箋、文房器具箋、遊具箋，筆硯爐瓶

〔註 674〕秦躍宇、黃睿《〈考槃餘事〉作者考辨》認為《考槃餘事》作者非屠隆，載《鹽城工學院學報》2018 年第 1 期。

以至一切器用服御之物皆詳載之。

其論書畫，獨具隻眼。如論「似不似」曰:「畫花趙昌意在似，徐熙意不在似，非高於畫者不能以似不似第其高遠。蓋意不在似者，太史公之於文，杜陵老之於詩也。」論古畫曰:「上古之畫，跡簡意淡，真趣自然，畫譜繪鑒雖備，而歷年遠甚，箋素敗腐不可得矣。」論唐畫曰:「意趣具於筆前，故畫成神足，莊重嚴律，不求工巧，而自多妙處，後人刻意工巧，有物趣而乏天趣。」論宋畫曰:「評者謂之院畫，不以為重，以巧太過而神不足也。不知宋人之畫亦非後人可造堂室，如李唐、劉松年、馬遠、夏珪。此南渡以後四大家也。畫家雖以殘山剩水目之，然可謂精工之極。」論看畫法:「看畫之法，如看字法。松雪詩云:『石如飛白木如籀，寫竹應從八法求。』正謂此也。須著眼圓活，勿偏已見。細看古人命筆立意委由，妙處方是。」論品第畫:「以山水為上，人物小者次之，花鳥竹石又次之，走獸蟲魚又其下也。更須絹素紙地完整不破，色雖古而清潔，精神如新，照無貼襯，嗅之異香可掬，此其最上品也。」論墨蹟難辨:「法帖真偽，入手少，不用心，著眼即不能辨。昔張思聰善摹古帖，自名翻身鳳凰，最能亂真。唐蕭誠偽為古帖，以示李邕，曰:『此右軍真蹟。』邕忻然曰:『是真物也。』誠以實告邕，復視曰:『細看亦未能辨，但稍欠精神耳。』北海且然，況下者乎？」論贗帖:「吳中近有高手贋為舊帖，以豎簾厚瓷竹昏皆特鈔也，作夾紗搨法，以草煙末香煙薰之，火氣逼脆本質，用香和糊，若古帖嗅味，全無一毫新狀，入手多不能破。其智巧精彩反能奪目，鑒賞當具神通觀法。」

其書並非全出原創，如「觀書」條出趙子昂書跋，「王弇州評畫」條出《四部稿》。《四庫全書總目》又譏其列目頗為瑣碎，且不少條目失之過簡。然周中孚稱其書雜論書籍、碑刻、書畫、琴劍、紙墨、筆硯以迄器用、服御，皆因類而記，而於碑刻獨詳，例不畫一，殊屬冗雜，且其品評當代人書法已屬不公，無怪其論古之渺茫云云。〔註 675〕

此書有《廣百川學海》本、《燬花庵叢書》本、《寶顏堂秘籍》本、《龍威叢書》本。此本據復旦大學圖書館藏明萬曆間沈氏刻本影印。〔註 676〕

〔註 675〕周中孚:《鄭堂讀書記》卷五十八。

〔註 676〕秦躍宇、黄睿《〈考槃餘事〉作者考辨》認為，《考槃餘事》版本流傳過程中增刪分合不斷。萬曆三十四年沈氏尚白齋所刻四卷本與隨後的《寶顏堂秘笈》本屬同一系統，差異甚微。明末《廣百川學海》本始分十七卷，卷次內容與

【附錄】

【四庫提要】《考槃餘事》四卷（通行本），明屠隆撰。隆有《篇海類編》，已著錄。是書雜論文房清玩之事。一卷言書版碑帖，二卷評書畫琴紙，三卷、四卷則筆硯爐瓶，以至一切器用服御之物皆詳載之，列目頗為瑣碎。其論明一代書家，以祝允明為第一，而文徵明次之。軒輊亦未盡平允。（《四庫全書總目》卷一百三十「子部四十 · 雜家類存目七」）

【書名釋義】考槃，《詩 · 衛風 · 考槃》小序云：「考槃，刺莊公也。不能繼先公之業，使賢者退而窮處。」後因以作隱居窮處之代稱。此為作者隱居後所作，故名《考槃餘事》。（趙傳仁、鮑延毅、葛增福主編：《中國書名釋義大辭典》，山東友誼出版社 2007 年版，第 360 頁）

【青浦令赤水屠侯傳】屠隆，字長卿，更字緯真，別號赤水，浙之鄞人。成萬曆丁丑進士，釋褐令穎上，以材能調青浦。自嘉靖二十一年，從按院舒公汀所奏，割華亭西北二鄉、上海西三鄉，立青浦縣於青龍鎮，而以三十二年科臣議廢。至萬曆元年，郡人給諫蔡公汝賢奏復移治唐行鎮，邑令石公繼芳創建城池。六年，公為令，復請割華亭集賢鄉、上海新江鄉之未盡者以益之，編戶二百二十四里，於是與華、上鼎立而為三縣矣。然其田終自磽瘠，其水每多泛溢，其民皆鷙悍，而鄰壤錯居，無不見難者。夫割難治之田，遺難治之水，雜難治之民，而撫難治之邑。雖趙廣漢之機慧，黃次公之循良，且不可以善治，而況其他乎？侯以健令神君再當煩劇，其豐標嶽嶽，其議論錚錚，有驂駕伊周，鴻毛管葛之意。譬之神駒風霧，驀一日千里而無難者，既視事，則議減賦額，議疏河流，議招流亡，議創奸宄，請之諸臺使，略見施行，而其拊循勞來，欲起罷民而保全之者，何啻拯溺救焚，公政大都以不察為明，以不虐為威，以不矜炫為聲華，以不擊搏為治辦，而又寬和豈弟，真赤行之使，人見悃誠而洞底裏，陳牒者得情弗喜，欲其無涕泣於桁楊，服賦者如約，輸將欲其無羨奇於升斗，將使堂上無鞭笞之事，庭下無叫號之聲，村落中無勾攝追呼之擾，而侯則肅衣冠，擁符篆，偃仰而踞其上，婆娑而視其成，即觀風使者之干旄，與他輶軒之使戾止於斯……而其家徒壁立，亦未嘗一有所干。

前本相去甚遠。清代乾隆、嘉慶年間世德堂重刊的《龍威秘書》本復為四卷，卻收錄了《廣百川學海》本之誤輯者。光緒年間《懺華庵叢書》本悉數繼承此前諸本內容，且重又釐定為十七卷。文載《寧波大學學報》2018 年第 2 期。

余以此益深仰止，乃知侯之令雲間，僅飲青龍杯水，常聞之父老云然。而讀其詩，有「早知白首難為客，悔殺青溪不要錢」之句，歎息久之。此侯之實錄，亦侯之自道云爾也。（何三畏《雲間志略》卷四）

【屠隆《續娑羅館清言》】饑乃加餐，菜食美於珍味；倦然後臥，草薦勝似重裀。流水相忘遊魚，遊魚相忘流水，即此便是天機；太空不礙浮雲，浮雲不礙太空，何處別有佛性。富室多藏萬寶，夜深猶自持籌，愈積愈吝，窖中時見精光；老夫第得一錢，宵臥何能貼席，不散不休，篋裏如聞嘷吼。名華芳草，春園風日洵饒；紅樹青霜，秋林景色愈勝。條負既卷，細草茸生，嫩柳韶姿，紅藥齊含蘤萼，芳春景，大滯人；清露晨流，碧梧初放，新篁爽氣，綠陰映入簾幃，首夏時，尤堪賞。常想病時，則塵心漸滅；常防死日，則道念自生。風流得意之事，一過輒生悲涼；清真寂寞之鄉，愈久愈增意味。苦惱世上，意氣須溫；嗜欲場中，肝腸欲冷。時來則建勳業於天壤，玉食袞衣，是亦丈夫之事；時失則守窮約於山林，藜羹卉服，是亦豪傑之常。故子房封侯，不以富貴而商皓；嚴陵垂釣，不以貧賤而幕雲臺。人當溷擾，則心中之境何堪；稍爾清寧，則眼前之氣象自別。昏散者凡夫之病根，惺寂者對症之良藥。寂而常惺，寂寂之境不擾；惺而常寂，惺惺之念不馳。居處必先勤，乃能閑暇，凡事務求停妥，然後逍遙。平時袛自悠然，遇境未免擾亂。跡類卑污，有損身以得物；形同邋遢，或混俗以埋光。世人皮相失真，天眼鑒觀不謬。李青蓮仙才夙稟，白香山道骨天成。皦擻時名，心源不淨；昭昭談道，密行多虧。何益超昇，只深淪墮。疾忙今日，轉盼已是明日；才到明朝，今日已成陳跡。算閻浮之壽，誰管百年，生呼吸之間，勿作久計。太乙窺人，閣下燃藜之火；雲林寄信，架藏倒薤之書。木削方可造廬，玉琢才能成器。高明性多疏脫，須學精嚴；狷行常苦拘時，當思圓轉。春去秋來，徐察陰陽之變；水窮雲起，默觀元化之流。三春麗日，催開上苑千花；一夜金風，顛落羅浮萬樹。蓽門圭竇，形拘一室之中；氣馬尻輪，神遊八極之外。

華夷花木鳥獸珍玩考十二卷　（明）慎懋官撰

明慎懋官，字汝學，湖州府吳興人。生卒年及事蹟均不詳。書中稱「萬曆十三年慎懋官書於玉京洞中」。〔註677〕懋官自序稱少侍其父山泉蒙宦遊。

〔註677〕今按：玉京洞，在天台赤城山。相傳元始天尊在玄都玉京山說法。《會稽記》

書前有萬曆九年（1581）愼官自序，稱凡江浙不見之物，耳目不聞之事，悉摘紙以記，後復遍歷閩、楚，述所見聞，參以書史，删繁去宂，以成是編，以免掛一漏萬之譏，其間異物雖涉不經而亦錄之。〔註 678〕又有萬曆九年李時英序，稱其用心良勤云。〔註 679〕末附所撰《成趣堂記》一篇，蓋為其父作也。

此書卷一至卷六記花木，凡七百零四條；卷七記鳥獸，凡三百一十條；卷八記珍玩，凡二百零九條；《續考》卷九記花木，凡一百六十一條；卷十記鳥獸，凡一百七十八條；卷十一記珍玩，凡九十二條；卷十二雜考，凡十七條，皆述花木之品題也。

此書《明史藝文志》不載，《四庫全書總目》作十卷，列入雜家類存目，乃少續考末一卷、雜考一卷，稱其書或剽取舊說，或參以己語，或標出典，或不標出典，真偽雜糅，餖飣無緒；至衛懿公好鶴一條，不引《左傳》，而引傳奇俚詞，尤為不考云云。《鄭堂讀書記》稱其掛一漏萬之譏固所不免，而其宂雜無倫，適以啟觀者之厭耳。此書於博物之學亦有莫大之功焉。然舊式目錄學家往往重視文獻之學，而輕視博物之學，未免門戶之見矣。

此本據中國科學院圖書館藏明萬曆九年刻本影印。

【附錄】

【愼懋官《華夷花木鳥獸珍玩考自序》】嘗誦學詩之訓，未嘗不撫卷而歎曰：人生不可必於天者，遠之事君也，所可必於我者，興觀群怨，邇事多識之道也。予治《葩經》，遊泮久矣，竊志將生平所學，奉使異域，如識人之魚，而為異域所增重，且採諸方異物，志以廣《葩經》之不逮，誰意竿瑟難投，竟爾擯棄。枯朽菌芝之言，雖嘗加勉於心，而智慧鎡基之喻，能使英雄之不濺淚乎？及觀古昔名賢著立成於拂鬱之後，因而憮然曰：「天之所以困我者，或者成我後世之名歟？」於是意絕動名，心躭藝圃，攜吾父所刻名山記，循道入閩，以登接筍之峯，抵信以陟飛雲之閣，而黃山、九華、齊雲、五嶽之勝，

稱赤城山有寶室睿臺，許遜嘗在此憩居。吳葛玄，晉魏華存、葛洪、許遜皆在赤城山煉丹。宋政和八年（1118）建赤城觀。玉京洞奉祀三清、玉皇、魏夫人及許遜神像。

〔註 678〕《續修四庫全書》第 1185 冊，上海古籍出版社，2002 年版，第 399～400 頁。今按：陸心源等《光緒歸安縣志》云：「卷首自序一篇，詞極誇大，過矣。」

〔註 679〕《續修四庫全書》第 1185 冊，上海古籍出版社，2002 年版，第 397 頁。

無不遍歷而夢遊，道遇雲貴、兩廣之友，殊域貢獻之夷，凡我江浙不見之物，耳目不聞之事，悉摘葉以記。是雖未及遍中國，盡蠻貊，而各方花鳥、珍玩俱在我胸中矣。歸而父歷道各方之物，父因謂曰：「大孝在乎揚名，子不能矣，尚其萃成多識之編，以卒葩經之業，聊以成其邇事之道乎？」即日承命，挾策衡陽，述所見聞，復參書史，以免掛一漏萬之譏，其間異物雖涉不經，而亦錄者，豈不知子不語怪之旨哉？竊聞淮南有言矣：「水生蠬蜃，山生金玉，人弗怪也。」山出嘄陽，水生罔象，木生畢方，井生墳羊，人怪之，聞見鮮而識物淺也。天下之怪物，聖人之所獨見，則子不語怪者蓋有之而不語耳。所謂六合之外，存而不論者是已。不然，《博物志》《山海經》亦古書也，經漢、唐而不能泯者，豈非目有一段不可磨滅之識乎？猶恐宂雜無倫，適以啟觀者之厭，復澄心易慮，晝則徘徊泉石之間，夜則燃燈刪繁去宂，第花木、鳥獸、珍玩三類，其書浸淫而可觀。書成而父歿，難忘桑梓之思，因以質諸友人。友曰：可以刻矣。此書起於萬曆元年，易稿有五，迄今九年而後成。學詩之志，趨庭之訓，庶乎少酬萬一矣。彼口未離黃，而妄意詆訾者，豈足以損予也哉？是為序。大明萬曆九年七月，吳興郡山人愼懋官書於成趣堂。

【李時英《梓華夷花木鳥獸珍玩考序》】古之喆人，抱奇毓秀，問學淵碩，達則敉寧宇內，惠利元元，窮而不耀者，每每籍文字以舒其牢騷抑憤之氣。即韓公子、司馬子長《說難》《史記》諸篇，千古而下，馳心藝林者守如功令，不敢渝尺寸。吳興愼汝學氏，自髫年博極群書，侍其尊甫山泉先生宦遊，聞見益閎肆，三餘暇日，著《花木鳥獸珍玩考》八卷《續考》三卷《雜考》一卷，凡六合之內，由庭階而遠届海隅，悉呈於几席間，匪但甕牖繩樞之子，目眩心怡，雖當世偉人，膏車秣馬，以走四方者，執是以印證化工，若合左券。然汝學氏之用心良勤矣。余憶官欽時去神京萬餘里，奇葩異卉，神禽異獸，種種不可名狀，而竊思博物有餘憾焉。今睹是編，不覺鼓掌，遂書數語於簡端。萬曆辛巳秋九月，武林貞陽道人李時英撰。

【燕庭跋】是書剽竊古籍既多，不著出典，且多未曾改削，《提要》所稱「謨按」云云，職是故也。《格致鏡原》援引此書頗多，姑存以備參考。道光戊申夏日，得此本於吳山書肆，為知不足齋故物，有「淥飲鮑以文藏書記」。燕庭。

【吳國倫《刻萬里雲遊錄序》】吳興愼汝學氏，故御史子正公子也。子正公在世，宗朝有直聲，會彈劾大臣忤旨，被放歸，而讀書山中，多所著述，傳於世。而汝學少負雋才，不售，乃得日侍其父翰墨圖史間，而於所藏掌故異聞、遺書逸典無所不窺，因自著《鳥獸草木珍玩考》，庶幾鼓吹三雅，羽翼《博物志》《山海經》諸書，不徒讀父書矣。已復抗志寥廓，自號戴笠子，挾宇宙而須臾古今，竊慕司馬子長之為人，將資遠遊宏覽，以廣其才氣。於是買舟裹糧，攜兩童子，泛太湖，遡九江，進帆彭蠡，攀豫章鐵樹，訪洪厓、玉笥諸仙跡，已乃逾長沙，浮湘沅，窺九疑、南嶽，順流下鄂渚，瀏覽赤壁，忽忽有東歸之思焉。乃迂棹叩予甗甑洞中，而以所著《雲遊錄》及諸詩為質，且乞序予手。而槩閱之，則吳楚之名山大川，洞雲溪霧，儼然在几案，而所傳金籙石經，與若風謠俚語，又多稗官野史所不及載。秘之帳中，亦可為談資矣。予因撫掌而嗟曰：天下士豈可以皮相哉……汝學少不揚，藉令不博學善立言，即予且失之，況天下之皮相人者多乎！夫由汝學善立言，則瑤林玉樹不足豔矣。萬曆癸巳仲夏望日，甗甑洞叟武昌吳國倫撰。

【四庫提要】《華夷花木鳥獸珍玩考》十卷（浙江巡撫採進本），明慎懋官撰。懋官字汝學，湖州人。是書凡《花木考》六卷，《鳥獸考》一卷，《珍玩考》一卷，《續考》二卷。或剽取舊說，或參以己語，或標出典，或不標出典，真偽雜糅，餖飣無緒。如「楓樹」一條稱「謨按」云云，似著此書者名謨。又「木蓮樹」一條稱「元和十四年夏命道士毋邱元志寫，因題絕句」云云，似著此書者在唐代。至「衛懿公好鶴」一條不引《左傳》而引傳奇俚詞，尤為不考。卷首《自序》一篇，詞極誇大，過矣。（《四庫全書總目》卷一百三十「子部四十・雜家類存目七」）

群物奇製一卷　（明）周履靖撰

周履靖（1542～1632），字逸之，號梅墟，又號螺冠子，自號梅顛道人、梅癡道人、梅墟山人、鴛湖釣徒，嘉興府嘉興人。家境富裕，少有殘疾，因去經生業，築舍鴛湖之濱，編茅引流，雜植梅百餘株，號稱梅墅，讀書其中，廣搜古今載籍，專力為古文詩詞，怡然自得。工篆、隸、章草、行、楷，履靖在隆、萬間號為隱士，而聲氣頗廣，遍交天下名士，與王世貞、文嘉、茅坤、屠龍之倫相友善。多刊書籍以行，《夷門廣牘》即其所編，蓋亦趙宧光、陳繼儒之流，明季所謂山人者也。著有《梅墟雜稿》《梅塢貽瓊》等書。其繼室桑貞白，字月姝，亦工詩，與履靖唱和數百首，題曰《香奩草》，茅坤為之序。生平事蹟見《梅墟先生別錄》《(萬曆)秀水縣志》《(雍正)浙江通志》卷二五一。

此書分身體十一條、衣服三十條、飲食一百一十五條、器用四十一條、藥品十八條、疾病六條、文房三十條、果子三十五條、蔬菜十三條、花竹三十二條、禽魚四十四條、雜著七十二條,凡十二類四百四十七條。此書為實用生活應急手冊,如身體條曰:「身上生肉刺,芝麻花搽之;飛絲入人眼而腫者,頭上風屑少許揩之;人有見漆多為漆氣上騰著人而生漆瘡,用川椒三四十粒,搗碎塗口鼻上,則不為漆所害;指甲內有垢者,以白梅與肥皂一處,洗之則自去;彈琴士指甲薄者,用僵蠶燒煙,薰之則厚;染頭髮用烏頭薄苛入綠礬染之;食梅子牙軟,吃藕便不軟,一用韶粉擦之;飲酒後欲口中無酒氣,用理中湯、調氣散合和一處,乾服少許;冬月唇燥裂痛,不可以津潤,只用香麻油抹之,二三日便可,酥油尤妙;油手以鹽洗之,可代肥皂;腳跟生厚皮者,用有布紋瓦片磨之。」小小技巧,頗能解除煩擾,不仿試以應急,毋以明季山人而輕視之。

此本據明萬曆二十五年金陵荊山書林刻《夷門廣牘》本影印。

【附錄】

【四庫提要】《夷門廣牘》一百二十六卷(通行本),明周履靖編。履靖字逸之,嘉興人。是編廣集歷代以來小種之書,並及其所自著,蓋亦陳繼儒《秘籍》之類。夷門者,自寓隱居之意也。書凡八十六種,分門有十,曰藝苑,曰博雅,曰食品,曰娛志,曰雜古,曰禽獸,曰草木,曰招隱,曰閒適,曰觴詠。觀其自序,藝苑博雅之下有尊生、書法、畫藪三牘,而皆未刊入。所收各書,真偽雜出,漫無區別。如郭橐駝《種樹書》之類,殆於戲劇,其中間有一二古書,又刪削不完。如《釋名》惟存《書契》一篇,而乃題曰《釋名全帙》,尤為乖舛。其所自著,亦皆明季山人之窠臼。卷帙雖富,實無可採錄也。

【四庫提要】《梅塢貽瓊》四卷(兩江總督採進本),明周履靖編,姚士粦刪定。履靖所輯《夷門廣牘》,士粦所輯《陸氏易解》,均已著錄。履靖在隆、萬間號為隱士,而聲氣頗廣,凡有著作,必請勝流為之題詠序跋。積久漸多,因集為此帙,並往來書牘附之。凡十一體、一百六十餘篇。蓋明季山人例以標榜相尚也。(《四庫全書總目》卷一百九十二「集部四十五·總集類存目二」)

博物要覽十六卷　（明）谷泰輯

谷泰，字寧宇，官蜀王府長史。大約生活於明末。生平事蹟不詳。

此書大旨在於助四民治生之術。卷一紀古帖，卷二紀歷代畫家，卷三論畫，卷四紀歷代鼎彝，卷五紀窯器，卷六紀文具，卷七紀金，卷八紀銀，卷九紀真珠，卷十紀寶石，卷十一紀玉，卷十二紀瑪瑙、珊瑚，卷十三紀水晶、琥珀，卷十四紀玻璃、琉璃、雲母、鶴頂、犀角、象牙等物，卷十五紀名香異木，卷十六紀漆器奇石。《四庫全書總目》列入雜家類存目，稱其書皆隨所見聞，摭錄成帙，未能該備，所論碑板書畫，尤為簡陋云云。然《格致鏡原》引用甚夥。〔註 680〕所記多作者之所見聞，如「新鑄偽古器顏色」條曰：「明時山東、陝西、河南、金陵等處偽造彝、鼎、壺、觚、尊、缾之類，式皆法古，分寸不遺，而花紋、款識悉從古器上翻砂，亦不甚差，但以古器相形，則迥然別矣。其上偽色之法，以井花水調泥礬浸，一伏時取起烘乾，再浸再烘，三度為止，名作腳色，候乾，以硇砂、膽礬、寒水、石硼、砂金、絲礬各為末，以青鹽水化淨，筆醮刷三兩度，候一兩日洗去，乾又洗之，全在調停顏色，水洗工夫須三五度方定。次掘一地，坑以炭火，燒紅，令遍將釅醋澆下，坑中放銅器入內，仍以醋糟罨之，加土覆實，窖藏三日，後取看，即生各色斑點，用蠟擦之……埋藏二三年者似有古意。」雖未能詳備，然亦可供文物愛好者參考。

此書有明刻本。此本據南京圖書館藏清抄本影印。

【附錄】

【天啟六年序】考核精嚴，考索書畫，辨別鼎彝，博識金玉珠寶，以及異木怪石、錦繡犀象，無不具載，核究詳明，搜羅淵博，真大有功於生民者不淺。〔註 681〕

【四庫提要】《博物要覽》十六卷（兩淮馬裕家藏本），明谷泰撰。泰字

〔註 680〕今人童書業《明代瓷器史上若干問題的研究》（《山東大學學報》1963 年第 2 期）亦徵引之。

〔註 681〕《續修四庫全書》第 1186 冊，上海古籍出版社，2002 年版，第 1 頁。今按：書中所載「宣德五彩」，乃令人困惑之歷史難題，參見焦瑞明《探析古籍中記載的「宣德五彩」》，《文物鑒定與鑒賞》2013 年第 4 期，李輝柄《略談未被認識的宣德五彩與青花釉裏紅瓷器》，《藝術市場》2006 年第 10 期。

寧宇，官蜀王府長史。其書一卷紀碑刻，二卷紀書，三卷紀畫，四卷紀銅器，五卷紀窯器，六卷紀硯，七卷紀黄金，八卷紀銀，九卷紀珠，十卷紀寶石，十一卷紀玉，十二卷紀瑪瑙、珊瑚，十三卷紀琥珀、蜜蠟、玻璃等物，十四卷紀水晶、玳瑁、犀角、象等物，十五卷紀香，十六卷紀漆器、奇石。皆隨所見聞，摭錄成帙，未能該備，所論碑版書畫，尤為簡陋。書成於天啟中，而中有稱明太祖者。殆後人傳寫所改歟？(《四庫全書總目》卷一百三十「子部四十·雜家類存目七」)

【古窯考】《博物要覽》云：《格古要論》：古龍泉窯，今曰處器、青器、古青器。土脈細且薄，翠青色者貴。有粉青色者。有一等盆底有雙魚，盆外有銅掇環。體厚者，不甚佳。《博物要覽》：龍泉窯妙者與官、哥爭豔，但少紋片紫骨耳。器質厚實，極耐摩弄，不易茅篾。《清秘藏》：古〔宋〕龍泉窯器，土細質厚，色甚蔥翠。妙者與官窯爭豔。但少紋片，紫骨鐵足耳。且極耐摩弄，不易茅篾。第工匠稍拙，製法不甚古雅。有等用白土造器，外塗泑水，翠淺，影露白痕，乃宋人章生所燒，號曰章窯，較龍泉制度，更覺細巧精緻。《春風堂隨筆》：弟所陶青器純粹如美玉，為世所貴，即官窯之類。兄所陶色淡……官、哥二窯出器，時有窯變，狀類蝴蝶、禽魚、麟豹。於本色釉外，變色或黄或紅紫，肖形可愛。火之幻化，理不可解。然窯變時有，尚不足異。《蘇東坡集》載《瓶笙詩》有引云：庚辰八月二十八日，劉幾仲餞飲中觴，聞笙簫聲，杳杳若在雲霄間，抑揚往返，粗中音節。徐而察之，則出於雙瓶，食頃，乃已。《春渚紀聞》載萬延之《瓦缶畫冰》云：赴銓都下，銅禁嚴甚，以十錢市之，代沃盥之用。時當凝寒，注湯額面。既覆，有餘水留缶，成冰，視之桃花一枝也。明日成雙頭牡丹一枝，次日又成寒林滿缶，水村竹屋，斷鴻翹鷺，宛如圖畫。後以白金為護，什襲而藏，遇寒則約客張宴以賞之，未嘗一同。此二事，幻之又幻矣。(朱琰《陶說》卷二《宋哥窯》)

廣社不分卷　（明）張雲龍撰

張雲龍，字爾陽，華亭人。生活於明末。生卒年及事蹟均不詳。

書前崇禎十六年（1643）雲龍自序，稱雨中兀坐，走筆廣之，嚴為訂正，久而與前本並富，再取未按，反覆跡之，略等遺剩云云。〔註 682〕又列社壇偉

〔註 682〕《續修四庫全書》第 1186 冊，上海古籍出版社，2002 年版，第 85～87 頁。

雋諸人姓名籍貫。〔註 683〕

此書成於崇禎末年，乃因陶邦彥所作燈謎而廣之。有凡例七則，如稱：「舊譜原分門類，前訛後舛，既豕亥之紛紜，此載彼遺，竟馬牛之錯雜，茲以韻語開注，平仄相稽，非惟聲氣叶和，亦且模索簡便。韓文所刻，盡入櫝中。此外搜羅散帙，窮訪遺編，得字若干，梓供世玩。凡正本所無，大字之後加以△，小字之下示以○，皆為新入，庶覽者神馳意到，不須更索茂先之乘，而商者犀截珠穿，不致再緩楊脩之騎。」〔註 684〕前載作謎諸格，取字義相似者，配合一句，暗射成語，後借詩韻平仄分補，以備採用。又有前後卷目錄，前卷平聲，後卷上聲、去聲、入聲。又列廣社各格，曰無縫格、滑頭禪格、連理枝格、兩來船格、玄明傘格、玉連環格、夾山夾梅格、錦屏風格、轆轤格、詩格、詞格、包意格、曹娥格、拆字格、問答格、畫格。雲龍自序甚為得意，然《四庫全書總目》列入雜家類存目，稱其語多鈍置，頗乏巧思云云。

此本據北京大學圖書館藏明崇禎間刻本影印。

【附錄】

【張雲龍《廣社自序》】憶兒時三五相聚，嘻戲之外，則有所謂商謎者矣。夫謎奚能商，不過猜爾，使道理之不明，字義之失當，與夫天地間一切為奇為誕、為經為權、為聲為形、為靜為動之事，或識而未真，或聞而未確，是皆不可以商……一日從市中肆，目見有貨抄本舊譜二帙，為社家之便覽。閱之則申譯字義，洞人腸胃，如日月燈，如照乘珠、光明藏，既約且備。急廉之以歸，燈下三復，已而詫曰：「機在是矣。」取司直前語按之，十獲五六，顧天下不難無道，而難乎有竅。竅者，生生之門，眾妙之府也。老子曰：「無欲，以觀其妙；有欲，以觀其竅。」信斯言與？雨中兀坐，走筆廣之，嚴為訂正，久而與前本並富，再取未按，反覆跡之，略無遺剩……崇禎癸未榴月，再來中人張雲龍題於緇好軒中。

【四庫提要】《廣社》（無卷數，內府藏本），明張雲龍撰。雲龍字爾陽，華亭人。是書成於崇禎末年，乃因陶邦彥所作《燈謎》而廣之。前載作謎諸格，取字義相似者配合一句，暗射成語。後借詩韻平仄分注，以備採用。然

〔註 683〕《續修四庫全書》第 1186 冊，上海古籍出版社，2002 年版，第 87 頁。
〔註 684〕《續修四庫全書》第 1186 冊，上海古籍出版社，2002 年版，第 88 頁。

語多鈍置，頗乏巧思。(《四庫全書總目》卷一百三十「子部四十・雜家類存目七」)

燕閒四適二十卷　（明）孫丕顯輯

孫丕顯，字啟周，自稱閩人，未詳其邑里。著有《文苑匯雋》。萬曆三十九年（1611）所刻《琴適》收錄《胡笳十八拍》。《山西滎河縣志》載其天啟中任訓導。

書前有萬曆三十九年（1611）序。〔註 685〕燕閒者，閑暇也。四適者，琴、棋、書、畫之謂也。全書二十卷，卷一至卷四為《琴適》，卷五至卷八為《棋適》，卷九至卷十二為《書適》，卷十三至卷二十為《畫適》。《琴適》首述入門須知，附以《思賢操》商調、《客窗夜話》商調、《梅花三弄》宮調、《猿鶴雙清》商調、《欸乃歌》蕤賓調、蔡琰《胡笳十八拍》復古調、《陌上桑》商調、張衡《四思歌》商調，殿以手勢手法圖解及歷代琴式。《棋適》輯錄棋論（如皮日休《原弈》、王元美《弈品・弈問》、張擬《棋經》、劉仲甫《棋法四篇》,《圍棋十訣》《圍棋三十二字釋義》)，次述棋譜。《書適》輯錄《評書》《奕世書名》見《四部稿》。《論帖真偽紙墨辯正》,《古紙》見《洞天清錄》,《響搨》見《格古要論》。《四部稿》《洞天清錄》《格古要論》《藝苑卮言》附《書法通釋》《辨俗通正三體》。《畫適》首述畫理，次述山水、人物、草木、花鳥畫法。

琴、棋、書、畫，自古即為文人雅趣。「法書繪事，代不乏人，品之高下，俱有完譜，愚謂真蹟罕存，眾評罔驗，且篇帙浩瀚，難以全收，但世之論書，則稱鍾張羲獻，論畫則曰顧陸張吳，世皆祖述，宜詳錄之，故集諸君遺唾，少滋談者，燥吻若曰泛採博搜，非余所能也。」〔註 686〕或稱此書為古代休閒文化之寶典，實不為過。

此本據上海圖書館藏明萬曆間刻本影印。

【附錄】

【四庫提要】《文苑匯雋》二十四卷（浙江巡撫採進本），明孫丕顯撰。

〔註 685〕《續修四庫全書》第 1186 冊，上海古籍出版社，2002 年版，第 225～226 頁。

〔註 686〕《續修四庫全書》第 1186 冊，上海古籍出版社，2002 年版，第 432 頁。

丕顯字啟周，自稱閩人。未詳其邑里。其書分二十九門，抄撮類書，體例殊為猥雜。(《四庫全書總目》卷一百三十八「子部四十八．類書類存目二」)

【孫丕顯《燕閒四適序》】存目。

閒情偶寄一六卷　（清）李漁撰

李漁（1610～1680），字謫凡，一字笠鴻，號笠翁，浙江蘭溪人，生於雉皋（今江蘇如皋）。著有《一家言》《十種曲》等書。生平事蹟見《李漁傳記資料》、徐保衛《李漁傳》、俞為民《李漁評傳》。

書前有康熙九年（1731）余懷序，稱其言近，其旨遠，其取情多而用物閎，而世之腐儒猶謂李子不為經國之大業，而為破道之小言者云。〔註 687〕杜濬序引陶潛賦閒情為解，殆未必然。尤侗序稱笠翁之書用狡獪伎倆，作遊戲神通，入公子行，以當場現美人身而說法，洎乎平章土木勾當煙花餔啜之事，亦復可觀；家居長干，山樓水閣，藥欄花砌，輒引人著勝地，薄遊吳市，攜女樂一部，自度梨園法曲，紅弦翠袖，燭影參差，望者疑為神仙中人云。〔註 688〕

是編為笠翁所著雜品，凡分六部，卷一至卷三詞曲部，卷四、卷五演習部，卷六、卷七聲容部，卷八、卷九居室部，卷十、卷十一器玩部，卷十二飲饌部，卷十三、卷十四種植部，卷十五、卷十六頤養部。書前有凡例七則，曰四期：一期點綴太平，一期崇尚儉樸，一期規正風俗，一期警惕人心；曰三戒：一戒剽竊陳言，一戒網羅舊集，一戒支離補湊。有法有戒，持論甚正大。所論六端，皆切近人生。標曰「閒情」，蓋自以為閒情逸致。詞曲部論戲曲創作，演習、聲容二部論舞臺藝術，綜而觀之，自成體系，備受後人推崇。論者以為李漁乃世界史上繼亞里斯多德之後首次論述戲劇與其他文學樣式區別之第一人。諸篇所論，皆平生經歷所得，故能自鑄新辭，不落窠臼。其述詞曲部論結構之法有七，曰戒諷刺、立主腦、脫窠臼、密針線、減頭緒、戒荒唐、審虛實，皆為經驗之談。其居室、器玩二部論制度方式，文所不能詳者，又為圖以明之，亦具深思，有裨於營造之學。至於治生調養之術，釐然有當於事理。然聲容部選姿、修容諸條，刻畫之詞往往貽人口實。

〔註 687〕《續修四庫全書》第 1186 冊，上海古籍出版社，2002 年版，第 485～488 頁。
〔註 688〕尤侗：《西堂雜組》二集卷三。

雖語意間傷纖佻，要其大旨固論修容之術，不害其著書之體。明季以降，東南士人崇奢競麗，山人墨客翕然和之，動以幽賞相尚，然觀其品題，不過浮詞淺見，率鮮實學。惟獨李漁以靈巧之思，幽美之趣，從容談寫，卓然為一家之言。觀其條理井井，嫻事理，備體用，雖古之大匠無以過之。此書洵為傑作，求之四部之中亦不多覯。

此本據吉林大學圖書館藏清康熙間刻本影印。

【附錄】

【尤侗序】聲色者，才人之寄旅；文章者，造物之工師。我思古人，如子胥吹簫，正平撾鼓，叔夜彈琴，季長弄笛，王維為「琵琶弟子」，和凝稱「曲子相公」，以至京兆畫眉，幼輿折齒，子建傅粉，相如掛冠，子京之半臂忍寒，熙載之衲衣乞食，此皆絕世才人，落魄無聊，有所託而逃焉。猶之行百里者，車殆馬煩，寄宿旅舍已爾，其視宜春院裏畫鼓三千，梓澤園中金釵十二，雅俗之別，奚翅徑庭哉！然是物也，雖自然之妙麗，借文章而始傳。前人如《琴》《笛》《洞簫》諸賦，固已分寸節度，窮極幼眇；乃至《巫山》陳蘭若之芳，《洛浦》寫瑤碧之飾，東家之子比其赤白，上宮之女狀其豔光。數行之內，若拂馨香，尺幅之中，如親巧笑，豈非筆精墨妙，為選聲之金管，練色之寶鏡乎？抑有進焉，江淹有云：「藍朱成彩，錯雜之變無窮；宮商為音，靡曼之態不極。」蛾眉豈同貌而俱動於魄？芳草寧共氣而皆悅於魂？故相其體裁，既家妍而戶媚；考其程序，亦日異而月新。假使飛燕、太真生在今時，則必不奏《歸風》之歌，播《羽衣》之舞：文君、孫壽來於此地，則必不掃遠山之黛，施墮馬之妝。何也？數不見不鮮也。客有歌於郢中者，《陽春白雪》，和者不過數人，非曲高而和寡也，和者日多，則歌者日卑。《陽春白雪》何異於《巴人下里》乎？西子捧心而顰，醜婦傚之，見者卻走。其婦未必醜也，使西子交效顰，亦同嫫姆矣。由此觀之，聲色之道千變萬化。造物者有時而窮，物不可以終窮也，故受之以才。天地爐錘，鑄之不盡；吾心橐，動而愈出。三寸不律，能鑿混沌之竅；五色赫蹄，可煉女媧之石。則斯人者誠宮閨之刀尺而帷簿之班、輸。天下文章莫大乎是矣。讀笠翁先生之書，吾驚焉。所著《閒情偶寄》若干卷，用狡獪伎倆，作遊戲神通。入公子行以當場，現美人身而說法。洎乎平章土木，勾當煙花，哺啜之事亦復可觀，屐履之間皆得其任。雖才人三昧，筆補天工，而鏤空繪影，索隱鉤奇，竊恐犯造物之忌矣。乃笠翁不徒託諸空言，遂已演為本事。家居長干，山樓水閣，藥欄花砌，輒引人著勝地。薄遊吳市，集名優數輩，度其梨園法曲，紅弦翠袖，燭影參，望者疑為神仙中人。若是乎笠翁之才，造物不惟不忌，而且惜其勞、美其報焉。人生百年，為樂苦不足也，笠翁何以得此於天哉！僕本恨人，幸適良宴，正如秦穆睹鈞天之樂，趙武聽孟姚之歌，非不醉心，彷彿夢中而已矣。

【余懷序】《周禮》一書，本言王道，乃上自井田軍國之大，下至酒漿屝屨之細，無不纖悉具備，位置得宜，故曰：「王道本乎人情。」然王莽一用之於漢而敗，王安石再用之於宋而又敗者，其故何哉？蓋以莽與安石皆不近人情之人，用《周禮》固敗，不用《周禮》亦敗。《周禮》不幸為兩人所用，用《周禮》之過，而非《周禮》之過也。蘇明允曰：「凡事之不近人情者，鮮不為大奸慝。」古今來大勳業、真文章，總不出人情之外，其在人情之外者，非鬼神荒忽虛誕之事，則譸張偽幻獪獝之辭，其切於男女飲食日用平常者蓋已希矣。余讀李子笠翁《閒情偶寄》而深有感也。昔陶元亮作《閒情賦》，其間為領、為帶、為席、為履、為黛、為澤、為影、為燭、為扇、為桐，纏綿婉孌，聊一寄其閒情，而萬慮之存，八表之憩，即於此可類推焉。今李子《偶寄》一書，事在耳目之內，思出風雲之表，前人所欲發而未竟發者，李子盡發之；今人所欲言而不能言者，李子盡言之。其言近，其旨遠，其取情多而用物閎。漻漻乎！時康熙辛亥立秋日，建鄴弟余懷無懷氏撰。

【續修四庫全書總目提要（稿本）13～117】《閒情偶寄》十六卷（金陵翼聖堂刊本），清李漁撰。漁有《一家言》《十種曲》，已著錄。是編為漁所著雜品，凡分六部：一曰詞曲部。其目曰結構、曰詞采、曰音律、曰賓白、曰科諢、曰格局，皆論撰曲之事……二曰聲容部……三曰居室部……四曰器玩部……五曰飲饌部……六曰種植部……七曰頤養部……所論六端皆切近人生，標曰閒情，蓋自以為閒情逸致。杜濬序引陶潛賦閒情為解，殆未必然也。漁天性敏悟，凡諸篇所論，俱能自出新意，不襲陳言。其述治生調養之術，不事侈張，亦不為高論，釐然有當於事理。至於詞曲，尤多精論。其居室、器玩二部，論制度方式，文所不能詳者為圖以表明之，亦具有深思，有裨於宮室營造之學。雖其聲容部選姿、修容諸條，刻畫之詞往往貽世人口實，然昔時風俗社會與今不同，漁所言亦當時人議論之一斑，雖語意微傷纖佻，要其大旨固論修容之術，不害其著書之體也。自明季以來，東南士夫崇奢競麗，山人墨客翕然和之，動以幽賞相尚，然觀其品題名物，所以陳一己之好者，不過浮詞淺見，率鮮實學，獨漁以精巧之思、幽美之趣，從容談寫，皆平生經歷所得，卓然為一家之言。觀其條理井井，嫻事理，備體用，雖古之哲匠無以過之。此求之四部書中尚不多見。世之人顧猶有目為小道而輕之者，抑何隘耶？

【結構第一】填詞一道，文人之末技也。然能抑而為此，猶覺愈於馳馬試劍，縱酒呼盧。孔子有言：「不有博弈者乎？為之猶賢乎已。」博弈雖戲具，猶賢於「飽食終日，無所用心」；填詞雖小道，不又賢於博弈乎？吾謂技無大小，貴在能精；才乏纖洪，利於善用。能精善用，雖寸長尺短，亦可成名。否則才誇八斗，胸號五車，為文僅稱點鬼之談，著書惟洪覆瓿之用，雖多亦奚以為？填詞一道，非特文人工此者足以成名，即前代帝王亦有以本朝詞曲擅長，遂能不泯其國事者。請歷言之。高則誠、王實甫諸人，元之名士也，捨填詞一無表見。使兩人不撰《琵琶》《西廂》，則沿至今日，誰復知其姓字？是則誠、實甫之傳，《琵琶》《西廂》傳之也。湯若士，明之才人也，詩文、尺牘盡有可觀，而其膾炙人口者，不在尺牘、詩文，而在《還魂》一劇。使若士不草《還魂》，則當日之若士已雖有而若無，況後代乎？是若士之傳，《還魂》傳之也。此人以填詞而得名者也。歷朝文字之盛，其名各有所歸，「漢史」「唐詩」「宋文」「元曲」，此世人口頭語也。《漢書》《史記》，千古不磨，尚矣。唐則詩人濟濟，宋有文士蹌蹌，宜其鼎足文壇，為三代後之三代也。元有天下，非特政刑禮樂一無可宗，即語言文學之末，圖書翰墨之微，亦少概見。使非崇尚詞曲，得《琵琶》《西廂》以及《元人百種》諸書傳於後代，則當日之元亦與五代、金、遼同其泯滅，焉能附三朝驥尾而掛學士文人之齒頰哉？此帝王國事以填詞而得名者也。由是觀之，填詞非末技，乃與史傳詩文同源而異派者也。近日雅慕此道，刻欲追蹤元人、配饗若士者盡多，而究意作者寥寥，未聞絕唱。其故維何？止因詞曲一道，但有前書堪讀，並無成法可宗。暗室無燈，有眼皆同瞽目，無怪乎覓途不得，問津無人，半塗而廢者居多，差毫釐而謬千里者，亦復不少也。嘗怪天地之間有一種文字，即有一種文字之法脈準繩，載之於書者，不異耳提而命，獨於填詞製曲之事，非但略而未詳，亦且置之不道。揣摩其故，殆有三焉：一則為此理甚難，非可言傳，止境意會。想入雲霄之際，作者神魂飛越，如在夢中，不至終篇，不能返魂收魄。談真則易，說夢為難，非不欲傳，不能傳也。若是，則誠異誠難，誠為不可道矣。吾謂此等至理，皆言最上一乘，非填詞之學節節皆如是也，豈可為精者難言，而粗者亦置弗道乎？一則為填詞之理變幻不常，言當如是，又有不當如是者。如填生旦之詞，貴於莊雅，製淨丑之曲，務帶詼諧，此理之常也。乃忽遇風流放佚之生旦，反覺莊雅為非，作迂腐不情之淨丑，轉以詼諧為忌。諸如此類者，悉難膠柱。恐以一定之陳言，誤泥古拘方之作者，是以寧為闕疑，不生蛇足。若是，則此種變幻之理，不獨詞曲為然，帖括詩文皆若是也。豈有執死法為文，而能見賞於人，相傳於後者乎？一則為從來名士以詩賦見重者十之九，以詞曲相傳者猶不及什一，蓋千百人一見者也。凡有能此者，悉皆剖腹藏珠，務求自秘，謂此法無人授我，我豈獨肯傳人。使家家製曲，戶戶填詞，則無論《白雪》盈車，《陽春》遍世，淘金選玉者未必不使後來居上，而覺糠秕在前。且使周郎漸出，顧曲者多，攻出瑕疵，令前人無可藏拙，是自為后羿而教出無數逢蒙，環執干戈而害我也，不如仍仿前人，緘口不提之為是。吾揣摩不傳之故，雖三者並列，竊恐此意居多。以我論之：文章者，天下之公器，非我之所能私；是非者，千古之定評，豈人之所能倒？不若出我所有，公之於人，收天下後世之名賢，悉為同調。勝我者，我師之，仍不失為起予之高足；類我者，我友之，亦不愧為攻玉之他山。持此為心，遂不覺以生平底裏，和盤托出，並前人已傳之書，亦為取長棄短，別出瑕瑜，使人知所從違，而不為誦讀所誤。知我，罪我，憐我，殺我，悉聽世人，不復能顧其後矣。但恐我所言者，自以為是而未必果是；人所趨者，我以為非而未必盡非。但矢一字之公，可謝千秋之罰。噫，元人可作，當必貰予。填詞首重音律，而予獨先結構者，以音律有書可考，其理彰明較著。自《中原音韻》一出，則陰陽平仄畫有塍區，如舟行水中，車推岸上，稍知率由者，四欲故犯而不能矣。《嘯餘》《九宮》二譜一出，則葫蘆有樣，粉本昭然。前人呼製曲為填詞，填者，布也，猶棋枰之中畫有定格，見一格，布一子，止有黑白之分，從無出入之弊，彼用韻而我叶之，彼不用韻而我縱橫流蕩之。至於引商刻羽，戛玉敲金，雖曰神而明之，匪可言喻，亦由勉強而臻自然，蓋遵守成法之化境也。至於結構二字，則在引商刻羽之先，拈韻抽毫之始。如造物之賦形，當其精血初凝，胞胎未就，先為制定全形，使點血而具五官百骸之勢。倘先無成局，而由頂及踵，逐段滋生，則人之一身，當有無數斷續之痕，而血氣為之中阻矣。工師之建宅亦然。基址初平，間架未立，先籌何處建廳，何方開戶，棟需何木，梁用何材，必俟成局了然，始可揮斤運斧。倘造成一架而後再籌一架，則便於前者，不便於後，勢必改而就之，未成先毀，猶之築捨道旁，兼數宅之匠資，不足供一廳一堂之用矣。故作傳奇者，不宜卒急拈毫，袖手於前，始能疾書於後。有奇事，方有奇文，未有命題不佳，而能出其錦心，揚為繡口者也。嘗讀時髦所撰，惜其慘淡經營，用心良苦，而不得被管絃、副優孟者，非審音協律之難，而結構全部規模之未善也。詞采似屬可緩，而亦置音律之前者，以有才技之分也。文詞稍勝者，即號才人，音律極精者，終為藝士。師曠止能審樂，不能作樂；龜年但能度詞，不能製詞。使之作樂製詞者同堂，吾知必居末席矣。事有極細而亦不可不嚴者，此類是也。

【戒諷刺】武人之刀，文士之筆，皆殺人之具也。刀能殺人，人盡知之；筆能殺人，人則未盡知也。然筆能殺人，猶有或知之者；至筆之殺人較刀之殺人，其快其凶更加百倍，則未有能知之而明言以戒世者。予請深言其故。何以知之？知之於刑人之際。殺之與剮，同是一死，而輕重別焉者。以殺止一刀，為時不久，頭落而事畢矣；剮必數十百刀，為時必經數刻，死而不死，痛而復痛，求為頭落事畢而不可得者，只在久與暫之分耳。然則筆之殺人，其為痛也，豈止數刻而已哉！竊怪傳奇一書，昔人以代木鐸，因愚夫愚婦識字知書者少，勸使為善，誡使勿惡，其道無由，故設此種文詞，借優人說法，與大眾齊聽。謂善由如此收場，不善者如此結果，使人知所趨避，是藥人壽世之方，救苦弭災之具也。後世刻薄之流，以此意倒行逆施，藉此文報仇泄怨。心之所喜者，處以生旦之位，意之所怒者，變以淨丑之形，且舉千百年未聞之醜行，幻設而加於一人之身，使梨園習而傳之，幾為定案，雖有孝子慈孫，不能改也。噫，豈千古文章止為殺人而設？一生誦讀徒備行兇造孽之需乎？蒼頡造字而鬼夜哭，造物之心未必非逆料至此也。凡作傳奇者，先要滌去此種肺腸，務存忠厚之心，勿為殘毒之事。以之報恩則可，以之報怨則不可；以之勸善懲惡則可，以之欺善作惡則不可。人謂《琵琶》一書，為譏王四而設。因其不孝於親，故加以入贅豪門，致親餓死之事。何以知之？因「琵琶」二字，有四「王」字冒於其上，則其寓意可知也。噫，此非君子之言，齊東野人之語也。凡作偉世之文者，必先有可以傳世之心，而後鬼神效靈，予以生花之筆，撰為倒峽之詞，使人人讚美，百世流芳。傳非文字之傳，一念之正氣使傳也。《五經》《四書》《左》《國》《史》《漢》諸書，與大地山河同其不朽，試問當年作者有一不肖之人、輕薄之子廁於其間乎？但觀《琵琶》得傳至今，則高則誠之為人，必有善行可予，是以天壽其名，使不與身俱沒，豈殘忍刻薄之徒哉！即使當日與王四有隙，故以不孝加之，然則彼與蔡邕未必有隙，何以有隙之人，止暗寓其姓，不明叱其名，而以未必有隙之人，反蒙李代桃僵之實乎？此顯而易見之事，從無一人辯之。創為是說者，其不學無術可知矣。予向梓傳奇，嘗埒誓詞於首，其略云：加生旦以美名，原非市恩於有託；抹淨丑以花面，亦屬調笑於無心；凡以點綴詞場，使不岑寂而已。但慮七情以內，無境不生，六命之中，何所不有。幻設一事，即有一事之偶同；喬命一名，即有一名之巧合。焉知不以無基之樓閣，認為有樣之葫蘆？是用瀝血鳴神，剖心告世，倘有一毫所指，甘為三世之暗，即漏顯誅，難逋陰罰。此種血忱，業已沁入梨棗，印政寰中久矣。而好事之家猶有不盡相諒者，每觀一劇，必問所指何人。噫，如其盡有所指，則誓詞之設，已經二十餘年，上帝有赫，實式臨之，胡不降之以罰？茲以身後之事，且置勿論，論其現在者：年將六十，即旦夕就木，不為殀矣。向憂伯道之憂，今且五其男，二其女，孕而未誕、誕而待孕者尚不一其人，雖盡屬景升豚犬，然得此以慰桑榆，不憂窮民之無告矣。年雖邁而筋力未衰，涉水登山，少年場往往追予弗及；貌雖癯而精血未耗，尋花覓柳，兒女事猶然自覺情長。所患在貧，貧也，非病也；所少在貴，貴豈人人可幸致乎？是造物之憫予，亦云至矣。非憫其才，非憫其德，憫其方寸之無他也。生平所著之書，雖無裨於人心世道，若止論等身，幾與曹交食粟之軀等其高下。使其間稍伏機心，略藏匕首，造物且誅之奪之不暇，肯容自作孽者老而不死，猶得佯狂自肆於筆墨之林哉？吾於發端之始，即以諷刺戒人，且若囂囂自鳴得意者，非敢故作夜郎，竊恐詞人不究立言初意，謬信「琵琶王四」之說，因謬成真。誰無恩怨？誰乏牢騷？悉以填詞洩憤，是此一書者，非闡明詞學之書，乃教人行險播惡之書也。上帝討無禮，予其首誅乎？現身說法，蓋為此耳。

【立主腦】古人作文一篇，定有一篇之主腦。主腦非也，即作者立言之本意也。傳奇亦然。一本戲中，有無數人名，究竟俱屬陪賓，原其初心，止為一人而設。即此一人之身，自始至終，離合悲歡，中具無限情由，無究關目，究竟俱屬衍文，原其初心，又止為一事而設。此一人一事，即作傳奇之主腦也。然必此一人一事果然奇特，實在可傳而後傳之，則不愧傳奇之目，而其人其事與作者姓名皆千古矣。如一部《琵琶》止為蔡伯喈一人，而蔡伯喈一人又止為「重婚牛府」一事，其餘枝節皆從此一事而生。二親之遭凶，五娘之盡孝，拐兒之騙財匿書，張大公之疏財仗義，皆由於此。是「重婚牛府」四字，即作《琵琶記》之主腦也。一部《西廂》止為張君瑞一人，而張君瑞一人又止為「白馬解圍」一事，其餘枝節皆從此一事而生。夫子之許婚，張生之望配，紅娘之勇於作合，鶯鶯之敢於失身，與鄭恒之力爭原配而不得，皆由於此。是「白馬解圍」四字即作《西廂記》之主腦也。餘劇皆然，不能悉指。後人作傳奇，但知為一人而作，不知為一事而作。盡此一人所行之事，逐節鋪陳，有如散金碎玉，以作零齣則可，謂之全本，則為斷線之珠，無梁之屋。作者茫然無緒，觀者寂然無聲，又怪乎有識梨園，望之而卻走也。此語未經提破，故犯者孔多，而今而後，吾知鮮矣。

【脫窠臼】「人惟求舊，物惟求新。」新也者，天下事物之美稱也。而文章一道，較之他物，尤加倍焉。戛戛乎陳言務去，求新之謂也。至於填詞一道，較之詩賦古文，又加倍焉。非特前人所作，於今為舊，即出我一人之手，今之視昨，亦有問焉。昨已見而今未見也，知未見之為新，即知已見之為舊矣。古人呼劇本為「傳奇」者，因其事甚奇特，未經人見而傳之，是以得名，可見非奇不傳。「新」即「奇」之別名也。若此等情節業已見之戲場，則千人共見，萬人共見，絕無奇矣，焉用傳之？是以填詞之家務解「傳奇」二字。欲為此劇，先問古今院本中曾有此等情節與否，如其未有，則急急傳之，否則枉費辛勤，徒作效顰之婦。東施之貌未必醜於西施，止為效顰於人，遂蒙千古之誚。使當日逆料至此，即勸之捧心，知不屑矣。吾謂填詞之難，莫難於洗滌窠白，而填詞之陋，亦莫陋於盜襲窠白。吾觀近日之新劇，非新劇也，皆老僧碎補之衲衣，醫士合成之湯藥。即眾劇之所有，彼割一段，此割一段，合而成之，即是一種「傳奇」。但有耳所未聞之姓名，從無目不經見之事實。語云「千金之裘，非一狐之腋」，以此贊時人新劇，可謂定評。但不知前人所作，又從何處集來？豈《西廂》以前別有跳牆之張珙？《琵琶》以上另有剪髮之趙五娘乎？若是，則何以原本不傳而傳其抄本也？窠白不脫，難語填詞，凡我同心，急宜參酌。

【密針線】編戲有如縫衣，其初則以完全者剪碎，其後又以剪碎者湊成。剪碎易，湊成難，湊成之工，全在針線緊密。一節偶疏，全篇之破綻出矣。每編一折，必須前顧數折，後顧數折。顧前者欲其照映，顧後者便於埋伏。照映埋伏，不止照映一人、埋伏一事，凡是此劇中有名之人、關涉之事，與前此後此所說之話，節節俱要想到，寧使想到而不用，勿使有用而忽之。吾觀今日之傳奇，事事皆遜元人，獨於埋伏照映處勝彼一籌。非今人之太工，以元人所長全不在此也。若以針線論，元曲之最疏者莫過於《琵琶》。無論大關節目背謬甚多，如子中狀元三載而家人不知；身贅相府，享盡榮華，不能自遣一僕，而附家報於路人；趙五娘千里尋夫，隻身無伴，未審果能全節與否，其誰證之？諸如此類，皆背理妨倫之甚者。再取小節論之，如五娘之剪髮，乃作者自為之，當日必無其事。以有疏財仗義之張大公在，受人之託，必能終人之事，未有坐視不顧，而致其剪髮者也。然不剪髮，不足以見五娘之孝。以我作《琵琶》，《剪髮》一折亦必不能少，但須迴護張大公，使之自留地步。吾讀《剪髮》之曲，並無一字照管大公，且若有心譏刺者。據五娘云：「前日婆婆沒了，虧大公周濟。如今公公又死，無錢資送，不好再去求他，只得剪髮。」云云。若是，則剪髮一事乃自願為之，非時勢迫之使然也，奈何曲中云：「非奴苦要孝名傳，只為上山擒虎易，開口告人難。」此二語雖屬恒言，人人可道，獨不宜出五娘之口。彼自不肯告人，何以言其難也？觀此二語，不似懟怨大公之詞乎？然此猶屬背後私言，或可免於照顧。迨其哭倒在地，大公見之，許送錢米相資，以備衣衾棺槨，則感之頌之，當有不啻口出者矣，奈何曲中又云：「祇恐奴身死也，兀自沒人埋，誰還你恩債？」試問公死而埋者何人？姑死而埋者何人？對埋殮公姑之人而自言暴露，將置大公於何地乎？且大公之相資，尚義也，非圖利也，「誰還恩債」一語，不幾抹倒大公，將一版熱腸付之冷水乎？此等詞曲，幸而出自元人，若出我輩，則群口訕之，不識置身何地矣。予非敢於仇古，既為詞曲立言，必使人知取法，若扭於世俗之見，謂事事當法元人，吾恐未得其瑜，先有其瑕。人或非之，即舉元人藉口，烏知聖人千慮，必有一失；聖人之事，猶有不可盡法者，況其他乎？《琵琶》之可法者原多，請舉所長以蓋短。如《中秋賞月》一折，同一月也，出於牛氏之口者，言言歡悅；出於伯喈之口者，字字淒涼。一座兩情，兩情一事，此其針線之最密者。瑕不掩瑜，何妨並舉其略。然傳奇一事也，其中義理分為三項：曲也，白也，穿插聯絡之關目也。元人所長者止居其一，曲是也，白與關目皆其所短。吾於元人但守其詞中繩墨而已矣。

【減頭緒】頭緒繁多，傳奇之大病也。《荊》《劉》《拜》《殺》（《荊釵記》《劉知遠》《拜月亭》《殺狗記》）之得傳於後，止為一線到底，並無旁見側出之情。三尺童子觀演此劇，皆能了了於心，便便於口，以其始終無二事，貫串衹一人也。後來作者不講根源，單籌枝節，謂多一人可謂一人之事。事多則關目亦多，令觀場者如入山陰道中，人人應接不暇。殊不知戲場腳色，止此數人，便換千百個姓名，也只此數人裝扮，止在上場之勤不勤，不在姓名之換不換。與其忽張忽李，令人莫識從來，何如只扮數人，使之頻上頻下，易其事而不易其人，使觀者各暢懷來，如逢故物之為愈乎？作傳奇者能以「頭緒忌繁」四字刻刻關心，則思路不分，文情專一，其為詞也，如孤桐勁竹，直上無枝，雖難保其必傳，然已有《荊》《劉》《拜》《殺》之勢矣。

【戒荒唐】昔人云：「畫鬼魅易，畫狗馬難。」以鬼魅無形，畫之不似，難於稽考。狗馬為人所習見，一筆稍乖，是人得以指摘。可見事涉荒唐，即文人藏拙之具也。而近日傳奇獨工於為此。噫，活人見鬼，其兆不祥，矧有吉事之家動出魑魅魍魎為壽乎？移風易俗，當自此始。吾謂劇本非他，即三代以後之《韶》《濩》也。殷俗尚鬼，猶不聞以怪誕不經之事被諸聲樂，奏於廟堂，矧闢謬崇真之盛世乎？王道本乎人情，凡作傳奇，祇當求於耳目之前，不當索諸聞見之外。無論詞曲，古今文字皆然。凡說人情物理者，千古相傳；凡涉荒唐怪異者，當日即朽。《五經》《四書》《左》《國》《史》《漢》，以及唐、宋諸大家，何一不說人情？何一不關物理？及今家傳戶頌，有怪其平易而廢之者乎？《齊諧》，志怪之書也，當日僅存其名，後世未見其實。此非平易可久、怪誕不傳之明驗歟？人謂家常日用之事，已被前人做盡，究微極穩，纖芥無遺，非好奇也，求為平而不可得也。予曰：「不然。」世間奇事無多，常事為多，物理易盡，人情難盡。有一日之君臣父子，即有一日之忠孝節義。性之所發，愈出愈奇，盡有前人未作之事，留之以待後人，後人猛發之心，較之勝於先輩者。即就婦人女子言之，女德莫過於貞，婦愆無甚於妒。古來貞女守節之事，自剪髮、斷臂、刺面、毀身，以至刎頸而止矣。近日失貞之婦，竟有刲腸剖腹，自塗肝腦於貴人之庭以鳴不屈者；又有不持利器，談笑而終其身，若老衲高僧之坐化者。豈非五倫以內自有變化不窮之事乎？古來妒婦制夫之條，自罰跪、戒眠、捧燈、戴水，以至撲臀而止矣。近日妒悍之流，竟有鎖門絕食，遷怒於人，使族黨避禍難前，坐視其死而莫之救者；又有鞭撲不加，囹圄不設，寬仁大度，若有刑措之風，而其夫攝於不怒之威，自遣其妾而歸化者。豈非閨閫以內便有日異月新之事乎？此類繁多，不能枚舉。此言前人未見之事，後人見之，可備填詞製曲之用者也。即前人已見之事，盡有摹寫未盡之情，描畫不全之態。若能設身處地，伐隱攻微，彼泉下之人，自能效靈於我，授以生花之筆，假以蘊繡之腸，製為雜劇，使人但賞極新極豔之詞，而意忘其為極腐極陳之事者。此為最上一乘。予有志焉，而未之逮也。

【審虛實】傳奇所用之事，或古或今，有虛有實，隨人拈取。古者，書籍所載，古人現成之事也；今者，耳目傳聞，當時僅見之事也；實者，就事敷陳，不假造作，有根有據之謂也；虛者，空中樓閣，隨意構成，無影無形之謂也。人謂古事實多，近事多虛。予曰:「不然。」傳奇無實，大半皆寓言耳。欲勸人為孝，則舉一孝子出名，但有一行可紀，則不必盡有其事。凡屬孝親所應有者，悉取而回之，亦猶「紂之不善，不如是之甚也，一居下流，天下之惡皆歸焉。」其餘表忠表節，與種種勸人為善之劇，率同於此。若謂古事皆實，則《西廂》《琵琶》推出曲中之祖，鶯鶯果嫁君瑞乎？蔡邕之餓莩其親，五娘之干蠱其夫，見於何書？果有實據乎？孟子云:「盡信書，不如無書。」蓋指《武成》而言也。經史且然，矧雜劇乎？凡閱傳奇而必考其事從何來、人居何地者，皆說夢之癡人，可以不答者也。然作者秉筆，又不宜盡作是觀。若紀目前之事，無所考究，則非特事蹟可以幻生，並其人之姓名亦可以憑空捏造，是謂虛則虛到底也。若用往事為題，以一古人出名，則滿場腳色皆用古人，捏一姓名不得；其人所行之事，又必本於載籍，班班可考，創一事實不得。非用古人姓字為難，使與滿場腳色同時共事之為難也；非查古人事實為難，使與本等情由貫串合一之為難也。予即謂傳奇無實，大半寓言，何以又云姓名事實必須有本？要知古人填古事易，今人填古事難。古人填古事，猶之今人填今事，非其不慮不考，無可考也。傳至於今，則其人其事，觀者爛熟於胸中，欺之不得，罔之不能，所以必求可據，是謂實則實到底也。若用一二古人作主，因無陪客，幻設姓名以代之，則虛不似虛，實不成實，詞家之醜態也，切忌犯之。

【詞采第二】曲與詩餘，同是一種文字。古今刻本中，詩餘能佳而曲不能盡佳音，詩餘可選而曲不可選也。詩餘最短，每篇不過數十字，作者雖多，入選者不多，棄短取長，是以但見其美。曲文最長，每折必須數曲，每部必須數十折，非八斗長才，不能始終如一。微疵偶見者有之，瑕瑜並陳者有之，尚有踊躍於前，懈弛於後，不得已而為狗尾貂續者亦有之。演者觀者既存此曲，只得取其所長，恕其所短，首尾並錄。無一部而刪去數折，止存數折，一出而抹去數曲，止存數曲之理。此戲曲不能盡佳，有為數折可取而挈帶全篇，一曲可取而挈帶全折，使瓦缶與金石齊鳴者，職是故也。予謂既工此道，當如畫士之傳真，閨女之刺繡，一筆稍差，便慮神情不似，一針偶缺，即防花鳥變形。使全部傳奇之曲，得似詩餘選本如《花間》《草堂》諸集，首首有可珍之句，句句有可寶之字，則不愧填詞之名，無論必傳，即傳之千萬年，亦非僥倖而得者矣。吾於古曲之中取其全本不懈、多瑜鮮瑕者，惟《西廂》能之。《琵琶》則如漢高用兵，勝敗不一，其得一勝而王者，命也，非戰之力也。《荊》

《劉》《拜》《殺》之傳，則全賴音律。文章一道，置之不論可矣。

【貴顯淺】曲文之詞采，與詩文之詞采非但不同，且要判然相反。何也？詩文之詞采，貴典雅而賤粗俗，宜蘊藉而忌分明。詞曲不然，話則本之街談巷議，事則取其直說明言。凡讀傳奇而有令人費解，或初閱不見其佳，深思而後得其意之所在者，便非絕妙好詞，不問而知為今曲，非元典也。元人非不讀書，而所製之曲絕無一毫書本氣，以其有書而不用，非當用而無書也，後人之曲則滿紙皆書矣。元人非不深心，而所填之詞皆覺過於淺近，以其深而出之以淺，非借淺以文其不深也，後人之詞則心口皆深矣。無論其他，即湯若士《還魂》一劇，世以配饗元人，宜也。問其精華所在，則以《驚夢》《尋夢》二折對。予謂二折雖佳，猶是今曲，非元曲也。《驚夢》首句云：「嫋晴絲，吹來閒庭院，搖漾春如線。」以游絲一縷，逗起情絲，發端一語，即費如許深心，可謂慘淡經營矣。然聽歌《牡丹亭》者，百人之中有一二人解出此意否？若謂製曲初心並不在此，不過因所見以起興，則瞥見游絲，不妨直說，何須曲而又曲，由晴絲而說及春，由春與晴絲而悟其如線也？若云作此原有深心，則恐索解人不易得矣。索解人既不易得，又何必奏之歌筵，俾雅人俗子同聞而共見乎？其餘「停半晌，整花鈿，沒揣菱花，偷人半面」及「良辰美景奈何天，賞心樂事誰家院」，「遍青山，啼紅了杜鵑」等語，字字俱費經營，字字皆欠明爽。此等妙語，止可作文字觀，不得作傳奇觀。至如末幅「似蟲兒般蠢動，把風情扇」，與「恨不得肉兒般團成片也，逗的個日下胭脂雨上鮮」，《尋夢》曲云：「明放著白日青天，猛教人抓不到夢魂前」，「是這答兒壓黃金釧匾」，此等曲，則去元人不遠矣。而予最賞心者，不專在《驚夢》《尋夢》二折，謂其心花筆蕊，散見於前後各折之中。《珍祟》曲云：「看你春歸何處歸，春睡何曾睡，氣絲兒，怎度的長天日。」「夢去知他實實誰，病來只送得個虛虛的你。做行雲，先渴倒在巫陽會。」「又不得困人天氣，中酒心期，魆魆的常如醉。」「承尊覷，何時何日，來看這女顏回？」《憶女》曲云：「地老天昏，沒處把老娘安頓。」「你怎撇得下萬里無兒白髮親。」「賞春香還是你舊羅裙。」《玩真》曲云：「如愁欲語，只少口氣兒呵。」「叫的你噴嚏似天花唾。動凌波，盈盈欲下，不見影兒那。」此等曲，則純乎元人，置之《百種》前後，幾不能辨，以其意深詞淺，全無一毫書本氣也。若論填詞家宜用之書，則無論經傳子史以及詩賦古文，無一不當熟讀，即道家佛氏、九流百工之書，下至孩童所習《千字文》《百家姓》，無一不在所用之中。至於形之筆端，落於紙上，則宜洗濯殆盡。亦偶有用著成語之處，點出舊事之時，妙在信手拈來，無心巧合，竟似古人尋我，並非我覓古人。此等造詣，非可言傳，只宜多購元曲，寢食其中，自能為其所化。而元曲之最佳者，不單在《西廂》《琵琶》二劇，而在《元人百種》之中。《百種》亦不能盡佳，十有一二可列高、王之上，其不致家弦戶誦，出與二劇爭雄者，以其是雜劇而非全本，多北曲而少南音，又止可被諸管絃，不便奏之場上。今時所重，皆在彼而不在此，即欲不為紈扇之捐，其可得乎？

【重機趣】「機趣」二字，填詞家必不可少。機者，傳奇之精神；趣者，傳奇之風致。少此二物，則如泥人土馬，有生形而無生氣。因作者逐句湊成，遂使觀場者逐段記憶，稍不留心，則看到第二曲，不記頭一曲是何等情形，看到第二折，不知第三折要作何勾當。是心口徒勞，耳目俱澀，何必以此自苦，而復苦百千萬億之人哉？故填詞之中，勿使有斷續痕，勿使有道學氣。所謂無斷續痕者，非止一齣接一齣，一人頂一人，務使承上接下，血脈相連，即於情事截然絕不相關之處，亦有連環細筍伏於其中，看到後來方知其妙，如藕於未切之時，先長暗絲以待，絲於絡成之後，才知作繭之精，此言機之不可少也。所謂無道學氣者，非但風流跌宕之曲、花前月下之情，當以板腐為戒，即談忠孝節義與說悲苦哀怨之情，亦當抑聖為狂，寓哭於笑，如王陽明之講道學，則得詞中三昧矣。陽明登壇講學，反覆辨說「良知」二字，一愚人訊之曰：「請問『良知』這件東西，還是白的？還是黑的？」陽明曰：「也不白，也不黑，只是一點帶赤的，便是良知了。」照此法填詞，則離合悲歡，嘻笑怒罵，無一語一字不帶機趣而行矣。予又謂填詞種子，要在性中帶來，性中無此，做殺不佳。人問：「性之有無，何從辯識？」予曰：「不難，觀其說話行文，即知之矣。說話不迂腐，十句之中定有一二句超脫，行文不板實，一篇之內但有一二段空靈，此即可以填詞之人也。不則另尋別計，不當以有用精神，費之無益之地。噫，『性中帶來』一語，事事皆然，不獨填詞一節。凡作詩文書畫、飲酒鬥棋與百工技藝之事，無一不具夙根，無一不本天授。強而後能者，畢竟是半路出家，止可冒齋飯吃，不能成佛作祖也。」

【戒浮泛】詞貴顯淺之說，前已道之詳矣。然一味顯淺而不知分別，則將日流粗俗，求為文人之筆而不可得矣。元曲多犯此病，乃矯艱深隱晦之弊而過焉者也。極粗極俗之語，未嘗不入填詞，但宜從腳色起見。如在花面口中，則惟恐不粗不俗，一涉生旦之曲，便宜斟酌其詞。無論生為衣冠仕宦，旦為小姐夫人，出言吐詞當有雋雅春容之度。即使生為僕從，旦作梅香，亦須擇言而發，不與淨丑同聲。以生旦有生旦之體，淨丑有淨丑之腔故也。元人不察，多混用之。觀《幽閨記》之陀滿興福，乃小生腳色，初屈後伸之人也。其《避兵》曲云：「遙觀巡捕卒，都是棒和槍。」此花面口吻，非小生曲也。均是常談俗語，有當用於此者，有當用於彼者。又有極粗極俗之語，止更一二字，或增減一二字，便成絕新絕雅之文者。神而明之，只在一熟。當存其說，以俟其人。填詞義理無窮，說何人，肖何人，議某事，切某事，文章頭緒之最繁者，莫填詞若矣。予謂總其大綱，則不出「情景」二字。景書所睹，情發欲言，情自中生，景由外得，二者難易之分，判如霄壤。以情乃一人之情，說張三要像張三，難通融於李四。景乃眾人之景，寫春夏盡是春夏，止分別於秋冬。善填詞者，當為所難，勿趨其易。批點傳奇者，每遇遊山玩水、賞月觀花等曲，見其止書所見，不及中情者，有十分佳處，只好算得五分，以風雲月露之詞，工者盡多，不從此劇始也。善詠物者，妙在即景生情。如前所云《琵琶・賞月》四曲，同一月也，牛氏有牛氏之月，伯喈有伯喈之月。所言者月，所寓者心。牛氏所說之月可移一句於伯喈？伯喈所說之月可挪一字於牛氏乎？夫妻二人之語猶不可挪移混用，況他人乎？人謂此等妙曲，工者有幾，強人以所不能，是塞填詞之路也。予曰：「不然。」作文之事，貴於專一。專則生巧，散乃入愚；專則易於奏工，散者難於責效。百工居肆，欲其專也；眾楚群咻，喻其散也。捨情言景，不過圖其省力，殊不知眼前景物繁多，當從何處說起。詠花既愁遺鳥，賦月又想兼風。若使逐件鋪張，則慮事多曲少；欲以數言包括，又防事短情長。展轉推敲，已費心思幾許，何如祇就本人生發，自有欲為之事，自有待說之情，念不旁分，妙理自出。如發科發甲之人，窗下作文，每日止能一篇二篇，場中遂至七篇。窗下之一篇二篇未必盡好，而場中之七篇，反能盡發所長，而奪千人之幟者，以其念不旁分，舍本題之外，並無別題可做，只得走此一條路也。吾欲填詞家捨景言情，非責人以難，正欲其捨難就易開。

【忌填塞】填塞之病有三：多引古事，迭用人名，直書成句。其所以致病之由亦有三：借典核以明博雅，假脂粉以見風姿，取現成以免思索。而總此三病與致病之由之故，則在一語。一語維何？曰：「從未經人道破。」一經道破，則俗語云「說破不值半文錢」，再犯此病者鮮矣。古來填詞之家，未嘗不引古事，未嘗不用人名，未嘗不書現成之句，而所引所用與所書者，則有別焉；其事不取幽深，其人不搜隱僻，其句則採街談巷議。即有時偶涉詩書，亦係耳根聽熟之語，舌端調慣之文，雖出詩書，實與街談巷議無別者。總而言之，傳奇不比文章，文章做與讀書人看，故不怪其深，戲文做與讀書人與不讀書人同看，又與不讀書之婦人、小兒同看，故貴淺不貴深。使文章之設亦為與讀書人、不讀書人及婦人小兒同看，則古來聖賢所作之經傳亦祇淺而不深，如今世之為小說矣。人曰：「文人之傳奇與著書無別，假此以見其才也，淺則才於何見？」予曰：「能於淺處見才，方是文章高手。」施耐庵之《水滸》，王實甫之《西廂》，世人盡作戲文、小說看，金聖歎特標其名曰「五才子書」「六才子書」者，其意何居？蓋憤天下之小視其道，不知為古今來絕大文章，故作此等驚人語以標其目。噫，知言哉！

【音律第三】作文之最樂者，莫如填詞，其最苦者，亦莫如填詞。填詞之樂，詳後《賓白》之第二幅，上天入地，作佛成仙，無一不隨意到，較之南面百城，洵有過焉者矣。至說其苦，亦有千態萬狀，擬之悲傷疾痛、桎梏幽囚諸逆境，殆有甚焉者。請詳言之。他種文字，隨人長短，聽我張弛，總無限定之資格。今置散體弗論，而論其分股、限字與調與叶律者。分股則帖括時文是已。先破後承，始開終結，內分八股，股股相對，繩墨不為不嚴矣；然其股法、句法，長短由人，未嘗限之以數，雖嚴而不謂之嚴也。限字則四六排偶之文是已。語有一定之字，字有一定之聲，對必同心，意難合掌，矩度不為不肅矣；然止限以數，未定以位，止限以聲，未拘以格，上四下六可，上六下四亦未嘗不可，仄平平仄可，平仄仄平亦未嘗不可，雖肅而實未嘗肅也。調聲叶調，又兼分股限字之文，則詩中之近體是已。起句五言，是句句五言，起句七言，則句句七言，起句用某韻，則以下俱用某韻，起句第二字用平聲，則下句第二字定用仄聲，第三、第四又復顛倒用之，前人立法亦云苛且密矣。然起句五言，句句五言，起句七言，句句七言，便有成法可守，想入五言一路，則七言之句不來矣；起句用某韻，以下俱用某韻，起句第二字用平聲，下句第二字定用仄聲，則拈得平聲之韻，上去入三聲之韻，皆可置之不問矣；守定平仄、仄平二語，再無變更，自一乎以至千百首皆出一轍，保無朝更夕改之令阻人適從矣，是其苛猶未甚，密猶未至也。至於填詞一道，則句之長短，字之多寡，聲之平上去入，韻之清濁陰陽，皆有一定不移之格。長者短一線不能，少者增一字不得，又復忽長忽短，時少時多，令人把握不定。當平者平，用一仄字不得；當陰者陰，換一陽字不能。調得平仄成文，又慮陰陽反覆；分得陰陽清楚，又與聲韻乖張。令人攪斷肺腸，煩苦欲絕。此等苛法，盡勾磨人。作者處此，但能布置得宜，安頓極妥，便是千幸成幸之事，尚能計其詞品之低昂，文情之工拙乎？予襁褓識字，總角成篇，於詩書六藝之文，雖未精窮其義，然皆淺涉一過。總諸體百家而論之，覺文字之難，未有過於填詞者。予童而習之，於今老矣，尚未窺見一斑。祇以管窺蛙見之識，謬語同心；虛赤幟於詞壇，以待將來。作者能於此種艱難文字顯出奇能，字字在聲音律法之中，言言無資格拘攣之苦，如蓮花生在火上，仙叟弈於桔中，始為盤根錯節之才，八面玲瓏之筆，壽名千古，衾影何慚！而千古上下之題品文藝者，看到傳奇一種，當易心換眼，別置典刑。要知此種文字作之可憐，出之不易，其楮墨筆硯非同己物，有如假自他人，耳目心思效用不能，到處為人掣肘，非若詩賦古文，容其得意疾書，不受神牽鬼制者。七分佳處，便可許作十分，若到十分，即可敵他種文字之二十分矣。予非左袒詞家，實欲主持公道，如其不信，但請作者同拈一題，先作文一篇或詩一首，再作填詞一曲，試其孰難孰易，誰拙推工，即知予言之不謬矣。然難易自知，工拙必須人辨。詞曲中音律之壞，壞於《南西廂》。凡有作者，當以之為戒，不當取之為法。非止音律，文藝亦然。請詳言之。填詞隊雜劇不論，止論全本，其文字之佳，音律之妙，未有過於《北西廂》者。自南本一出，遂變極佳者為極不佳，極妙者為極不妙。推其初意，亦有可原，不過因北本為詞曲之豪，人人贊羨，但可被之管絃，不便奏諸場上，但宜於弋陽、四平等俗優，不便強施於昆調，以係北曲而非南曲也。茲請先言其故。北曲一折，止隸一人，雖有數人在場，其曲止出一口，從無互歌迭詠之事。弋陽、四平等腔，字多音少，一泄而盡，又有一人啟口，數人接腔者，名為一人，實出眾口，故演《北西廂》甚易。昆調悠長，一字可抵數字，每唱一曲，又必一人始之，一人終之，無可助一臂者，以長江大河之全曲，而專責一人，即有銅喉鐵齒，其能勝此重任乎？此北本雖佳，吳音不能奏也。作《南西廂》者，意在補此缺陷，遂割裂其詞，增添其白，易北為南，撰成此劇，亦可謂善用古人，喜傳佳事者矣。然自予論之，此人之於作者，可謂功之首而罪之魁矣。所謂功之首者，非得此春，則俗優競演，雅調無聞，作者苦心，雖傳實沒。所謂罪之魁者，千金狐腋，剪作鴻毛，一片精金，點成頑鐵。若是者何？以其有用古之心而無其具也。今之觀演此劇者，但知關目動人，詞曲悅耳，亦曾細嘗其味，演繹其詞乎？使讀書作古之人，取《西廂》南本一閱，句櫛字比，未有不廢卷掩鼻，而怪穢氣薰人者也。若曰詞曲情文不淡，以其就北本增刪，割彼湊此，自難帖合，雖有才力無所施也。然則賓白之文皆由己作，並未依傍原本，何以有才不用、有力不施而為俗口鄙惡之談以穢聽者之耳乎？且曲文之中盡有不就原本增刪，或自填一折以補原本之缺略，自撰一曲參作諸曲之過文者，此則束縛無人，操縱由我，何以有才不用、有力不施亦作勉強支吾之句以混觀者之目乎？使王實甫復生，看演此劇，非狂叫怒罵，索改本而付之祝融，即痛哭流涕，對原本而悲其不幸矣。嘻！續《西廂》者之才，去作《西廂》者，止爭一間，觀者群加非議，謂《驚夢》以後諸曲有如狗尾續貂。以彼之才，較之作《南西廂》者，豈特奴婢之於郎主，直帝王之視乞丐！乃今之觀者，彼施責備，而此獨包容，已不可解；且令家尸戶祝，居然配饗《琵琶》，非特實甫呼冤，且使則誠號屈矣！予生平最惡弋陽、四平等劇，見則趨而避之，但聞其搬演《西廂》，則樂觀恐後。何也？以其腔調雖惡，而曲文未改，仍是完全不破之《西廂》，非改頭換面、折手跛足之《西廂》也。南本則聾瞽、喑啞、馱背、折腰諸惡狀無一不備於身矣。非但責其文詞，未究音律。從來詞曲之旨，首嚴宮調，次及聲音，次及字格。九宮十三調，南曲之門戶也。小齣可以不拘，其成套大曲，則分門別戶，各有依歸，非但彼此不可通融，次第亦難紊亂。此劇只因改北成南，遂變盡詞場格局：或因前曲與前曲字句相同，後曲與後曲體段不合，遂向別宮別調隨取一曲以聯絡之，此宮調之不能盡合也；或彼曲與此曲牌名巧湊，其中但有一二句字數不符，如其可增可減，即增減就之，否則任其多寡，以解補湊不來之厄，此字格之不能盡符也；至於平仄陰陽與逐句所叶之韻，較此二者其難十倍，誅將不勝誅，此聲音之不能盡叶也。詞家所重在此三者，而三者之弊，未嘗缺一，能使天下相傳，久而不廢，豈非咄咄怪事乎？更可異者，近日詞人因其熟於梨園之口，習於觀者之目，謂此曲第一當行，可以取法，用作曲譜；所填之詞，凡有不合成律者，他人執而訊之，則曰：「我用《南西廂》某折作對子，如何得錯！」噫，玷《西廂》名目者此人，壞詞場矩度者此人，誤天下後世之蒼生者亦此人也。此等情弊，予不急為拈出，則《南西廂》之流毒當至何年何代而已乎！向在都門，魏貞庵相國取崔鄭合葬墓誌銘示予，命予作《北西廂》翻本，以正從前之謬。予謝不敏，謂天下已傳之書，無論是非可否，悉宜聽之，不當奮其死力與較短長。較之而非，舉世起而非我；即較之而是，舉世亦起而非我。何也？貴遠賤近，慕古薄今，天下之通情也。誰肯以千古不朽之名人抑之使出時流下？彼文足以傳世，業有明徵；我力足以降人，尚無實據。以無據敵有徵，其敗可立見也。時龔芝麓先生亦在座，與貞庵相國均以予言為然。向有一人欲改《北西廂》，又有一人欲續《水滸傳》，同商於予。予曰：「《西廂》非不可改，《水滸》非不可續，然無奈二書已傳，萬口交贊，其高踞詞壇之座位，業如泰山之隱、磐石之固，欲遽叱之使起而讓席於予，此萬不可得之數也。無論所改之《西廂》，所續之《水滸》，未必可繼後塵，即使高出前人數倍，吾知舉世之人不約而同，皆以『續貂蛇足』四字為新作之定評矣。」二人唯唯而去。此予由衷之言，向以誡人，而今不以之繩己，動數前人之過者，其意何居？曰存其是也。放鄭聲者，非讐鄭聲，存雅樂也；辟異端者，非讐異端，存正道也。予之力斥《南西廂》，非分《南西廂》，欲存《北西廂》之本來面目也。若謂前人盡不可議，前書盡不可毀，則楊朱、墨翟亦是前人，鄭聲未必無底本，有之亦是前書，何以古聖賢放之辟之不遺餘力哉？予又謂《北西廂》不可改，《南西廂》則不可不翻，何也？世人喜觀此劇，非故嗜痂，因此劇之外別無善本，欲睹崔、張舊事，捨此無由。地乏朱砂，赤土為佳，《南西廂》之得以浪傳，職是故也。使得一人焉，起而痛反其失，別出新裁，創為南本，師實甫之意，而不必更襲其詞，祖漢卿之心，而不獨僅續其後，若與《北西廂》角勝爭雄，則可謂難之又難，若止與《南西廂》賭長較短，則猶恐屑而不屑。予雖乏才，請當斯任，救饑有暇，當即拈毫。《南西廂》翻本既不可無，予又因此及彼，而有志於《北琵琶》一劇。蔡中郎夫婦之傳，既以《琵琶》得名，則「琵琶」二字乃一篇之主，而當年作者何以僅標其名，不見拈弄真實？使趙五娘描容之後，果然身背琵琶，往別張大公，彈出北曲哀聲一大套，使觀者聽者涕泗橫流，豈非《琵琶記》中一大暢事？而當年見不及此者，豈元人各有所長，工南詞者不善製北曲耶？使王實甫作《琵琶》，吾知與千載後之李笠翁必有同心矣。予雖乏才，亦不敢不當斯任。向填一折付優人，補則誠原本之不逮，茲已附入四卷之末，尚思擴為全本，以備詞人採擇，如其可用，譜為絃索新聲，若是，則《南西廂》《北琵琶》二書可以並行。雖不敢望追蹤前哲，並轡時賢，但能保與自手所填諸曲（如已經行世之前後八種，及已填未刻之內外八種）合而較之，必有淺深疏密之分矣。然著此二書，必須杜門累月，竊恐饑為驅人，勢不由我。安得雨珠雨粟之天，為數十口家人籌生計乎？傷哉！貧也。

【一戒剽竊陳言】不佞半世操觚，不攘他人一字。空疏自愧者有之，誕妄貽譏者有之，至於剿窠襲臼，嚼前人唾餘，而謬謂舌花新發者，則不特自信其無，而海內名賢亦盡知其不屑有也。然從前雜刻，新則新矣，猶是一歲一生之草，非百年一伐之木！草之青也可愛，枯則可焚。木即不堪為棟為梁，然欲刈而薪之，則人有不忍於心者矣。故知是集也者，其初出則為乍生之草，即其既陳既腐，猶可比於不忍為薪之木，以其可斫可雕而適於用也。以較鄴架名編則不足，以角奚囊舊著則有餘。閱是編者，請由始迄終，驗其是新是舊。如覓得一語為他書所現載，人口所既言者，則作者非他，即武庫之穿窬，詞場之大盜也。

【一戒網羅舊集】數十年來，述作名家皆有著書捷徑，以隻字片言之少，可釀為連篇累牘之繁。如有連篇累牘之繁，即可變為汗牛充棟之富。何也？以其製作新言綴於簡首，隨集古今名論附而益之。如說天文，即纂天文所有諸往事及前人所作諸詞賦以實之。地理亦然，人物、鳥獸、草木諸類盡然。作而兼之以述，有事半功倍之能，真良法也。鄙見則謂著則成著，述則成述，不應首鼠二端。寧捉襟肘以露貧，不借裘馬以彰富。有則還吾故有，無則安其本無。不載舊本之一言，以補新書之偶缺；不借前人之隻字，以證後事之不經。觀者於諸項之中，幸勿事事求全，言言責備！此新耳目之書，非備考核之書也。

【一戒支離補湊】有怪此書立法未備者，謂既有心作古，當使物物盡有成規，胡一類之中止言數事？予應之曰：醫貴專門，忌其雜也，雜則有驗有不驗矣。史貴能缺，「夏五」「郭公」之不增一字，不正其訛者，以示能缺；缺斯可信，備則開天下後世之疑矣。使如子言而求諸事皆備，一物不遺，則支離補湊之病見，人將疑其可疑，而並疑其可信。是故良法不行於世，皆求全一念誤之也。予以一人而僭陳八事，由詞曲演習以及種植頤養，雖曰多能鄙事，賤者之常，然猶自病其太雜，終不得比於專門之醫，奈何欲舉星相、醫卜、堪輿、日者之事，而並責之一人乎？其人否否而退。八事之中，事事立法者止有六種，至《飲饌》《種植》二部之所言者，不盡是法，多以評論間之，寧以支離二字立論，不敢以之立法者，恐誤天下之人也。然自謂立論之長，猶勝於立法。請質之海內名公，果能免於支離之誚否？

前塵夢影錄二卷　（清）徐康撰

徐康（1814～1888？），字子晉，號窳叟，別署玉蟾館主，長洲人。諸生。博雅嗜古，世擅岐黃，工詩畫，擅書法，工篆隸，尤精鑒別。生平事蹟見《廣印人傳》《畫家知希錄》卷一。著有《前塵夢影錄》《神明鏡詩》。《前塵夢影錄》卷下稱：「余曾著《虛字淺說》一卷。又《古人別號錄》兩冊，自周秦至本朝，由三字至多字不等。助我者，沈均初為多。自經兵燹，家中書箱蕩然，此兩種亦一同遭劫矣。」〔註 689〕

此書多為古董家言，娓娓道來，有如藝人說書，頗能引人入勝，如談毛氏刻書曰：「汲古閣在虞山郭外十餘里，藏書刊書皆於是，今析隸昭邑界。剞劂工陶洪、湖孰、方山、溧水人居多，開工於萬曆中葉，至啟、禎時，留都沿江啘鼿，毛氏廣招刻工，以『十三經』『十七史』為主。其時銀串每兩不及七百文，三分銀刻一百字，所刻經史子集、道經釋典品類甚繁。當其時，盜賊蠭起，毛氏賴工多保家，至國朝初年，家亦因此中落。有子三，曰扆，曰褒，曰表。扆字斧季，最著名。即抄本亦精校影寫，風流文采，照映一時。下至童奴青衣，亦能抄錄。所藏書多秘籍，後歸之季滄葦。三十年前在紫珊齋中見《汲古閣圖》山水掛屏，煙嵐幽秀，峰斷雲連，頗有名人筆意，惜忘為何人所繪矣。」〔註 690〕如此前塵夢影，譬之過眼煙雲，或興滄桑之感，或起惆悵之思。〔註 691〕又曰：「松江沈綺雲所刻宋本《梅花喜神譜》，頗為

〔註 689〕參見沈津：《前塵夢影錄序》，見其新浪博客。2020 年 3 月 9 日 12：34 訪問。

〔註 690〕葉德輝《書林清話》卷一《總論刻書之益》：「按此因刻書或子孫食其祿，或亂世保其家，或數百年板本流傳，令人景仰，故張文襄之洞《書目答問》附勸人刻書說云：『凡有力好事之人，若自揣德業學問不足過人，而欲求不朽者，莫如刊布古書一法。其書終古不廢，則刻書之人終古不泯。如歙之鮑、吳之黃、南海之伍、金山之錢，可決其五百年中必不泯滅，豈不勝於自著書自刻集乎？且刻書者，傳先哲之精蘊，啟後學之困蒙，亦利濟之先務，積善之雅談也。』文襄倡此言，故光緒以來，海內刻書之風，幾視乾嘉時相倍。而文襄僅在粵督任內刻《廣雅叢書》百數十種，自後移節兩湖幾二十年，吾屢以續刻為請，公絕不措意。蓋是時朝野上下，爭以捨舊圖新、變法強國為媒進，一倡百和。公亦不免隨波逐流，忽忽至於暮年，亡羊補牢，興學存古，進退失據，喪其生平。七十生辰自撰《抱冰堂弟子記》，敘述本心欲學司馬溫公。」

〔註 691〕葉昌熾《藏書紀事詩》卷七云：「昌熾二十五六時，遊虞山，出北郭，登趙氏舊山樓，觀所藏書。問主人，則駕言出遊矣。稍舊之冊，不以示人，樓中插架無佳本。時甫自菰里瞿氏校書歸，觀於海者難為水，惘然而返。又在瞿濬之丈坐中見李申蘭先生，鬚眉龐古，神觀矍鑠，玉舟太守之尊甫也。時未識玉舟，不敢貿然造謁，但聞其邃於流略之學，治熟虞東掌故，頗收藏秘籍。此二家者，雖非泱泱大國，自魚虞巖、孫慶增、席玉照而後，毛、錢之流風餘韻亦稍稍衰矣。適讀徐子晉《前塵夢影錄》，述兩家舊事，錄而存之，以

博雅君子所賞鑒。沈氏家本素封，有池亭園林之勝，改七薌嘗居停其處。」又曰：「《魚玄機集》祇二十餘頁，宋槧之最精者。一達官某影摹上板，江建霞學使識語云：『此書為松江沈十峰慈古倪園所刻。』余有印本二種，初印本名《三婦人集》，與明本《薛濤詩》、宋鈔《楊太後宮詞》同刻。後印本又附《綠窗遺稿》，皆沈氏刻，所知與叟略異也。」又曰：「《魚玄機集》，宋槧之最精者，黃蕘翁得之，裝潢為胡蝶氏。後為一達官某傳許翰屏影模上板，改七薌補繪玄機小像於卷首。」〔註 692〕又曰：「嘉慶中，胡果泉方伯刻《文選》，校書者為彭甘亭、顧千里，影宋寫樣者為許翰屏，極一時之選。翰屏以書法擅名當時，刻書之家，均延其寫樣。如士禮居黃氏、享帚樓秦氏、平津館孫氏、藝芸書舍汪氏，以及張古餘、吳山尊諸君，所刻影宋本，皆為翰屏手書。一技足以名世，洵然。」又曰：「享帚樓刻呂衡州、李翱等集，顧澗翁更覓得足本沈亞之等集七家，皆用昌皮紙，浼翰屏精寫，不加裝釘，但用夾板平鋪，以便付梓。余訪澗翁文孫河之孝廉，曾一見之。」

書前有光緒十四年（1888）楊峴序，稱其精鑒賞，金石書畫到手皆能別其真贗，蓋今日之宋商丘（犖）也，又稱此錄於所見文房珍品一一論說，並著其究竟，誠考古家之指南，後來者之高抬貴手云。〔註 693〕又有光緒十二年（1886）李芝綬序，稱其書仿《書影》之意，追憶劫前所見文房珍品，以類相從，著為論說云云。〔註 694〕江標據徐氏稿本刊刻之，並序之曰：「方今事事崇新學，而於金石、書畫、圖籍一切好古之事，恐二十年後無有知之者矣！」潘景鄭稱其書羅列所見金石、書畫、圖籍、文房之屬，而評騭其源流高下，井井有條，蓋非尋常骨董家所能道者，蓋記聞之業別留蹊徑，亦足為藝林樹一幟耳。〔註 695〕葉德輝、葉昌熾皆屢屢稱引其說，章鈺、吳昌綬、顧廷龍諸人皆批點其書，足見其史料價值。然張絅伯對徐氏頗有微詞，稱其敘事往往張冠李戴，且有耳食之談，不誠不實。如曰：「松鄰評注作於 1915

為此邦之後勁。」

〔註 692〕葉昌熾案：胡刻仿淳熙本《文選》，但有「江寧劉文奎文模鐫字」，而不題翰屏名。吳山尊刻晏、韓二子與石研齋所刻書。亦無寫官也。余為蔣香生太守刻《鐵花館叢書》，仿宋精寫，皆金緝甫茂才筆，摹率更體。秀勁亦不減翰屏，緝翁雅不願署姓氏。然無好寫，即有良工，又安從得佳槧！自宋以後，錄三人焉，才難不其然乎！

〔註 693〕《續修四庫全書》第 1186 冊，上海古籍出版社，2002 年版，第 724 頁。

〔註 694〕《續修四庫全書》第 1186 冊，上海古籍出版社，2002 年版，第 724 頁

〔註 695〕潘景鄭：《著硯樓讀書記》，遼寧教育出版社，2002 年版，第 407 頁。

年，距今逾五十寒暑。頃又假讀一過，徐叟不僅文字多市氣，錄中所託古今隃麋，綜計四十七則，序次凌亂，時代顛倒，稽諸載籍，考之實物，謬訛百出，魚龍雜糅，無多取焉。」又曰：「《程氏墨苑》、《方氏墨譜》，徐叟殆未見原書，妄加肊測，以致謬訛百出。」又曰：「徐叟敘事頗多不符事實，論斷亦欠恰當，松鄰批註評點中時露不滿，我有同感。」又曰：「徐叟對古泉是門外漢。」絅伯先生為古泉專家，所言頗中肯綮。

此書有《叢書集成初編》本、《美術叢書初集》本、《藝苑珠塵叢書》本。此本據南京圖書館藏清光緒二十三年江標刻本影印。〔註 696〕

【附錄】

【江標《前塵夢影錄序》】標生也晚，年十六七時，曾見窳叟於元妙觀世經堂書肆中，聞述訪古源流，皆非尋常骨董家數。以後即出遊，離鄉井，不能見叟，然未嘗忘一日也。戊子歸里，與令子翰卿習，與論收藏，如讀清秘藏，益歎家學之不可及。未幾，聞叟已歸道山。訪問遺事，潘笏庵誌萬為餘言，有《前塵夢影錄》在，匆匆七八年，始介笏庵問翰卿乞得副本。讀而刻之，仍如對叟坐於元妙書肆也。書肆為湖州侯念椿所設，侯年亦六七十，目睹各家藏書興廢，分別宋元槧刻，校鈔源流，如辨毫釐，嘗稱之曰「今之錢聽默」。曾屬其將數十年來藏書見聞，雜寫一冊，亦吾鄉掌故也。方今事事崇新學，而於金石、書畫、圖籍，一切好古之事，恐二十年後無有知之者矣，可慨也夫！光緒二十二年丙申十一月十六日，元和江標記於耒陽舟中。

【楊峴《前塵夢影錄序》】余同鄉吳苦鐵嘗言：「徐子晉先生精鑒賞，金石書畫，到手皆能別其真贋。蓋今日之宋商丘也。」令子翰卿與余善，出視先生《前塵夢影錄》，於所見文房珍品一一論說，並著其究竟。誠考古家之指南，後來者之龜鑑矣。余兩目如盲，無能為役，劫前臧弆，都付一炬。讀先生

〔註 696〕江標從其翰卿手中得稿本校，並間加案語，刊入江氏叢書中，然《靈鶼閣叢書》中未有此種，此本初印，紙白版新，書品寬大。黄裳受此書啟發，撰成《前塵夢影新錄》。此書又有自莊嚴堪藏諸家批校本（國家圖書館出版社，2019 年影印出版）。按：此本批註共一百九十五則，計章鈺七十六則，吳昌綬四十一則，某氏六則，張絅伯三十八則，周叔弢三十則，顧廷龍四則。其中吳氏批註在 1915 年，章氏在 1920 年，顧氏在 1938 年，張氏在 1967 年。顧先生之批註又見《顧廷龍全集．文集卷》。1938 年，顧廷龍先生為周叔弢先生過錄章鈺（朱筆）、吳昌綬（藍筆）、佚名（綠筆）批語於書眉，並以墨筆附上自己的見解。1967 年，張絅伯先生又有墨筆批語數十則。另，卷內有周叔弢先生批語多處，詳見周景良先生跋語。

書，不勝浮屠三宿之感。光緒戊子春三月，歸安楊峴。

【李芝綬《前塵夢影錄序》】從來著述之道，考證為難；考證之學，圖譜為難。苟非目擊古今之法物名跡，末由而品題之也。齊梁間陶隱居有《刀劍錄》，虞荔有《鼎錄》，各有專門，不相沿襲。自唐以來，亦符斯例。迨宋初蘇參政箸《文房四譜》，已不名體。趙袁州《洞天清祿》，門類尤多，羅列眾目。凡皆真知灼見，不為向壁虛造之談。識大識小，具有源流，誠鑒古家之指南矣。吳郡徐君子晉，博雅嗜古，世擅岐黃，尤工篆隸。凡書籍字畫、古器奇珍，一入其目，真贋立辨，蓋閱歷深也。咸豐初，幕遊來虞，解後書肆，論文譚藝，過從遂密。庚申後，遇諸滬上，各遭寇難，相慶更生。維時古籍淪亡，而君則拾遺補藝，甄別尤精。三十年來，遂成名宿。雖年逾古稀，精神矍鑠。令子文孫，森森玉立，清閒之福，如君者亦所罕遘已。丙戌暮春，來主花田趙君家，追念舊遊，顯顯猶在心目。因出《前塵夢影錄》一編示余，曰：「壯歲得周櫟園《書影》殘帙，因仿其意，追憶劫前所見，文房珍品，以類相從，著為論說，以示來茲。」嗟乎！三吳為文物之邦，載經劫火，古物蕩然，所謂「老人讀書衹留影子」。余與晉翁以浩劫餘生，相逢皓首，撫此一編，豈獨為吾兩人身世之感哉！光緒十有二年三月十九日，裘杆漫叟李芝綬。

【徐康《前塵夢影錄自序》】蘧園主人屬記所見古今除麋，卒卒尠暇，客夏養疴虞陽舊山樓，地鄰北麓，几研無俗塵擾，遂日憶疏錄，得數十則。牽連及文房紙硯、法書、名畫、書籍。憶昔在道光壬辰冬，於破書堆中買不全《書影》二本，讀之愛不釋手。余之嗜書籍、古董即於是年始。考因樹屋齋名，為櫟園先生在請室中，庭有大樹，隨筆記憶，而無倫類，以攜無編籍可覈稽也。余於先生無能為役，然隨憶隨錄，則同前塵夢影。老輩凋零，無可質證矣。尚望博雅者匡其未逮，諒其孤陋，幸甚！光緒乙酉上巳節，窳叟徐康識，時年七十二。

群書治要五十卷　（唐）魏徵等撰

魏徵（580～643），字元成，魏州曲城人。官至太子太師，謚文貞。生平事蹟見《唐書》本傳。

原書五十卷，書成於貞觀五年（631）。輯錄經史諸子有關治國興衰政跡之文，始於上古，迄於晉代。宋王溥《唐會要》云：貞觀五年九月二十七日，秘書監魏徵撰《群書治要》上之。又云：太宗欲覽前王得失，爰自六經，訖於諸子，上始五帝，下盡晉年，書成，諸王各賜一本。又《唐書·蕭德言傳》載，太宗詔魏徵、虞世南、褚亮及德言裒次經史百氏帝王所以興衰者，上之，帝愛其廣博而要，曰使我稽古臨事不惑者，卿等力也。德言賚賜尤渥，故此書題魏徵等奉撰，明非出一人手也。卷帙與《唐志》合。

其書前十卷為經，凡《周易》《尚書》《毛詩》《春秋左氏傳》《禮記》《周禮》《周書》《國語》《韓詩外傳》《孝經》《論語》《孔子家語》十二種；次二十卷為史，凡《史記》《吳越春秋》《漢書》《後漢書》《魏志》《蜀志》《吳志》《晉書》八種；末二十卷為子，自《六韜》《陰謀》《鬻子》《管子》《晏子》《司馬法》《老子》《鶡冠子》《列子》《墨子》《文子》《曾子》《吳子》《商君子》《尸子》《申子》《孟子》《慎子》《尹文子》《莊子》《尉繚子》《孫卿子》《呂氏春秋》《韓子》《賈子》《淮南子》《鹽鐵論》《新序》《說苑》《桓子新論》《潛夫論》《正論》《昌言》《申鑒》《中論》《典論》《政論》《要論》《體論》《典語》《傅子》《袁子正書》《抱朴子》，凡四十七種。

書前有魏徵奉敕撰序，稱爰自六經，訖乎諸子，上始五帝，下盡晉年，凡為五帙，合五十卷，本求治要，故以「治要」為名。今之所撰，異乎先作，總立新名，各全舊體，欲令見本知末，原始要終，並棄彼春華，採茲秋實，一書之內，牙角無遺，一事之中，羽毛咸盡，用之當今，足以鑒覽前古，傳之來葉云云。〔註 697〕又有日本國林信敬序及細井德民考例。論者以為此書反映大唐貞觀君臣之政治指向，歷來推為帝王學之首部教材焉。〔註 698〕

孫星衍《平津館鑒藏書籍記》卷三稱其所引子書多近今闕佚之本。阮元《四庫未收書提要》卷二有此書提要，云：「所採各書並屬初唐善策，與近刊多有不同。如晉書二卷，尚為未修晉書以前十八家中之舊本。又桓譚《新論》、崔寔《政要論》、仲長統《昌言》、袁準《正書》、蔣濟《萬機論》、桓範《政要論》，近多不傳，亦藉此以存其梗概，洵初唐古籍也。」

原書佚於北宋，《宋史·藝文志》即不著錄。今本係清乾隆年間由日本傳入，缺第四、十三、二十共三卷。日本有天明七年（1787）刊本。此本據清嘉

〔註 697〕《續修四庫全書》第 1181 冊，上海古籍出版社，2002 年版，第 1～2 頁。

〔註 698〕金光一：《群書治要研究》，復旦大學博士學位論文，2010 年。今按：六經皆帝王學教材，正史、編年、實錄、政書、諸子百家、歷代名家文集無不是帝王學教材。《四庫全書》就是一部帝學大典。宜組織力量編纂《四庫全書治要》，重編帝學大典。

慶間抄《宛委別藏》本影印。

【附錄】

【魏徵《群書治要序》】竊惟載籍之興，其來尚矣。左史右史，記事記言，皆所以昭德塞違，勸善懲惡。故作而可紀，薰風揚乎百代；動而不法，炯戒垂乎千祀。是以歷觀前聖，撫運膺期，莫不懍乎御杇，自強不息，朝乾夕惕，義在兹乎？近古皇王，時有撰述，並皆包括天地，牢籠群有，競採浮豔之詞，爭馳迂誕之說，騁末學之傳聞，飾雕蟲之小技，流蕩忘返，殊途同致。雖辯周萬物，愈失司契之源，術總百端，彌乖得一之旨。皇上以天縱之多才，運生知之睿思，性與道合，動妙幾神。元德潛通，化前王之所未化；損己利物，行列聖所不能行。瀚海龍庭之野，並為郡國；扶桑若木之域，咸襲纓冕。天地成平，外內禔福，猶且為而不恃，雖休勿休，俯協堯舜，式遵稽古。不察貌乎止水，將取鑒乎哲人。以為六籍紛綸，百家踳駁。窮理盡性，則勞而少功；周覽帆觀，則博而寡要。故爰命臣等，採摭群書，翦截浮放，光昭訓典，聖思所存，務乎政術，綴敘大略，咸發神衷，雅致鉤深，規摹宏遠，網羅政體，事非一日。若乃欽明之後，屈己以救時，無道之君，樂身以亡國，或臨難而知懼，在危而獲安，或得志而驕居，業成以致敗者，莫不備其得失，以著為君之難。其委質策名，立功樹惠，貞心直道，亡軀殉國，身殞百年之中，聲馳千載之後。或大奸鉅猾，轉日回天，社鼠城狐，反白作黑，忠良由其放逐，邦國因以危亡者，咸亦述其終始，以顯為臣不易。其立德立言，作訓垂範，為綱為紀，經天緯地，金聲玉振，騰實飛英，雅論徽猷，嘉言美事，可以宏獎名教，崇太平之基者，固亦片善不遺，將以丕顯皇極。至於母儀嬪則，懿后良妃，參徽猷於十亂，著深誡於辭輦。或傾城哲婦，亡國豔妻，候晨雞以先鳴，待舉烽而後笑者，時有所存，以備勸誡。爰自六經，訖乎諸子，上始古帝，下盡晉年，凡為五表，合五十卷。本求治要，故以治要為名。但《皇覽》《遍略》，隨方類聚，名目互顯，首尾淆亂，文義斷絕，尋究為難。今之所撰，異乎先作，總立新名，各全舊體，欲令見本知末，原始要終，並棄彼春華，採兹秋實。一書之內，牙角無遺；一事之中，羽毛咸盡。用之當今，足以殷鑒前古；傳之來葉，可以貽厥孫謀。引而申之，觸類而長。蓋亦言之者無罪，聞之者足以戒。庶宏兹九德，簡而易從；觀彼百王，不疾而速。崇巍巍之盛業，開蕩蕩之王道。可久可大之功，並天地之貞觀；日用日新之德，將金鏡以長懸矣。其目錄次第，編之如左。

【林信敬《校正群書治要序》】古昔聖主賢臣所以孜孜講求，莫非平治天下之道，皆以救弊於一時成法於萬世，外此豈有可觀者哉？但世遷事變，時換勢殊，不得不因物立則，視宜創制，是以論說之言日浩，撰著之文月繁，簡樸常寡，浮誕漸勝，其綱之不能知，而況舉其目乎？此書之作，蓋其以此也。先明道之所以立，而後知政之所行。先尋教之所以設，而後得學之所歸。自典誥深奥，訖史子辨博，諸繫乎政術，存乎勸誡者，舉而不遺，罷朝而不厭其淆亂，閉室而不煩其尋究，誠亦次經之書也。我朝承和貞觀之間，致重雍襲熙之盛者，未必不因講究此書之力，則凡君民臣君者非所可忽也。尾公有見於斯，使世子命臣僚校正而上之木，又使余信敬序之，惟信敬弱而不敏，如宜固辭者而不敢者，抑亦有故也。《群書治要》五十卷，五十卷內闕三卷，神祖遷駿府得此書，惜其不全，命我遠祖羅山補之，三卷內一卷今不傳。今尾公此舉，上之欲君民者執以致日新之美，下之欲臣君者奉以贊金鏡之明，為天下國家冀升平之愈久遠，心曠度有不可勝言者也。信敬預事，亦知遠祖所望信敬，是所以奉命不敢辭也。天明七年丁未四月，朝散大夫國子祭酒林信敬謹序。

【細井德民《刊群書治要考例》】謹考國史承和貞觀之際，經筵屢講此書，距今殆千年，而宋、明諸儒無一言及者，則其亡失已久。寛永中，我敬公儒臣堀正意檢此書，題其首曰：正和年中北條實時好居書籍，得請諸中秘，寫以藏其金澤文庫。及神祖統一之日見之，喜其免兵燹，乃命範金至臺廟，獻之皇朝，其餘頒宗戚親臣，是今之活字銅版也。舊目五十卷，今存四十七卷，其三卷不知亡何時，羅山先生補其二卷，其一卷不傳，故不取也。但知金澤之舊藏亦缺三本。近世活本亦難得，如其繕本隨寫隨誤，勢世以音訛所處以訓謬，間有不可讀者。我孝昭二世子好學，及讀此書，有志校刊，幸魏氏所引原書今存者十七八，乃博募異本於四方，日與侍臣照對是正，業未成，不幸皆早逝。今世子深悼之，請繼其志，勖諸臣相與卒其業。於是我公上自內庫之藏，旁至公卿大夫之家，請以比之，藉以對之，乃命臣人見黍臣深田正純、臣大冢長干、臣宇野久恒、臣角田明、臣野村昌武、臣岡田挺之、臣關嘉、臣中西衛、臣小河鼎、臣南宮齡、臣德民等考異同，定疑似。臣等議曰：是非不疑者就正之，兩可者共存，又與所引錯綜大異者，疑魏氏所見其亦有異本歟？又有彼全備而此甚省者。蓋魏氏之志唯主治要，不事修辭，亦足以觀魏氏經國之器，規模宏大，取捨之意，大非後世諸儒所及也。今逐次補之，則失魏氏之意，故不為也。不得原書者，則敢附臆考，以待後賢，以是為例，讎校以上。天明五年乙巳春二月乙未尾張國校，督學臣細井德民謹識。

【四庫未收書提要】《群書治要》五十卷，唐魏徵等奉敕撰。徵字元成，魏州曲城人，官至太子太師，謚文貞。事蹟具《唐書》本傳。案：宋王溥《唐會要》云：「貞觀五年九月二十七日，秘書監魏徵撰《群書治要》，上之。」又云：「太宗欲覽前王得失，爰自六經，訖於諸子，上始五帝，下盡晉年。書成，諸王各賜一本。」又《唐書·蕭德言傳》云：「太宗詔魏徵、虞世南、褚亮及德言裒次經史百氏帝王所以興衰者。上之，帝愛其書博而要，曰：『使我稽古臨事不惑者，卿等力也。』德言賚賜尤渥。」然則書實成於德言之手，故《唐書》於魏徵、虞世南、褚亮傳皆不及也。是編卷帙與《唐志》合，《宋史·藝文志》即不著錄，知其佚久矣。此本乃日本人擺印，前有魏徵序，惟闕第四、第十三、第二十三卷。今觀所載，專主治要，不事修辭，凡有關乎政術，存乎勸誡者，莫不匯而輯之。即所採各書，並屬初唐善策，與近刊多有不同。如《晉書》二卷，尚為未修《晉書》以前十八家中之舊本。又桓譚《新論》、崔寔《政要論》、仲長統《昌言》、袁準《正書》、蔣濟《萬機論》、桓範《政要論》，近多不傳，亦藉此以存其梗概，洵初唐古籍也。（阮元《揅經室集·外集》卷二）

意林五卷　（唐）馬總輯

意林逸文一卷　（清）周廣業輯

意林闕目一卷　（清）嚴可均輯

意林補二卷　（清）李遇孫輯

馬總（？～823），字會元，扶風（今陝西鳳翔）人。元和初為虔州刺史，入為刑部侍郎，歷淮西忠武天平軍節度使，長慶二年加檢校尚書左僕射，入為戶部尚書。三年卒，贈名僕射，謚曰懿。新、舊《唐書》有傳。周廣業著有《循陔纂聞》，已著錄。嚴可均（1762～1843），字景文，號鐵橋，烏程人。嘉慶嘉慶五年（1800）舉人。官建德縣教諭，引疾歸。著有《說文聲類》《說文校義》《鐵橋漫稿》等書，又輯《全上古三代秦漢三國六朝文》。李遇孫，字慶伯，號金瀾，又號懶道人、上元甲子百歲翁，生卒年均不詳，嘉興人，李富孫（1764～1843）之弟，嘉慶六年（1801）優貢生，官處州府訓導，著有《古文苑拾遺》《日知錄補正》《尚書隸古定釋文》等，生平事蹟見《清史稿》卷四八二、《清史列傳》卷六九、《清詩紀事》嘉慶朝卷。

《意林》五卷，馬總撰，《四庫全書》已著錄。案：梁庾仲容取周、秦以來諸家雜記，凡一百七家，摘其要語為三十卷，名曰《子鈔》，唐馬總以其繁略失中，增損成書。此書後有李遠孫識語，稱此本為海昌周廣業校本，書名下詳注撰人姓氏、爵里及著書大略，其書今存者逐條備註篇名，後附逸文五條。又稱李遇孫據聚珍本補第三卷、第二卷之六十條、第五卷之一百十一條，據宋本補《鶡冠子》二條、《王孫子》一條。〔註 699〕

《意林逸文》一卷，周廣業輯。《意林》自元、明以來其書流傳絕少，而善本更不易得。廣業購借，積年校寫數過。廣業據《道藏》本與諸本相參定，其中篇冊紛糅，如《莊子》割屬《王孫子》，《新序》並歸《說苑》，《中論》雜入《物理論》，此不可不為釐正也。又取諸書所引《意林》為今本所無者，匯為《意林逸文》。書前有乾隆四十四年（1779）周廣業序〔註 700〕，《蓬廬文鈔》卷八載《意林例言》，均詳述校勘始末。邵晉涵序稱其書用心之密，至其辨章同異，持議衷於和平，其深識尤有過人者，抉微闡隱，為馬氏之功臣云云。〔註 701〕

《意林闕目》一卷，嚴可均輯。嘉慶二十年（1815）嚴可均序稱今世流傳以《道藏》五卷本為稍舊，以目錄校之，卷二《莊子》後有《鶡冠子》《王孫子》，而今本《鶡冠子》全闕，而所載《王孫子》皆《莊子》雜篇。〔註 702〕嚴氏手跋曰：「《意林》二卷，從《道藏》瑟字號錄出，竟二日之力，依藏本校對訖。」又補目錄之闕，別為一卷。

《意林補》二卷，李遇孫輯。遇孫識語詳述所補篇目。〔註 703〕

〔註 699〕《續修四庫全書》第 1188 冊，上海古籍出版社，2002 年版，第 83 頁。
〔註 700〕《續修四庫全書》第 1188 冊，上海古籍出版社，2002 年版，第 5～6 頁。
〔註 701〕（清）邵晉涵：《南江詩文鈔》文鈔卷六，又見《「國立中央圖書館」善本序跋集錄》子部二第 622～623 頁。
〔註 702〕《續修四庫全書》第 1188 冊，上海古籍出版社，2002 年版，第 84～85 頁。
〔註 703〕《續修四庫全書》第 1188 冊，上海古籍出版社，2002 年版，第 91 頁。

繆荃孫稱，乾隆中海寧周氏廣業輯《意林》逸文六條，又據續筆所稱各家輯之為意林附編，迨文選樓得宋本多第六卷，嘉興李氏遇孫抄之，海寧蔣氏刊入《斠補隅錄》，海內始得見意林完本。〔註 704〕

此本據南京圖書館藏清抄本影印。

【附錄】

【四部提要】《意林》五卷（江蘇巡撫採進本），唐馬總編。《唐書．總本傳》但稱其系出扶風，不言為何地人。其字《唐書》作會元，而此本則題曰元會，均莫能詳也。傳稱其歷任方鎮，終於戶部尚書，贈右僕射，謚曰懿。陳振孫《書錄解題》稱總仕至大理評事，則考之未審矣。初，梁庾仲容取周、秦以來諸家雜記凡一百七家，摘其要語為三十卷，名曰《子鈔》。總以其繁略失中，復增損以成此書。宋高似孫《子略》稱，仲容《子鈔》，每家或取數句，或一二百言。馬總《意林》，一遵庾目，多者十餘句，少者一二言，比《子鈔》更為取之嚴，錄之精。今觀所採諸子，今多不傳者，惟賴此僅存其概。其傳於今者，如老、莊、管、列諸家，亦多與今本不同，不特《孟子》之文如《容齋隨筆》所云也。前有唐戴叔倫、柳伯存二序，與《文獻通考》所載相同。《唐志》著錄作一卷，叔倫序云三軸，伯存序又云六卷。今世所行有二本，一為范氏天一閣寫本，多所佚脫，是以御題詩有《太玄》以下竟佚亡之之句。此本為江蘇巡撫所續進，乃明嘉靖己丑廖自顯所刻，較范氏本少戴、柳二序，而首尾特完整。然考《子鈔》原目凡一百七家，此本止七十一家。洪氏載總所引書尚有《蔣子》《譙子》《鍾子》、張儼《默記》、裴氏《新書》、袁准《正書》、袁子《正論》《蘇子》、張顯《析言》《於子》《顧子》《諸葛子》、陳子《要言》《符子》諸書，此本不載。又《通考》稱今本《相鶴經》自《意林》鈔出，而《永樂大典》有《風俗通．姓氏篇》，題曰出馬總《意林》，此本亦並無之。合計卷帙，當已失其半，並非總之原本矣。然殘璋斷壁，益可寶貴也。

【戴叔倫序】三聖相師，大《易》光著，天地之功立矣，經傳之功生焉，輔成一德，謂之六學。漢收秦業，其道方興，置講習訓授之官，明君臣父子之體。雖禮樂文缺，亦足以新忠孝仁義之大綱。至如曾、孔、荀、孟之述，其蓋數百千家，皆發揮隱微，羽翼風教，祖儒尊道，持法正名，縱橫立權，變通其要，崇儉而有別，即農而得序，傍行而不流，小說去泥而篇簡繁夥，罕備於士

〔註 704〕繆荃孫：《藝風堂文集》卷七《意林跋》。

大夫之家。有梁穎川庾仲容略其要會，為《子書抄》三十卷，將以廣搜採異。而立言之本，或不求全。大理評事扶風馬總元會家有子史，幼而集錄，探其旨趣，意必有歸，遂增損庾書，詳擇前體，裁成三軸，目曰《意林》，上以防守教之失，中以補比事之闕，下以佐屬文之緒，有疏通廣博潔淨符信之要，無僻放拘刻徼蔽邪蕩之患。君子曰：「以少為貴者。」其是之謂乎？余元會之執友，故序而記之。貞元二年五月二十一日也，撫州刺史戴叔倫撰。

【柳伯存序】子書起於鬻熊《六韜》，盛於春秋、六國時。莊、老道宗起覆載之功，橫日月之照，高視六經，為天下式，故絕於稱言矣。墨翟大賢，其旨精儉，教垂後世，名亞孔聖，至矣！管、晏、文、荀議論閎肆，《淮南鴻烈》詞章華贍，皆灑灑數萬言，可謂富矣！而部帙繁廣，尋覽頗難。梁朝庾仲容抄成三帙，汰其沙石，簸其粃糠，而猶蘭蓀雜於蕭艾，璠璵隱於璞石。扶風馬總，精好前志，務於簡要，又因庾仲容之抄略存為六卷，題曰《意林》，聖賢則糟粕靡遺，流略則精華盡在，可謂妙矣。隋代博陵李文博攟掇諸子，編成《理道集》十卷。唐永興公虞世南亦採前史，著《帝王略論》五卷。天后朝宰臣朱翼祖則又述《十代興亡論》一帙。洎扶風《意林》究子史大略者，蓋四人意矣。予扁舟塗水，留滯廬陵，扶風為余語其本尚，且日編錄，所取先務於經濟，次存作者之意，罔失篇目，如面古人。予懿馬氏之作文約趣深，可謂懷袖百家，掌握千卷之子，用心也遠乎哉！旌其可美，述於篇首，俾傳好事。貞元丁卯歲夏之晦，文廢瞍河東柳伯存重述。

【遠孫跋】此海昌周耕厓先生廣業校本也。書名下詳注撰人姓氏、爵里及著書大略，其書今存者逐條備註篇名，取使復檢，後附逸文五條。嘉興李君金瀾遇孫抄自先生門人查康齋，余從李君借校，惜第三卷全缺，第二卷缺六十條，第五卷缺一百十一條。李君即取聚珍本補之。聞先生哲嗣紀君勳常能守樞書，必有全本。吳日當假以補錄其第六卷，暨第二卷《鶡冠子》二條、《王孫子》一條。李君從家選樓先生借鈔選樓照宋本，補耕厓先生未之見也。選樓有《意林巽》剌取古籍中所引諸子之逸者，補馬氏所未備。稿藏橫河許氏，燬於火，遂不傳。道光戊子八月七日，遠孫校《意林》竟並識卷尾。

【意林注五卷】海寧周廣業附注。前有例言八則、錄略十一則。首序撰人諱字爵里、著述大意，而諸史所記卷帙，現今完闕存佚附焉。篇中涉有疑義，重採舊注及他書補之。先有注者，加「本注」二字，下別以按語。偶有所論，亦附篇末。後有《逸文》一卷、附錄一卷，據《容齋隨筆》所稱牟子、蔣子等十六家益之。此書先在廠肆得四、五兩卷及逸文附錄一冊，後在譚仲修同年獻案頭見有全書，為劉泖生手寫本，而無逸文附錄，因互抄湊足。丁酉，又得舊抄本於揚估，亦無逸文附錄，注亦詳略不一，稍為考核，俟好事者刊行焉。（繆荃孫《藝風藏書記》卷二）

【論說敘錄】論說之文，其源出於《論語》。鄭氏《易》云：「雲雷屯，君子以經綸。言論撰書禮，樂施政事。」蓋當其用，則為典謨訓誥；當其未用，則為論撰說議。聖人制作，其用雖異，而其本出於一也。周秦諸子，各守專家，雖其學有醇駁，語有平陂，然推其本意，則皆取其所欲行而不得行者，筆之於書，而非有意為文章華美之觀，是論說之本體也。自學不專門，而文求綺麗，於是文人撰集，說議繁多。其中一得之見，與夫偶合之言，往往亦有合於古人。而根本不深，旨趣未卓，或諸體雜出，自致參差；或先後匯觀，竟成複沓。此文集中之論說，所以異於諸子一家之言也。唐馬總撰《意林》，裁節諸子，標其名雋，此亦棄短取長之意也。今茲選文，存其論之合者，亦撰述之通義也。（章學誠《文史通義》卷七《外篇二》）

澄懷錄二卷　（宋）周密輯

周密（1232～1298），字公謹，號草窗、蘋洲、四水潛夫、弁陽老人，先世濟南人，其曾祖隨高宗南渡，因家湖州。淳祐中嘗官義烏令，宋亡不仕，終於家。著有《武林舊事》《雲煙過眼錄》《癸辛雜識》等書。生平事蹟見《宋史翼》卷三四、金啟華《周密及其詞研究》、劉靜《周密研究》。

此書纂集六朝以下逸事。凡流連景光、棲遲山水，可以怡情適性之語，咸萃於編。明人喜摘錄清談，目為小品，濫觴所自，蓋在此書。故《四庫全書總目》列入雜家類存目，又稱此書亦《世說新語》之流別而稍變其體例者。如先節載原文曰：「但願守陋巷，教養子孫，時與親舊敘闊陳說平生，濁酒一杯，彈琴一曲，志願畢矣。」而注書名其下曰《絕交書》。他如《王摩詰文集》《昌黎先生文集》《河東先生集》《與山巨源絕交書》《續世說》《樊川集》《宋文鑒》《蘇文忠公全集》、何良俊《語林》《揮麈錄》《東坡志林》、蘇庠《後湖集》等書，皆在節錄之列。

周密自序，稱名之澄懷，亦高山景行之意。〔註705〕後有樊榭先生記，云

〔註705〕《續修四庫全書》第1188冊，上海古籍出版社，2002年版，第93頁。

勝情勝具，兼之為難，弁陽老人於簡冊中作臥遊想，大是安樂法也。所綴葺語，雖時見於他書，如下卷沈寓山、姜白石數則，流傳絕少，足令閱者霽心豁目云云。

此書為夢華館抄本，用綠格精抄。此本據國家圖書館藏明抄本影印。

【附錄】

【四庫提要】《澄懷錄》二卷（兩淮鹽政採進本），宋周密撰。密有《志雅堂雜鈔》，已著錄。是書採唐、宋諸人所紀登涉之勝與曠達之語，匯為一編。皆節載原文，而注書名其下，亦《世說新語》之流別，而稍變其體例者也。明人喜摘錄清談，目為小品，濫觴所自，蓋在此書矣。(《四庫全書總目》卷一百三十一「子部四十一・雜家類存目八」)

【傅增湘識語】叔弢新收松江韓氏抄本一帙，其首一種為《澄懷錄》，余適藏有嘉靖百川高氏抄本，因以此帙相付，屬為對勘，留几案者數月，未暇著筆，仲春二月，晨夕無事，偶得展卷，計訂正訛失一百五十餘字，補奪文一則云云。〔註 706〕

【傅增湘《校明抄本澄懷錄跋》】此帙不徒以稀見為珍，更以善本足貴。〔註 707〕

忍經一卷　（元）吳亮輯

吳亮，字明卿，錢塘人。精於經術吏事，至元癸巳三十年（1293）解海運元幕之任，恬淡自居。著有《歷代帝王世系》。生平事蹟見錢大昕《元史・藝文志》卷三、魏源《元史新編》卷九三。

書前有馮寅序，稱其於纂述《歷代帝王世系》之暇，思其平生行己惟一「忍」字，會集群書中格言大訓，以為一編云云。《易・損卦》云：「君子以懲忿窒欲。」《忍經》由《易經》此語衍化而來。然所採皆習見之書，如《書》周公戒成王曰：「小人怨汝詈汝，則皇自敬德。」成王告君陳曰：「必有忍，其乃有濟；有容，德乃大。」《左傳》昭公元年：「魯以相忍為國也。」《論語》孔子曰：「小不忍則亂大謀。」又曰：「君子矜而不爭。」老子曰：「天道不爭而善勝不言而善。」荀子曰：「傷人之言深於矛戟。」「出跨下」條云：

〔註 706〕《續修四庫全書》第 1188 冊，上海古籍出版社，2002 年版，第 93 頁。
〔註 707〕傅增湘：《藏園群書題記》卷八，上海古籍出版社，1989 年版，第 446 頁。

「韓信好帶長劍，市中有一少年辱之曰：『君帶長劍，能殺人乎？若能殺人，可殺我也。若不能殺我，從我跨下過。』韓信遂屈身從跨下過。漢高祖任為大將軍，信召市中少年，語之曰：『汝昔年欺我，今日可欺我乎？』少年乞命，信免其罪，與之一效官也。」唯得忠恕條云：「范純仁嘗曰：『我平生所學，唯得忠恕二字一生用不盡，以至立朝事君，接待僚友，親睦宗族，未嘗須臾離此也。』又戒子弟曰：『人雖至愚，責人則明。雖有聰明，恕己則昏。爾曹但常以責人之心責己，恕己之心恕人，不患不到聖賢地位也。』」論者從「忍文化」視角透視此書，可備一說。〔註 708〕

此書有明正統十年刻本、正統二十四年刊本、明崇禎二年楊君貺刻本、永樂大典本、《武林往哲遺著》本。此本據南京圖書館藏明刻本影印。

【附錄】

【吳亮《忍經自序》】忍乃胸中博閎之器局，為仁者事也，惟寬恕二字能行之。顏子云「犯而不校」，《書》云「有容德乃大」，皆忍之謂也。韓信忍於胯下，卒受登壇之拜；張良忍於取履，終有封侯之榮。忍之為義大矣。惟其能忍則有涵養定力，觸來無競，事過而化，一以寬恕行之。當官以暴怒為戒，居家以謙和自持。暴慢不萌其心，是非不形於人。好善忘勢，方便存心，行之純熟，可日踐於無過之地，去聖賢又何遠哉！苟或不然，任喜怒，分愛憎，捃拾人非，動峻亂色。干以非意者，未必能以理遣；遇於倉卒者，未必不入氣勝。不失之偏淺，則失之躁急，自處不暇，何暇治事？將恐眾怨叢身，咎莫大焉！其視呂蒙正之不問姓名，張公藝九世同居，寧不愧耶？愚因暇類集經史語句，名曰《忍經》。凡我同志，一寓目間，有能由寬恕而充此忍，由而至於仁，豈小補哉！大德十年丙午閏月朔，古杭蟾心吳亮序。

【許有壬《忍經序》】衡陽高士棲碧羅鉅海，嘗從文山海上歸，終身宋衣冠，交接稱許，尤不苟。有壬讀書衡泮，居與之鄰，乃辱與進，聞其稱海北道廉訪使榕寓孫公之賢，不容口，蓋公往來過衡，衡士大人多慕而見之，鉅海則交處最密者。有送行序若詩，在棲碧文集，今尚能記其概。公金源烏古部人，征宋有功，歷官所至，皆有惠政，長憲海北，民懷吏畏。大夫人年高，上疏歸養，泝沿湖湘，士大夫無不熟公者。今中書左丞九司農良楨榦卿，其子也。時望所屬，公累贈推忠靖遠，著節功臣，榮祿大夫中書平章政事柱國追

〔註 708〕郭小娟：《〈忍經〉忍文化研究》，江南大學碩士學位論文，2010 年。

封魏國正憲公。某不皮拜下風，猶欲識其子孫，以酬平日景行先哲之意。而榦卿士早有聲，日踐華要，承乏政府，實嘗同寅，都城僦屋，又得為鄰，一日出書曰《忍經》以示某，曰：「先子平生有得於此，輯而為書，子其序之。」某識榦卿，但知其世有積德，而不知其所得之源也。及讀是書，為之三歎曰：「孫氏子孫之賢，閥閱之大，豈徒然哉？」公之言忍有正義，有變義，有衍義，使人人有見乎此，則修身齊家蒞官之道盡在是矣。夫以刃加心上，而能受之，非易事也。《易》之「懲忿窒欲」，《書》之「以禮制心」，乃其下手要法，公皆舉以示人。自傳記、子史以至佛書、道書、百家雜著、詩賦，凡有關於《忍經》者，靡不收入，古今之言忍者，無以復加矣。榦卿既參大政，尋拜左丞，分省外藩，復入政府廟堂，以其久勞機務，聽辭中書，俾專明農，士論猶未釋也。讀父之書，得效若此，不惟一身一家，又將傳之天下後世也。某賦性褊躁，仕途五十年，瀕於危殆者屢矣。使早得伏讀此書，庶不至若是之殆也。雖然，衛武公年九十有五尚求箴警於國，某雖七十有一，苟未死，一日有一日之事，此書尚有資焉。

【丁丙《忍經跋一》】光緒戊子夏五，得此於上海郁泰豐家，謹案：《四庫全書總目》：「《忍經》一卷，元吳亮撰。亮字明卿，錢塘人。前有馮寅序，稱吳君精於經術吏事，至元癸巳解海運元幕之任，恬淡自居。於纂述歷代帝王世系之暇，思其平生行己，惟一忍字。會集群書中格言大訓，以為一編。」云云。當日四庫館臣錄自《永樂大典》中，未嘗見刻本也。此卷前雖缺馮寅一序，而後有明正統二十四年鄭季文重整字跡，其為明卿初刻無疑。又有陸廷燦印，陸字扶照，嘉定人，康熙間官福建崇安知縣，嘗著《藝菊譜》八卷。是書為吾鄉先達遺著，元刻明題，又經國初名人收藏，豈不重可寶哉！乙未夏五，丁丙識於求己軒（一本題作「八千卷樓主人識」）。

【丁丙《忍經跋二》】近見明耐庵居士沈節甫匯刻《由醇錄》中列《忍經》一卷，有明卿自序，而馮序仍缺。節甫更輯《忍書續編》三卷附其後，又得《勸百忍箴考注》四卷，乃四明梓碧山人許名奎所著。上竺前堂芳林釋覺澄考注，惜缺第一卷，無從考許氏始末。上竺前堂，知為三竺之一，又與吾杭有係耳。記此俟考，丙再筆。

【四庫提要】《忍經》一卷（永樂大典本），元吳亮撰。亮字明卿，錢塘人。前有馮寅序，稱吳君精於經術吏事，至元癸巳解海運元幕之任，恬淡自居，於纂述歷代帝王世系之暇，思其平生行己惟一忍字。會集群書中格言大訓，以為一編。所採皆習見之書，蓋姑以見意云爾。(《四庫全書總目》卷一百三十一「子部四十一・雜家類存目八」)

續觀感錄十二卷　（明）方鵬輯

方鵬，字子鳳，亦字時舉，崑山人。正德三年（1508）進士，歷任南京禮部主事、刑部員外郎、郎中，尋改南京職，官至南京太常寺卿，以右庶子致仕，卒年七十餘。生平好讀書，以著述自娛，為文章典雅老成，敦修行誼，大負時望。弟鳳嘗為南臺御史，有直聲詩，亦豪俊。生平事蹟見《本朝分省人物考》卷二十二。

書前有方鵬自序，稱此書續周是修《觀感錄》而作，凡三代以上及事蹟顯顯著聞者不錄，漢、唐以來人微而事隱，非世所恒見者則錄之，所以見人性之皆善云云。〔註 709〕明高儒《百川書志》卷之九入子部「德行家」類，稱國朝崑山方鵬集諸書而成者。

書中內容，以時代為次，卷一兩漢、三國，卷二東西晉、南北朝，卷三隋、唐，卷四唐、五代，卷五、卷六宋，卷七、卷八南宋，卷九金、元，卷十元，卷十一、卷十二明。所採諸書，有正史，如《漢書》《後漢書》《三國志》《晉書》《南史》《北史》《周書》《隋書》《唐書》《五代史》《金史》《元史》，又有雜史、筆記等，如《列女傳》《顏氏家訓》《自警編》《仕學規範》《夢溪筆談》《輟耕錄》諸書。又有文集，如《蔡邕文集》《李翱文集》《歐陽詹文集》等。又有方志書，如《郡志》《金陵志》《會稽志》《一統志》《舊志》《金華志》《中都志》。又有文人所作碑傳、祠記、行狀等。

此本據湖北省圖書館藏明刻本影印。

【附錄】

【方鵬《續觀感錄自序》】國初周是修先生嘗裒古今忠孝節義若干人，曰《觀感錄》。無何，以身死國，錄竟弗傳，君子惜之。鵬每讀書，見所謂忠孝節義者，續而傳焉。所以成先生之志也。凡三代以上及事蹟顯顯著聞者不錄，漢、唐以來卑官下吏、女婦、廝役，或優伶、夷虜，人微而事隱，散見雜出於紀傳，非世所恒見者則錄之，所以見人性之皆善。夫人可以觀感而興起，以趨於天理民彝之正，使三綱不淪、九法不斁，則於國家崇化導民之

〔註 709〕《續修四庫全書》第 1188 冊，上海古籍出版社，2002 年版，第 121 頁。

意未必無補。

【崑山縣志】方鵬，字時舉，自幼岐嶷，能記憶前生事，人甚異之。由進士任南京禮部主事，累遷山西提學副使，改春坊庶子，兼翰林修撰。嘉靖戊子主考順天鄉試，轉南京太常寺卿，以疾告歸，屢薦不起，高臥南瀆者十餘年，足跡不入城府，自重之操，人所難及。所為時文典雅，不尚雕琢。有《矯亭集》《責備餘談》《續觀感錄》《崑山志》。弟鳳字時鳴，與鵬同科進士，性高負氣，不肯詭隨於時。初授行人，改御史，亟薦鴻臚卿王守仁忠節才猷，可濟紛亂，託病投閒，似非所宜，即當越次起用。尋升廣東僉事致仕。詩亦豪俊，不拘古調，人稱二方云。（方鵬《責備餘談》附錄，知不足齋叢書本）

【四庫提要】《續觀感錄》六卷（浙江巡撫採進本），明方鵬撰。鵬有《崑山人物志》，已著錄。自序謂明初周是修嘗作《觀感錄》，紀古今孝義之事，其書不傳，因復為此以續之。凡事蹟顯著者不錄，其人微而事隱，非世所恒見者則錄之，欲使愚夫愚婦皆知觀感而興起焉。然僅據所見摘錄，故搜羅未為該博云。（《四庫全書總目》卷一百三十一「子部四十一．雜家類存目八」）

灼艾集二卷續集二卷別集二卷餘集二卷新集二卷

（明）萬表輯

萬表（？～1556），字民望，一字鹿園，號九沙山人，鄞縣人。正德武進士，累官都督同知。少嗜玄學，已而閱內典，獨契於心，闢西釋自然者，以苦行煉磨，得悟絕學，與語，大悅之，自是參究不輟，一日披衲入伏牛山，曉行見日升，忽大悟，嘗言學貴真悟，語言精切，不離見解。著有《學庸志略》《論語心義》《玩鹿亭稿》等書，又編纂《經濟文錄》《濟世良方》《玄門入道》諸書。生平事蹟見《本朝分省人物考》卷四十八。

是書初集後有萬表識語，稱山人廢書久矣，乃以灼艾修暇，日涉諸說，凡有會於心者，輒手錄之，不覺成帙，遂名之《灼艾集》云。〔註 710〕書前有萬曆二十九年（1601）錢養廉序，稱是集用物雖弘，取材甚精云云。〔註 711〕

今考，此書雜取他書，抄綴而成。正集卷一抄自《唐語林》《捫虱新話》《鶴林玉露》《涑水迂書》《龍舒子》《齊東野語》《平江記事》《尚論編》《漫叟

〔註 710〕《續修四庫全書》第 1188 冊，上海古籍出版社，2002 年版，第 227 頁。
〔註 711〕《續修四庫全書》第 1188 冊，上海古籍出版社，2002 年版，第 191～192 頁。

拾遺》《南溪詩話》《夢溪筆談》《全唐詩話》《王子年拾遺記》《省心錄》《芥隱筆記》《因話錄》《吳禮部詩話》；卷二抄自《世說新語》《霏雪錄》《南郭子》《荊溪林下偶談》《自警編》《譚子》《續觀感錄》《玄敬詩話》《韻語陽秋》《聽雨紀談》《草木子》《艾子》《養生類纂》《三餘贅筆》。《續集》卷一鈔自《鶡峰雜著》《青箱雜記》《桯史》《賓退錄》《葆光錄》《臥遊錄》《山家清事》《本事詩》《德隅齋畫品》《開元天寶遺事》《幽閒鼓吹》《劉賓客嘉話錄》《眉山文錄》《深雪偶談》《張太史明道雜志》《松窗雜錄》《次柳氏舊聞》《隋唐嘉話》《人相編》《蓉塘詩話》；卷二抄自《餘冬序錄》《近峰聞略》《侯鯖錄》《省約三書》《康齋日記》《白沙遺書》《景行錄》。《別集》卷一抄自《綠雪亭雜言》《兩湖麈談錄》《海涵萬象錄》《傳信錄》《否泰錄》；卷二鈔自《雙溪雜記》《謇齋瑣綴錄》《立齋閒錄》。《餘集》卷一抄自《杜陽編》《蓄德錄》《鶴林玉露》《近代名臣錄》《丹鉛餘錄》《松窗寤言》；卷二抄自《自警編》《震澤長語》《郊外農談》。《新集》上卷抄自《西征記》《懸笥瑣探》《清溪暇筆》《蘇談》《清夜錄》《病逸漫記》《夷白齋詩話》《讀書筆記》《琅琊漫鈔》《簷曝偶談》《剪勝野聞》《東谷贅言》《西湖遊覽志餘》《彭文憲公筆記》；下卷抄自《冷齋夜話》《碧里雜存》《名經濟錄》。舉以備參。

錢謙益《絳雲樓書目》收極矜慎，而此書有之，或者以為其善可知。然《四庫全書總目》列入雜家類存目，稱是編是編採輯唐、宋以來說部，每書只載一二條，或四五條，似曾慥《類說》，而詳博則不及之云云。明高儒《百川書志》卷八稱皇明九沙山人萬表灼艾時所集也，仿意林例，凡得於意、會於心者識之，採諸小說凡三十一種云。

此本據國家圖書館藏明萬曆二十九年萬邦孚刻本影印。

【附錄】

【四庫提要】《灼艾集》八卷（浙江巡撫採進本），不著撰人名氏，書前亦無序例。據高儒《百川書志》云，九沙山人萬表灼艾時所集也。表有《海冠議》，已著錄。是編凡分正、續、餘、別四集，每集各分上、下卷。採輯唐、宋以來說部，每書只載一二條，或四五條，略似曾慥《類說》，而詳博則不及之也。（《四庫全書總目》卷一百三十一「子部四十一 · 雜家類存目八」）

【續修四庫全書總目提要（稿本）34～821】《灼艾集》八卷（明刊本），明萬表撰。表字民望，號鹿園，浙江定海人。以軍功世守定海，官世襲寧波衛指揮僉事。正德間以武會試及第，累遣至漕運總兵僉書、南京中軍都督府，表督漕日久，故於國計贏絀、河流通塞，靡不暢曉，且通經史，熟先朝掌故，武臣中通儒術者，當代唯表一人而已。著述甚富，有《海寇議》《玩鹿亭稿》《萬氏家鈔》《濟世良方》及本書等。本書凡八卷，計《灼艾集》上下二卷、《灼艾續集》二卷、《灼艾餘集》二卷、《灼艾別集》二卷。均摭拾古今子書說部中紀述往哲前賢逸聞軼事之足為矜式者，間及雋逸語之可資風範者，匯為一編，而冠以原書之名……足資談助而廣見聞矣。

【吳處厚論心相有三十六善】焚香讀書，一也。有剛有柔，二也。慕善近君子，三也。安分知命，有美食分人，四也。不近小人，五也。委曲行陰德方便事，六也。能治家，七也。不厭人乞覓，八也。能改過，利人克己，九也。不逐惡貪殺，十也。聞事不驚張，十一也。與人期不失信，十二也。不改行易操，十三也。夜臥不便睡著，十四也。無作好作惡，十五也。無不談亂，人不憎怒，十六也。不譚閨閫事，不文過飾非，十七也。作事周匝，十八也。不忘人恩，十九也。有大量，二十也。揚善掩惡，不毀善害惡，二十一也。急難中濟人寬慰人，二十二也。不助強欺弱，二十三也。不忘故舊，二十四也。為事與眾用之，二十五也。知人詐訛含容之，不多言妄語，二十六也。得人物每事慚愧，二十七也。語有序，二十八也。當人語次不先起，二十九也。喜言善事，三十也。不嫌惡衣食，三十一也。不面許人，方圓隨時，三十二也。省約惜福，行善不倦，三十三也。知人饑渴勞苦，三十四也。不念舊惡，三十五也。常思退步結果，竭力救難，三十六也。全者福祿令終，不全禍福半之，故相形不如相心。求人相不如自相。〔註 712〕

困學纂言六卷　（明）李栻輯

李栻，字孟敬，豐城人。嘉靖四十四年（1565）進士，官至浙江按察司副使。生平事蹟見《(萬曆）新修南昌府志》卷十七。

前有隆慶四年（1570）李栻自序，稱凡一言有所警省，有所感觸，可資進修以為身心之益者，必取而識之，近代理學精切之言亦以附焉。〔註 713〕又有隆慶四年（1570）蔡國熙序、萬曆二年（1574）劉伯生序。

是編六卷，分十二門：曰學問，曰立志，曰存心，曰精思，曰實踐，曰

〔註 712〕按《捫虱新話》載吳處厚論心相有三十六善，與《灼艾》所載互有不同處。
〔註 713〕《續修四庫全書》第 1188 冊，上海古籍出版社，2002 年版，第 446～447 頁。

謹言，曰敬事，曰求師，曰取友，曰讀書，曰作文，曰舉業。皆採摭古人議論近於講學者，分類次敘。《四庫全書總目》入雜家類存目，稱「講學」及於「作文」，抑已末矣；「作文」之外，又別立「舉業」一門，其說尤未免於雜云云。然隆慶四年（1570）張學顏序稱：「首『學問』以啟其端，而次以『立志』，謂學必原於志也；次以『存心』，謂學當反諸心也；『精思』，思所學也；『實踐』，踐所學也；『謹言』以默識此學也，『敬事』以涵養此學也，『求師』以正此學也，『取友』以輔此學也；繼之以『作文』、『讀書』。附以『舉業』，所以破俗學之弊，以約於正學也。由洙泗以及濂洛，自往代以及本朝，凡儒紳碩彥善行嘉言，取其體驗於身心者，匯選為篇，入德之序，作聖之基，備於此矣。」又稱是編撮眾論之精華，翼聖學之宗旨，約而不遺，核而不雜，質之河汾《讀書錄》，當並傳無疑云。〔註 714〕書後有萬曆二年（1574）馬文煒《刻困學纂言後序》，亦稱其明道之功。〔註 715〕

此書有隆慶庚午刊本。此本據中國科學院圖書館藏明萬曆二年馬文煒刻本影印。

【附錄】

【張學顏《困學纂言序》】勺溪李公蒞政期年，興學造士，平賦節財，貯粟捍災，褒善癉惡，葺城池，聯保甲，飭鄉約，諸所措注，大都自純心實學出之，故淪浹於吾民者如赤子，樂有怙恃。復即文靖李公祠，構崇德書院，而以克念揭諸堂，冀多士希往哲，達聖域也。又慮學者溺於藝文，靡所裁正，梓手錄《困學纂言》昭示規範。余辱公與進，得受而讀之。首學問以啟其端，而次以立志，謂學必原於志也。次以存心，謂學當反諸心也。精思，思所學也。實踐，踐所學也。謹言以默識，此學也敬事以涵養，此學也求師以正，此學也取友以輔，此學也繼以作文讀書，而附以舉業，所以破俗學之弊，以約於正學也。由洙泗以及濂洛，自往代以及本朝，凡儒紳碩彥，善行嘉言，取其體驗於身心者，匯選為篇，入德之序，作聖之基備於此矣。竊謂公邃學卓識，久稱於海內，豈不能自立訓言，垂於不朽，乃心獨遜避，以困學自居，纂已往已試者

〔註 714〕《續修四庫全書》第 1188 冊，上海古籍出版社，2002 年版，第 443～444 頁。今按：四庫館臣未能對明代理學家做到「同情之理解」，而是針鋒相對，竭力封殺。

〔註 715〕《續修四庫全書》第 1188 冊，上海古籍出版社，2002 年版，第 515～516 頁。

為鑒，則公師善無常檢身不及之心益又可見。若世儒操勝心浮氣以自是，少有所得，輒嘵嘵著作，標立門戶，及稽其言與行，心與理，猶緇素之不相侔焉。視公寧無怍色耶？先正李文達謂，仕途中惟薛大理能以理學為務。公兩治劇邑，皆以心學自淑，而又推以淑人。今觀是編，撮眾論之精華，翼聖學之宗旨，約而不遺，核而不雜，質之河汾《讀書錄》，當並傳無疑也。或謂公大人司馬翁以豪傑之才，而濟以聖賢之學，屢為國家建大功，定大難，偉然樹大臣師表。公與仲氏見羅公恪承庭訓，如兩程得於大中，兩蘇得於明允，故其踐履純正，造詣精深如此。余於是益知公之學有本原雲。隆慶庚午小春望日，賜進士、中憲大夫、整飭薊州等處兵備、山西按察司副使、前工科給事中、古肥張學顏撰。

【蔡國熙《困學纂言序》】勺溪李公之宰肥鄉也，屏操切，崇贍養，精神徹於閭閻，德澤沾於黎庶，猶慮逸居不可無教，而教民當自士始，乃建崇德書院，為育士之地。刻《困學纂言》以示之規繩。徵予言為序。予竊窺公之學，真修實詣，不逾年而孚洽士庶，蓋駸駸然明著矣。乃惓惓以困學為言，豈徒為自抑哉？公之教與學，可默識矣。夫人有此身，則有家國天下之感，感安能盡如吾意，而動復不慎，困從生焉。學也者，反求諸心，以通乎其困者也。人惟不知學，可以通其困，恣意冥行，終身顛仆，沉陷於污淖之內，而不自覺，且或據以為安，則不反求諸心之過也。夫人心本自廓然，順適困學，何為哉？自受氣成形以來，有我之私，流注藏伏，既深且久，非苦心堅志，湔刷蕩除，百倍其功，遽可語此？世之學者或易言之，倚靈明而憚檢束，任怡愉而忘戒懼，往往即其資質之近似，意見之彷彿者，以為道在是矣，而不知力去其有我之私，精研乎天理之當，視困學之功若有所不屑者。及其礙於動也，則又借閎曠無礙之說以自文，而叩其中，未必真能灑然自得，只以自欺而已。此勺溪公之所深憂，而《困學纂言》所由刻也。學者誠知學問之必不可已，而其要莫先於立志，奮然欲自立於宇宙之中，而不為碌碌私狹之習見小其身，則所以進德修業自有階次可循。如編中所云者，不騖於高遠，不流之因循，道其庶幾矣乎。《易》曰:「困，德之辨也。」孟氏有云:「困於心，衡於慮，而後作。」夫惟困衡而作，其志則天德昭晰，而不迷於悔吝之途。此纂困學之意也。予顓昧非知學者，然矢志潛修，一念耿耿，不敢渝。讀是編，深有當於心者，敬以發公纂言之意，竊願與友朋共勉，而勿甘於民下云。隆慶庚午十一月之吉，賜進士出身、中順大夫、知直隸蘇州府事、永年蔡國熙序。

【李栻《困學纂言序》】嘗聞之先正云：「天下有道，則人尚行；天下無道，則人尚言。」尚行則篤實之風行焉，尚言則矯偽之風行焉。則所尚誠偽之間，非獨一身之修否攸繫，寔天下之治亂所關也，可不慎與？予自結髮操翰，即學為古文詞，蓋馳騁於楊、馬、漢、魏之間者，亦已數年。既聞父師之訓，乃反而求之身心，性資木訥，不能為高論，以飾聽聞。凡言之未能行者，尤赧然不敢出諸口也。乃取朱子所編《宋名臣言行錄》與濂、洛、關、閩諸君子之言，伏而誦之，見其所行皆篤實，可為法程，所言皆精切，不務玄遠，以為士君子之言行必當如此，乃為無愧於心，而不負所學，寔孜孜焉，未嘗一日敢去於心。故凡一言有所警省，有所感觸，可資進修以為身心之益者，必取而識之，以自鞭勉。蓋非敢謂能之，亦區區願學之私，不容已耳。而積纍之久，不覺盈帙，乃茲叨尹肥鄉聽政之暇日，與諸士相規益。此方士習端樸，尚有李文靖公之遺風，亦安予之樸，不以為陋也。因出此與諸士共勉之，復為稍加類次，近代理學精切之言亦以附焉。蓋詞難分析，而編有倫次，義寔貫通，雖上達精微之理未之敢及，下學切要之功或無以易於此矣。倘知學問之不可已，志立心存，而精思以實踐，謹於言事之際，求之師友之間，不徒空言以欺人，而自欺其心，則其篤實光輝自有不容掩者。讀書作文，特其遊藝之餘事耳。願與諸士共勉之。隆慶庚午陽月上澣之吉，賜進士、文林郎、知肥鄉縣事、豐城李栻書於崇德書院之克念堂。

【劉伯生《困學纂言序》】《困學纂言》者何？纂有益於身心之格言也。云困學者何？學興於困也。夫學不力不沉，不沉不悟，天將旦而故昧學，求通而故塞，此實修業。予不意今之時有為古人之學如李子者哉？古之為學者一，今之為學者三。古人之學，自物理心意一身而達之家國天下，有綱目次第，勿助勿忘，譬諸蜀錦，刷絲無纇，密而有條，庶能以成其黼黻之章。今也不然。談道者徒蔓枝葉，與心相違。學古者糟粕歐、蘇，無裨經濟。甚者人累科舉，剽竊以為能，而文何有於古人為學之次第？三者淪胥，以非無惑矣。李子幼醇敏，年二十，賦《七難》，上下數千百言……其志之所立，心之所存，的然以聖賢為歸。夜思而夙踐，言動不苟。又以取正於師友之間，故讀書有當於心者，輒榷而識之，匯粹成編，分為六卷，列為十二目。言人人殊，各有區，蓋與斯道斯學相華實而不雜，切近痛快，使人興起。學者先讀首一卷，見得人而不學，是謂虛生，志焉未立，於學何有？將必猛然者悟，銳然嚮往，舉天下更無可尚之物，乘其夜氣清明，互相參驗，內而心思，外而言行，有所歸宿，釋茲在茲，以至親師取友，皆其所不容已者矣。夫學問得力，心志不岐，根本既固，英華從生，為古文可也，今文亦可也，得其一而三者皆舉之矣。嗟乎！李子其實修者乎？夫實修之學於用力為難，如赴國，然道不可假，程不可越，跬步未前，難以語至。故眾人鮮從事焉。不知聖人生知，猶用學知之功。吾人學知，則當用困知之功。是以古之聖賢盤盂几杖，莫不有銘，瞽誦工歌，朝夕警戒。十五年學恭而安，二十年斷色慾，以豆記念，毫無假借，於其間非實修，其誰能之？是編也，昔嘗梓於肥鄉。予得之最先，以示家塾。傳錄弗能休。適李子來按楚，郢人士相率跽請，乃得復梓於郢。予為序其顛末如此。李子政尚體要，期會簿書，罔以繩下事務以德化民，志欲復古唐虞三代之治。觀其所以治邑，與今日之按楚者，皆實踐也。彼一登仕版，縱其所嗜，色授魂與，豈皆未讀是書乎？萬曆甲戌夏六月朔日，賜進士、承德郎、南京吏部文選清吏司主事、德安劉伯生撰。

【馬文煒《刻困學纂言後序》】侍御勺溪李公來按楚，始自德安，飭吏肅紀，考俗詳刑，諸所錯施既備，秩秩有澄清風。維時士庶方曠見之，而公益持虛懷，不自足，惓惓以明道淑人為念。乃進諸士子誨之，反覆於一貫之旨，既又出其所手輯書，名曰《困學纂言》者示文煒。奉而讀之，見其昭昭為入道階，不覺躍然請曰：「此明道淑人之具也，盍梓之以廣其傳？」公許焉。於是退而授之梓人。工既竣，竊復僭言於末簡。夫自堯舜至於孔孟氏，皆身斯道之統，天下人翕然宗之。孔孟而後，寥寥焉，逮有宋濂、洛、關、閩諸君子出，而後斯道一大著。夫孔孟而後，如董、韓輩，未嘗不言道，而斯道之明，又向待於濂、洛、關、閩諸君子也，蓋明其道者未必能行，因文以見之者未必體之以身。故其教竟歸於詞章，而無益於世。若宋之諸君子，則非徒言之，實身蹈之，故能倡斯世而共由也。公之為是書，其妙契乎諸君子之所以倡斯世者矣，今又廣其傳，以倡楚之人，即濂、洛、關、閩諸君子復出，何以過哉？我楚人士，其相與體驗於身心，使尚行之風成於江漢，而我公明道之功可與諸君子並焉，斯為不負矣。然公之心非獨在楚也，將由楚而及天下也。文煒不佞，敢告夫天下之觀是書者。萬曆二年甲戌夏六月，前德安府知府青齊馬文煒拜手謹書。

【四庫提要】《困學纂言》六卷，明李栻輯。栻字孟敬，豐城人。嘉靖乙丑進士，官至浙江按察司副使。是編乃隆慶庚午栻為肥鄉知縣時所刊。分十二門：曰學問，曰立志，曰存心，曰精思，曰實踐，曰謹言，曰敬事，曰求師，曰取友，曰讀書，曰作文，曰舉業。皆採摭古人議論近於講學者，分類次敘，然講學及於作文，抑已末矣。作文之外，又別立「舉業」一門，其說尤未免於雜也。(《四庫全書總目》卷一百三十一「子部四十一・雜家類存目八」)

初潭集三十卷　（明）李贄撰

李贄有《九正易因》，已著錄。

其名曰「初潭」者，言落髮龍潭時，即纂此書，故以為名。書前有李贄自序，稱以《世說》合於《類林》，以少從多，以多現少，合而為連壁，雖誌喜也，實誌歎也。〔註716〕

書凡五類，卷一至卷四曰夫婦，卷五至卷八曰父子，卷九、卷十曰兄弟，卷十一至卷二十曰師友，卷二十一至卷三十曰君臣。以儒家五倫為類，每類之下，又各有子目，凡九十有七，子類之後，多有總論。其內容則採自《世說新語》《焦氏類林》，而重加編排，加以評語，短則數字，長則百十言，簡短精練，無長篇大論。〔註717〕夫婦篇前有《總論》一篇，倡夫婦為五倫之始，萬物皆生於兩之說，反對程、朱道學以「天理」為根源之論。書中多詆道學之論，如曰：「夫唯無才無學，若不以講聖人道學之名要之，則終身貧且賤焉，恥矣，此所以必講道學以為取富貴之資也。然則今之無才無學、無為無識，而欲致大富貴者，斷斷乎不可以不講道學矣。」（卷十一「三釋教」）又稱：「使明天子、賢宰相燭知其奸，欲杜此術，但不許囑託，不許遠嫌，又不許引稱古語，則道學之術窮矣。」（卷十九「六篤義」）又稱：「道學，其名也，故世之好名者必講道學，以道學之能起名也。無用者必講道學，以道學之足以濟用也。欺天罔人者必講道學，以道學之足以售其欺罔之謀也。」（卷二十「二道學」）又有論三教者，如李溫陵曰：「儒、釋、道之學，一也，以其初皆期於聞道也，必聞道然後可以死，故曰『朝聞道夕死可矣』，非聞

〔註716〕《續修四庫全書》第1188冊，上海古籍出版社，2002年版，第519～521頁。

〔註717〕同濟大學劉強教授認為，李贄一生酷嗜《世說新語》，並曾做過評點，其晚年編撰的《初潭集》一書，又採錄《世說新語》近800條，其中180餘條有評點。然李贄卻稱《初潭集》為「儒書」，無論體例還是思想旨趣，均與其他「世說體」小說不同，反映了晚年李贄雖然行止狂狷，本質上仍是一心繫孔門的儒家士人。見《李贄〈初潭集〉在〈世說〉研究史上的獨特意義》，文載《蘭州學刊》2015年第2期。

道則未可以死……今之欲真實講道學，以求儒、道、釋出世之旨，免富貴之苦者，斷斷乎不可以不剃頭做和尚矣。」（卷十一「三釋教」）

《四庫全書總目》列入雜家類存目，稱大抵主儒釋合一之說，狂誕謬戾，雖粗識字義者，皆知其妄，而明季乃盛行其書，當時人心風俗之敗壞亦大概可睹云云。四庫館臣排擊思想異端，攻之不遺餘力焉。然今人對李贄之理學思想〔註 718〕、婦女觀〔註 719〕皆頗為肯定。

此本據北京大學圖書館藏明萬曆間刻本影印。

【附錄】

【李贄《初潭集自序》】臨川王撰《世說》，自漢末以及魏晉，二百年間物耳，上下古今固未備也。《焦氏類林》起自羲、軒，迄於勝國，備矣而復遺《世說》不載，豈以《世說》為不刊之書邪？其見卓矣。其見卓，固《類林》仍復為不刊之書焉。今觀二書，雖千載不同時，而碎金宛然，豐神若一。學者取而讀之，於焉悦目，於焉賞心，真前後自相映發，令人應接不暇也。譬則傳神寫照於阿堵之中，目睛一點，則其人懔懔自有生氣。益三毛，更覺有神，且與其不可傳者而傳之矣。雖曰以無為有，亦奚不可。若夫四體妍嗤，本無關於妙處。千載而後，倘有神師，我知其不屑也，而況顧虎頭哉？然則世間非無畫師也，亦曰徒能具四體妍嗤云耳。神者不傳，為日已久，二書之不刊，其道固在於是。李和尚曰：是書也，合之則連璧，分之則雙珠。《世說》《類林》自爾並行於世無疑矣。若劉孝標之注《世說》，是一《世說》也。有《世說》而不得注《世說》者，是尚為眇一目未可也。然則劉氏注《世說》，亦《世說》也。《類林》者，廣《世說》，亦《世說》也，皆所謂《世說》也，而《類林》備矣。夫既謂之《廣世說》矣。設若以《世說》合於《類林》，以少從多，以多現少，合而為連璧，又奚不可？吁！此又老人開卷之一便者，非自附於昔賢，而曰吾老矣，猶能述而不作也。《類林》成千萬，歷戊子之春，予以是秋築室龍潭之上，至潭而讀之，讀而喜，喜而復合賞心悦目於是焉。在今二書如故，不益一毛，故不敢復名其書，而但曰「李氏初潭」，言初至潭首讀此也。嗚呼！何代無人？特憾無識人者。何世希音？特憾無賞音者。今不念傳神者之難遇，而徒羨人物之盛，於魏晉亦惑矣。謝安石有云：「顧長康畫有蒼生以

〔註 718〕王忠閣：《論李贄初潭集對理學思想的批判》，《江漢論壇》2003 年第 3 期。

〔註 719〕甄靜：《初潭集·夫婦中所體現的婦女觀》，《河北北方學院學報》2013 年第 3 期。

來所無。」今夫千古人物猶魏晉也，而顧長康邈矣，予是以歎之。然則李氏初潭，雖誌喜也，亦誌歎也。（李贄《李溫陵集》卷之十）

【李贄《初潭集又序》】初潭者何？言初落髮龍潭時即纂此，故曰初潭也。夫卓吾子之落髮也有故，故雖落髮為僧，而實儒也，是以首纂儒書焉。首纂儒書，而復以德行冠其首，然則善讀儒書，而善言德行者實莫過於卓吾子也。序曰：有德行而後有言語。非德行則言語不成矣。有德行而後有政事、文學，非德行則政事、文學亦不成矣。是德行者虛位也，言語、政事、文學者實施也。施內則有夫婦，有父子，有昆弟，施外則有朋友，有君臣，孰能闕一而可乎？今且以夫婦言之，舉夫婦一端，又且以許允阮新婦一人言之，觀其欲責許允之好色，而先詰以士有百行之一言，頓使允夫反情易向來相敬重，則言語可少哉？又知明主不可情求，而宜奪之以理，知無預諸兒事，而但教以如常方。允之被收也，婦猶在織，而機不下。史贊其與允書極為悽愴，則政事、文學又何如也？一婦人之身，未嘗不備此三者，何況人士？故孔門別四科，而首德行，言其該括於此也。故言德行，則三者在其中。非三者，則德行將何所見乎？言夫婦，則五常可知。豈有捨五常而別有言語、政事、文學乎？此非臆論也。孔氏之說也，至為易知，至為簡能者也。予既自幼習孔氏之學矣，是故亦以其學纂書焉。書誠可矣，何以可？曰可也簡。（李贄《李溫陵集》卷之十）

【四庫提要】《初潭集》十二卷（內府藏本），明李贄撰。贄有《九正易因》，已著錄。此乃所集說部，分類凡五：曰夫婦，曰父子，曰兄弟，曰君臣，曰朋友。每類之中又各有子目，皆雜採古人事蹟，加以評語。其名曰初潭者，言落髮龍潭時即纂此書，故以為名。大抵主「儒、釋合一」之說。狂誕謬戾，雖粗識字義者皆知其妄，而明季乃盛行其書，當時人心風俗之敗壞亦大概可睹矣。（《四庫全書總目》卷一百三十一「子部四十一．雜家類存目八」）

【夫婦篇總論】夫婦，人之始也。有夫婦然後有父子，有父子然後有兄弟，有兄弟然後有上下。夫婦正，然後萬事萬物無不出於正矣。夫婦之為物始也如此。極而言之，天地，一夫婦也，是故有天地然後有萬物。然則天下萬物皆生於兩，不生於一明矣。而又謂「一能生二，理能生氣，太極能生兩儀」，不亦惑歟！夫厥初生人，惟是陰陽二氣，男女二命耳，初無所謂一與理也，而何太極之有！以今觀之，所謂一者果何物，所謂理者果何在，所謂太極者果何所指也！若謂二生於一，一又安從生也！一與二為二，理與氣為二，陰陽與太極為二，太極與無極為二。反覆窮詰，無不是二，又惡睹所謂一者，而遽爾妄言之哉！故吾究物始，而但見夫婦之為造端也。是故但言夫婦二者而已，更不言一，亦不言理。一尚不言，而況言無；無尚不言，而況言無無。何也？恐天下惑也。夫惟多言數窮，而反以滋人之惑，則不如相忘於無言，而但與天地人物共造端於夫婦之間，於焉食息，於焉言語，斯已矣。《易》曰：「大哉乾元，萬物資始！至哉坤元，萬物資生！資始資生，變化無窮，保合太和，各正性命。」夫性命之正，正於太和；太和之合，合於乾坤。乾為夫，坤為婦。故性命各正，自無有不正者。然則夫婦之所繫為何如，而可以如此也夫，而可以如此也夫！

【師友一·評論】儒、釋、道之學一也，以其初皆期於聞道也。必聞道然後可以死，故曰：「朝聞道，夕死可矣。」非聞道則未可以死，故又曰：「吾以汝為死矣。」惟志在聞道，故其視富貴若浮雲，棄天下如敝屣然也。然曰浮雲，直輕之耳，曰敝屣，直賤之耳，未以為害也。若夫道人，則視富貴如糞穢，視有天下若枷鎖，唯恐其去之不速矣。然糞穢，臭也，枷鎖，累也，猶未甚害也。乃釋子則又甚矣。彼其視富貴若虎豹之在陷阱，魚鳥之入網羅，活人之赴湯火然：求死不得，求生不得，一如是甚也。此儒釋道之所以異也，然其期於聞道以出世一也。蓋必出世，然後可以免富貴之苦也。堯之讓舜也，唯恐舜之復洗耳也。苟得攝位，即為幸事，蓋推而遠之，唯恐其不可得也，非以舜之治天下有過於堯，而故讓之位以為生民計也。此其至著者也。孔之蔬食，顏之陋巷，非堯心歟！自顏氏沒，微言絕，聖學亡，則儒不傳矣。故曰：「天喪予。」何也？以諸子雖學，未嘗以聞道為心也。則亦不免士大夫之家為富貴所移爾矣。況繼此為漢儒之附會，宋儒之穿鑿乎！又況繼此而以宋儒為標的，穿鑿為指歸乎！人益鄙而風益下矣。無怪其流弊至於今日，陽為道學，陰為富貴，被服儒雅，形若狗彘然也。夫世之不講道學而致榮華富貴者不少也，何必講道學而後為富貴之資也？此無他，不待講道學而自富貴者，其人蓋有學有才，有為有守，雖欲不與之富貴而不可得也。夫唯無才無學，若不以講聖人道學之名要之，則終身貧且賤焉，恥矣。此所以必講道學以為取富貴之資也。然則今之無才無學，無為無識，而欲至大富貴者，斷斷乎不可以不講道學矣。今之欲真實講道學以求儒、釋、道出世之旨，免富貴苦者，斷斷乎不可以不剃頭做和尚矣。

宋賢事匯二卷　（明）李廷機輯

李廷機（1542～1616），字爾張，號九我，晉江人。萬曆十一年（1583）進士，授翰林院編修，官至禮部尚書、東閣大學士，謚文清。著有《通鑒節要》《四書臆說》《春秋講章》等。生平事蹟見《明史》本傳。《國朝獻徵錄》卷十七有李廷機《大學士李先生自狀》，自稱平生志不在卑庸，以一介窮儒，巍科華貫，當思所以砥礪樹立，報答國恩，無使死之日有餘粟餘帛以累君父，故硜硜自矢云云。

首有廷機自序，稱佩仕優則學之訓，每以暇日觀史，因見宋世風人材，頗類今日，其言論行事，往往有可為今日用者，因採而匯之云。〔註720〕

是編雜採史書、說部所載宋人行事，卷上分誠實、廉介、澹泊、遠器、氣度、雅量、識見、公正、執持、擔當、識體、慎重、凝定、鎮靜、薦擢、處事、應猝等十九類，卷下分政事、荒政、紀綱等二十四類，凡四十三類。多則數十條，少則一二條。

《四庫全書總目》入雜家類存目，稱宋、明之季儒者如出一轍，此類亦可以觀云云。今按：有大唐之風，有宋、明之風，一以雄著，一以辯稱。有清以降，君子道消，人才日偽，世風日下矣。

此書有明萬曆胡士容、袁熙臣刻本、明天啟五年蔡善繼、夏休生刻本。此本據南京圖書館藏明刻本影印。

【附錄】

【李廷機《宋賢事匯自序》】《易》曰：「君子多識前言往行，以畜其德。」聖門狂者動稱古之人、古之人，夫古之人豈異人哉？以今人不若古人，而始見古人之為高。然今人未嘗不可為古人也，而不能者，志不狂若也。志之不立，終其身汩沒於聲利之場。案頭所置不離乎朝報仕籍，學彌荒，氣彌俗，究其所不過顯膴，舉千秋大業以博區區，亦可惜已！余佩仕優則學之訓，每以暇日觀史，因見宋世風人材，頗類今日，其言論行事，往往有可為今日用者，因採而匯之。蓋吾方寸中，元有古人，如穀之種，木之根，不溉不滋，不培不發。是編故所以溉之培之之助也。顧余又聞先正論讀書云：「讀得一尺，不如行得一寸。」夫庖人烹而不自飲食，優人唱談竟日，曲本而已。傭書者矻矻筆石間，於書無與也。有如讀書而不能用，遇事臨時曾不見其得力，與庖人、優

〔註720〕《續修四庫全書》第1189冊，上海古籍出版社，2002年版，第97～98頁。

人、傭書何異？余既謝事老矣，然一二尚可勉者，何敢不勉？晉江李廷機序。

【陳弘謀按】宋世人材最盛，名公鉅卿，或起家外吏，或由重臣，出歷州郡，其政事卓卓可紀，皆由蘊蓄深厚，非矜才任氣者所可幾也。李九我先生所輯《宋賢事匯》，分門附類，略等《世說》。余手此一編，以自考鏡，且慚且奮，十年於茲矣。茲輯《從政遺規》，特錄其切於政事者若干條。九我先生有云：「人之方寸，自有古人。如穀之種，如木之根，此編所以為溉之培之之助也。」時勢不同，心理則一，或師其事，或師其意，或更推而廣之。所得良多，願毋讓美古人也。

【四庫提要】《宋賢事匯》二卷（浙江汪啟淑家藏本），明李廷機撰。廷機有《漢唐宋名臣錄》，已著錄。是編雜採史書、說部所載宋人行事，分為四十三類。首有自序，謂宋之世風人材，頗類今日，言論行事，往往有可用者云云。宋、明之季，儒者如出一轍，此類亦可以觀矣。（《四庫全書總目》卷一百三十二「子部四十二·雜家類存目九」）

【溫公家風】司馬溫公光曰：先公為郡牧判官，客至，未嘗不置酒，或三行，或五行，不過七行。酒沽於市，果止梨、栗、棗、柿，殽止脯、醢、菜、羹，器用瓷漆。當時士大夫皆然。會數而禮勤，物薄而情厚。近日士大夫家，酒非內法，果非珍異，食非多品，不敢會賓友。嘗累日營聚，然後發書。苟或不然，人爭非之，以為鄙吝。嗟乎！風俗頹弊如是，居位者雖不能禁，忍助之乎？

焦氏類林八卷　（明）焦竑輯

焦竑有《易筌》，已著錄。

書前有萬曆十五年（1587）王元貞序，稱其編目則取於《新語》，而言自庖羲暨勝國，然書約言該，無庸考索，而百氏藝文，可一披閱間得之，古人嘉處似無遺云云。〔註721〕又有萬曆十五年（1587）姚汝紹序，云：「以視劉氏所纂，雖至簡少似不逮，然絕無叛道不經之談，所稱引固多秘翫，然皆參伍有徵，非臆說，非耳標，尤為可尊可信也。大都劉氏主在輔談，弱侯欲以為訓，意自各有攸存。」〔註722〕又有萬曆十五年（1587）李登士龍甫序，

〔註721〕《續修四庫全書》第1189冊，上海古籍出版社，2002年版，第177～178頁。
〔註722〕《續修四庫全書》第1189冊，上海古籍出版社，2002年版，第178～179頁。

稱是編搜百代之菁華，掇群書之芳潤，乃詳於倫紀而略於玼璺，該及品匯，而結局於仙、釋，其於名理心宗，往往而在，指示歷然，此其於《世說》又不知為孰多。是編雖主採輯，非自發其所蘊，而託契神遊，何人非我，一經編纂，便寄精光。〔註 723〕目錄後有萬曆十三年（1585）焦竑題記，稱庚辰讀書，有感葛稚川語「遇會心處，輒以片紙記之」。李士龍謂其可以資文字之引用，乃手自整理，取《世說》篇目括之。〔註 724〕

此書八卷，凡分五十有九類，其內容間或有與《世說新語》為重複者。《四庫全書總目》稱「皆非奇秘之文」，故入雜家類存目。然周中孚稱其書約而該，無庸考索，而子史藝文可一披閱間得之，惜其皆習見之書云云。〔註 725〕

此書有《粵雅堂叢書》本。此本據北京大學圖書館藏明萬曆十五年王元貞刻本影印。

【附錄】

【焦竑《焦氏類林自序》】余少嗜書，苦家貧，不能多致，時從人借本諷之，顧性頗愚，隨諷隨忘，有未盡忘者，往來胸臆，又不能舉其全為恨。表聖之詩不云乎：「亡書久似憶良朋。」真余意中事也。庚辰讀書，有感葛稚川語「遇會心處，輒以片紙記之」。甫二歲，計偕北上，因罷去，殘稿委於篋笥，塵埃漫滅，不復省視久矣。李君士龍見之，謂其可以資文字之引用，備遺忘之萬一也，乃手自整理，取《世說》篇目括之，其不盡者括以他目，譬之溝中之斷文，以青黃，則士龍之為也。嗟乎！古之學者提要鉤玄，率所不廢，顧余之寡昧，愧非其人，第割裂成書，破碎大道，為博雅之訾而已。書凡若干卷，其大意具編纂一篇，故綴之卷首。萬曆乙酉孟春，建業焦竑弱侯題。

【李登《刻焦氏類林引》】焦弱侯於書無所不讀，而提要鉤玄，動侔古人，每披書當賞會，與夫自有所見，欲以闡幽正訶者，輒手裂赫蹄，細書而貯之，紛紛總總，如禁臠在廚，碎錦在笥，未有秩敘。最後除自言者別為《筆乘》。其第輯錄備覽，覼者特付愚詮次，命愚子弟錄之。乃取《世說》標目，稍稍裒益其間，成帙時以余同版一印行之未廣也，茲王孟起氏博雅嗜古，爰壽諸梓，

〔註 723〕《續修四庫全書》第 1189 冊，上海古籍出版社，2002 年版，第 180～181 頁。
〔註 724〕《續修四庫全書》第 1189 冊，上海古籍出版社，2002 年版，第 182 頁。
〔註 725〕周中孚：《鄭堂讀書記》卷五十八。今按：全面研究可參考胡翠孌《焦竑〈焦氏類林〉研究》（浙江師範大學 2011 年碩士論文）。

以廣其傳，復徵引其端。《世說》一書，超超玄致，吾士林雅尚舊矣。是編搜百代之菁華，掇群書之芳潤，乃詳於倫紀，而略於玼璺，該及品匯，而結局於仙釋，其於名理心宗，往往而在，指示歷然。此其於《世說》又不知為孰多。夫化工造物，臭腐變為神奇，醫王蓄藥，溲勃皆以治療。是編雖主採輯，非自發其所蘊，而託契神遊，何人非我，一經編纂，便寄精光。吾徒手是書，即景行先哲，茲焉載途，潛窺秘奧，茲焉啟牖，悚然起，憬然悟，將在斯乎？將在斯乎？若含英咀華，博聞廣識，直其末事耳。觀者未論《筆乘》，即以此知弱侯可也。孟起氏其亦知弱侯者哉！萬曆丁亥冬孟，友人李登士龍甫識。

【王元貞《焦氏類林序》】夫古人嘉言垂不朽，咸可執法，後世顧具散逸紀載中，而簡冊浩窅，不啻如象緯川嶽，即窮搜博獵，未可考而悉也。矧士多淺鮮，惡得以涉其萬一，於是芳程懿誡，率泯泯無聞，惡用文為？往臨川王掇拾漢末魏晉諸名流所譚議，萃為《新語》，至今修辭者珍之。然玄言雅尚，標群絕俗，殊往古所未逮，斯亦奇矣。顧獨一時風致，漸靡任放縱，佚率曠達不羈，只可益抵掌資耳，曷足為要典？乃今焦弱侯氏攬百家，獵千古，言有當於心者輒手錄之，遂集成《類林》。其編目則取於《新語》，而言自庖羲暨勝國。然書約言該，無庸考索，而百氏藝文可一披閱間得之。古人嘉處似無遺矣。夫弱侯賦穎異資，志聖賢學，茲詎侈誇浮而抑性道哉？第欲好修之士廣聞見，而師於心，可襲往哲芳規，無徒為世俗汶汶緇也。藉令聞識閎博，顧挾以自廣，亦淺衷薄劣等耳，德載籍重而傳，弱侯重而錄也。噫！援古而示訓，乃即恥獨為君子者，其功偉矣。弱侯真有道之士乎哉？余不佞，踵李士龍之剞劂而益鋟之，以廣其傳云。時萬曆丁亥歲孟冬日，秣陵王元貞謹識。

【姚汝循《焦氏類林序》】昔漢末暨魏晉諸公雅善清言，謦款間皆成珠玉。宋臨川王劉義慶輯其雋永者如《世說新語》者傳焉，由是歷代珍之，在今尤盛……吾友焦弱侯氏具絕世資，於書無所不讀，乃先得我心。披覽之餘，自義、軒以及勝國，凡言之可以企踵《世說新語》者，皆筆出之，積久而多，取《新語》篇目，稍為增損、更正，類以入焉。既成，題曰《類林》。示予，命之序。予讀而卒業，乃今曰：「嗟乎，博哉美矣！」……萬曆丁亥中秋友人姚汝循書。

【四庫提要】《焦氏類林》八卷（江西巡撫採進本），明焦竑撰。是編前有自序，謂：「庚辰讀書，有感葛稚川語『遇會心處，輒以片紙紀之』，殘稿委於篋笥，李君士龍見之，乃手自整理，取《世說》篇目，括之其不盡者，括以他目，譬之溝中之斷文，以青黄，則士龍之為也。」士龍，為上元李登字。然則竑特偶為標出，而成此書者則登也。凡分五十有九類，皆非奇秘之文。(《四庫全書總目》卷一百三十二「子部四十二·雜家類存目九」)

說郛續四十六卷 （明）陶珽編

陶珽，字紫閬，號不退，又號稚圭，自稱天台居士，雲南姚安人。萬曆三十八年（1610）進士。官武昌兵備道、大名知府、永平知府。少有志於問學，遊李卓吾之門，規言矩行，老而彌謹。錢謙益稱其為人恂恂穆穆，詩文緣情而攄詞，據事而立論，未嘗標門牆，設壇宇，名為某氏之學云云。〔註 726〕著有《閬園集》。生平事蹟見《姚安府志》《雲南通志》《雞足山志補》。

陶宗儀《說郛》，迄於元代，是編雜鈔明人說部五百二十七種以續之，其刪節一如宗儀之例。此書四十六卷，前三十六卷已佚，此本存後十卷。如卷三十七鈔《水品》《煮泉小品》《茶譜》《茶錄》等書，卷四十六鈔祝允明《猥談》《語怪》、徐禎卿《異林》、田汝成《幽怪錄》等書。《造邦勳賢錄》載陶珽《續說郛》中，《四庫提要》疑為偽託。《戊申立春考證》提要稱陶珽《續說郛》亦載此書，但題曰《立春考證》，刪其戊申二字，已為舛謬，又因雲路字士登，遂誤以邢雲為地名，刪此二字，但題曰「路士登撰」，益足資笑噱。今考，編纂者署名陶珽，然陶珽及其友人著述均未提及此事，方志、目錄均未明載。《說郛續》與同時十餘種叢書使用同一批印版，彼此分合借用，校閱者多為書坊中人，此書實乃明末坊賈冒陶珽之名編纂而成。錄此備參。〔註 727〕

《四庫全書總目》列入雜家類存目，稱正、嘉以上，淳樸未漓，猶頗存宋、元說部遺意；隆、萬以後，運趨末造，風氣日偷，道學侈稱卓老，務講禪宗，山人競述眉公，矯言幽尚，或清談誕放，學晉、宋而不成，或綺語浮華，沿齊、梁而加甚，著書既易，人競操觚，小品日增，卮言疊煽，求其卓然蟬蛻於流俗者，十不二三。珽乃不別而漫收之，白葦黃茅，殊為冗濫。至其失於考證，時代不明，車若水之《腳氣集》以宋人而見收，鮮于樞之《箋紙譜》以元人而闌入，又其小疵云云。《軍機處上諭檔》七二八號「軍機大臣奏查辦《說郛》《續說郛》情形片」:「乾隆四十五年十一月二十一日，查

〔註 726〕錢謙益：《牧齋初學集》卷三十一。

〔註 727〕王玉超：《〈說郛續〉編纂者考》，《古籍整理研究學刊》2018 年第 6 期。

陶宗儀《說郛》，皆元以前書，現已抄錄入四庫書內，並非應毀之本。其陶珽所輯《續詆郛》，內有明末違礙之處，應行抽毀，俟該省解到時簽出進呈。進奏。」《軍機處上諭檔》七二九號「軍機大臣奏俟湖北省解到《續說郛》時黏簽進呈片」:「乾隆四十五年十一月二十二日，臣等遵旨查閱現在各省所繳違礙書籍，內並無陶珽《續說郛》一書。請俟湖北省解到比書時，即行黏簽進呈。謹奏。」對照二者可知，軍機處檔案是底牌，屬於內部機密；《四庫提要》為表面文章，旨在製造主流輿論，故意誤導天下士子。

此本據清順治三年宛委山堂刻本影印。

【附錄】

【四庫提要】《續說郛》四十六卷（通行本），明陶珽編。珽，姚安人。萬曆庚戌進士。是編增輯陶宗儀《說郛》，迄於元代，復雜抄明人說部五百二十七種以續之，其刪節一如宗儀之例。然正、嘉以上，淳樸未漓，猶頗存宋、元說部遺意。隆、萬以後，運趨末造，風氣日偷。道學侈稱卓老，務講禪宗，山人競述眉公，矯言幽尚。或清談誕放，學晉、宋而不成；或綺語浮華，沿齊、梁而加甚。著書既易，入競操觚，小品日增，卮言迭煽。求其卓然蟬蛻於流俗者，十不二三。珽乃不別而漫收之，白葦黃茅，殊為冗濫。至其失於考證，時代不明。車若水之《腳氣集》以宋人而見收，鮮于樞之《箋紙譜》以元人而闌入，又其小疵矣。(《四庫全書總目》卷一百三十二「子部四十二・雜家類存目九」)

雲薖淡墨八卷　（明）木增輯

木增（1587～1646），字長卿，一字生白，號華嶽，雲南麗江土司，世襲土知府，以助餉征蠻功，晉秩左布政使，年甫三十，即謝職。天啟五年（1625）特給誥命，以旌其忠。隱遁玉龍山南麓「解脫林」，埋頭讀書寫作。著有《雲薖集》《山中逸集》《芝山集》等。生平事蹟見《明史・土司傳》。

書前有木增自序，又有木增《雲薖淡墨小引》，稱其篇中或言之有補於身心者，或言之有裨於事務者，抑或字音釋義，有藉於考證者，悉擇而錄之，至若此書未盡，偶見之他書者，猥以己意足之。〔註 728〕又有楊汝成序，稱是編

〔註 728〕《續修四庫全書》第 1192 冊，上海古籍出版社，2002 年版，第 405～408 頁。

所載，雖不皆蓮臺淨土之言，而言三教可以證道原，言四時五行可以前民用，言惠逆果報可以增長人善根、斷除人邪妄，言天地山川、鳥獸草木、飲食珍異之屬，可以攝生，可以專對，可以疏淪耳目、破人之顓愚，可以借箸當前，取笏畫地，與國王大臣辨晰古今疑義，皆大有益於世。〔註 729〕又有閃仲儼、楊方盛、傅宗龍序，書後有王御乾後跋。

命其篇曰《淡墨》，蓋取諺語「廣記之不如淡墨」。木增好讀書，多與文士往還。此書蓋其隨筆摘鈔之本。《四庫全書總目》列入雜家類存目，稱其書大抵直錄諸書原文，無所闡發，又多參以釋典、道藏之語，未免糅雜失倫，特以其出自蠻陬，故當時頗傳之云。阮元《文選樓藏書記》卷五稱此書採摘群書故事，以資考證。〔註 730〕此書至劣，不足道也。

此本據明崇禎十一年木懿喬等刻本影印。

【附錄】

【木增《雲薖淡墨自序》】不才不揣譾陋，局於見聞，每於山居無事，觸景寫懷，偶成《雲薖集》，山中逸趣，竹林野韻，嘯月函空，《翠居錄》以及《雲薖淡墨》諸集，業經請政於名公鉅卿，有序有跋，然珥筆於人，書寫三次，而寫者之心與作者之心未必符合，或點畫之差，或字句之錯，難免亥豕魯魚之訛，凡觀覽君子，幸原諒而裁正之，是亦與人為善之一端也。（《續修四庫全書》第 1192 冊第 389 頁）

【四庫提要】《雲薖淡墨》六卷（浙江吳玉墀家藏本），明木增撰。增字生白，雲南麗江土司，世襲土知府。以助餉征蠻功，晉秩左布政使。年甫三十，即謝職。天啟五年，特給誥命以旌其忠。增好讀書，多與文士往還。是書蓋其隨筆摘抄之本，大抵直錄諸書原文，無所闡發。又多參以釋典、道藏之語，未免糅雜失倫。特以其出自蠻陬，故當時頗傳之云。（《四庫全書總目》卷一百三十二「子部四十二·雜家類存目九」）

【土司撰述】高麗、日本人撰述，間有流入中國者。人情好異，不論佳

〔註 729〕《續修四庫全書》第 1192 冊，上海古籍出版社，2002 年版，第 389～394 頁。

〔註 730〕《雲薖淡墨》是明代麗江土司木增所輯錄的一部類書。因徐霞客對此書作過序和校讎，加之採用江浙一帶最先進版刻技術刻印，流傳一時。詳參楊林軍《明代麗江土司木增遺作〈雲薖淡墨〉述評》（《雲南社會科學》2016 年第 2 期）。

惡，特深愛護。然高麗、日本原屬同文，撰述本汗牛充棟，不過未流行於中國耳。其流入中國者，乃萬億中之一二，不足異也。若土司之撰述，真歷代所絕無而僅有者，人轉不知，特為據《四庫提要》錄之於此：明雲南麗江土司世襲土知府木增，字生白，以助餉征蠻功，晉秩左布政使。天啟五年，特給誥命，以旌其忠。年甫三十，即謝職。平日好讀書，多與文士往還，撰《雲薖淡墨》六卷。雖係隨筆摘錄之本，直錄諸書原文，無所闡發，又多參以釋典、道藏之語，未免揉雜失倫，當時以出自蠻陬，頗行於世云云。亦可見人心之好異矣。（劉聲木《萇楚齋隨筆》卷五）

昨非庵日纂二十卷二集二十卷三集二十卷 （明）鄭瑄輯

鄭瑄，字漢奉，閩縣（今屬福建福州）人。為鄭日休孫。崇禎四年（1631）進士，知嘉興府，遷寧紹副使，累擢大理寺卿，官至應天巡撫。生平事蹟見《明史》卷一三五。

《千頃堂書目》小說類著錄，《四庫全書總目》入子部雜家類。此書皆記古人格言懿行，凡二十卷，每卷為一類，凡宦澤、冰操、種德、敦本、詒謀、坦遊、頤真、靜觀、惜福、汪度、廣慈、口德、內省、守雌、解紛、悔過、方便、徑地、韜穎、冥果二十類。每類各為小引（見附錄）。《二集》《三集》分類同。其書或拾訓言，或標行事，或類名物，或舉經濟，或理情性，或吐臑臆，大旨歸於俪仁讓義、務本節用。或者曰：「此皆習聞習見者耳。曷不搜其新奇可喜者，以竦聽聞？」對曰：「夫尚鞶悅不尚躬行，非予志也。」『或又曰：「若然則錄其可法而傳者足耳，乃善否雜陳，將無薰蕕並器？」對曰：「而未瞻岳氏之祠乎？範武穆以泥，而鑄檜、卨且以金，後世之欲存檜、卨更甚於欲存武穆耳。夫溪流之澄映也，上可鏡鬚髮，下可數游鱗，寸苔拳石，纖毫莫遁。提吾清夜之靈，而法戒陳於前，罪福儆於後，有不肅然懼翻然惺者，必讀《陳情》《出師》二表而不下淚者耳。使余而知昨之為非也，餘則益矣；使余而令非之猶昨也，余滋懼矣。」

書前有鄭瑄自序，稱其中懿行嘉言、芳規覆轍，睹記不一，反而自鏡，皆己事之韋弦，因採其得失攸關者，編為二有十類，曰《昨非庵日纂》。〔註731〕又有顧錫疇序，稱二十類具在扶頹俗，醒凡心，以此起教化而正人心，鄭子

〔註731〕《續修四庫全書》第1193冊，上海古籍出版社，2002年版，第17～19頁。

之書，而天下後世德行之門云云。〔註 732〕又有明喻思恂、許豸、陳繼儒、南明唐王等序。《二集》前有乙亥何如寵題詞，又有馬鳴起、顧錫疇、徐石麒序。《三集》前有祁彪佳序。崇禎十六年（1643）錢謙益《昨非庵日纂三集序》稱此書則公之《難經》《脈經》與其驗方也。〔註 733〕檢《清代禁燬書目四種》，有《昨非庵日纂》之名：「查《昨非庵日纂》三集，係明鄭瑄撰，其書前有錢謙益序文，應請抽毀。」

明蕭士瑀《陶菴雜記》稱所集皆行己寶嗇、惜福卻老之事，與《迪吉錄》相為表裏，讀之醒目，覺此書尤快慊云。然《四庫全書總目》稱其議論佻淺，徵引亦多雜糅，冥果一類，皆出小說家言，往往荒誕不足信，尤不可為典要云云。館臣所論未免褊狹矣。

此本據明崇禎間刻本影印。

【附錄】

【顧錫疇《昨非庵日纂序》】鄭子漢奉《昨非日纂》成，亟示余。余受讀之，既曰：「此鄭子之書，而天下後世德行之門也夫！」夫古先王教明道行，詩書禮樂為人經，中正仁義為人行。上育其民，士厲其俗，罔弗若也。世下而經行不迪，民乃用戾。大人先生其能以善及人者，譬如卿雲瑞露之以時見，而器車海觀之不世出也。況夫一行作吏，簿書短其目力，錢穀亂其心志，則又以宇內之人心為逖，不及計者邪？嗚呼！天下其奚由以治也？余近觀世變，竊以為，內外之訌哭不足定，而無教化為大憂；食貨刑獄瑣細不足詰，而人心之褊靡險競為至慮。無教化則不順倫，而覯史冊未有之悖事；人心褊靡險競，則不審自立，不知止足，而為一日無關名教之小人。故鄭子之書不可不讀也。鄭子視事南庾，籬扒概量，日不暇給，能於此中便以千秋百世之人心為己任，其識量可謂遠矣。二十類具在，扶頽俗，醒凡心，以此起教化而正人心，庚庚乎易知而易行也！詩書禮樂求其所驗，中正仁義取其可表，蓋無若斯所載之為明矣。故鄭子修其謙，以為是今古之成文吾則纂之，而余斷以為是鄭子之書，而天下後世德行之門也。（下略）

【喻思恂《昨非庵日纂序》】自三代以下者，天下不勝啍啍矣。一竅日鑿，渾沌且不能保七日之有，而況標季乎？故今世之仁人君子蒿目而憂世之患，

〔註 732〕《續修四庫全書》第 1193 冊，上海古籍出版社，2002 年版，第 4～8 頁。
〔註 733〕（清）錢謙益：《牧齋初學集》卷四十，上海古籍出版社，2009 年版，第 1074 頁。

刳灑拯救，誠非餘食贅行以中物意也。蓋鉤繩規矩削性者，不可語於正；繩約膠漆侵德者，不可語於固。所以古之人深過彎卷傖囊而亂天下者職此。試維其道，莫若揭德性之情，使天下無失常然之樸，放風而動，總德而立，而後庶幾哉！鄭郡伯一麾出守，政閎閎而民淳淳，知無欲也。然簡發數米，竊竊無足濟世者弗之取，有所以振之，俾目擊而道存，在乎排纘。夫簿書填委，猶證向今故，寧惟是大知觀於遠近，掇而不跂，扶進之功殆莽乎大荒兮其未央也。昔老莊之言曰「太上立德，其次立言」，與語仁義忠信恭儉推讓為修為，平世之士教誨學者之所好此物此志也。方今聖人在上，弘敷經術。靡非曲折呴俞，以慰天下之心。得是集，助其引翼，步亦步，趨亦趨，斷未有瞠若乎其後者。行填填，視顛顛，企於吾身，親見之矣。語不云乎：「與善人居，如入芝蘭之室，久而不聞其香，即與之化。」何也？同於德者，德亦樂得之；同於性者，性亦樂得之。無他，常然已耳。故知善救人者無棄人，善救物者無棄物。若夫求馬唐肆、扣盆捫籥之徒，如輪扁之釋推鑿而上，項金之眯芻狗於前，非善讀書者，尤非善讀書以善救世者。余將張口而不能噌矣。蜀昌元喻思恂題於撫署之忠敬堂。

【許豸《昨非庵日纂序》】范文素自從任未嘗釋卷，人或勉之。文素曰：「昔有異人，嘗與吾言，他日必當大任。苟如此言，無學術何以處之？」甚哉，斯言之闊達也！士人一頂進賢，不知者謂黄葉，謂叩門磚子，讀書之債已矣。試問伏軾受事以來，入性命，出事功，千徑萬波，披離震灼，畢竟得力知在何處？其間有得有失。再披往帙，龜鑑早懸，乃始悔未極群書，恨古人見我晚也。人人稱然而事過輒已……漢奉固以無益而不出乎此也。漢奉非言其所言，正言其所行。言其所言雖漢奉之言，而皆古人之言；言其所行，雖古人之行而實漢奉之行。昔人不云乎：「讀千卷不如行得一字。」然則茲編也，漢奉現身說法可矣。年社弟許豸頓首題於虎嘐之清滌堂。

【鄭瑄《昨非庵日纂自序》】自昔雄奇穎異之士，學靡所不探，識靡所不窮。筆可為冢，墨可為池，門可為龍，舟可為仙。風流標韻，闊步横睨，而於寸掬靈明，反茫不為較勘。二六時中，凡服官齊家、褆躬接物、調神塞兑、理明質幽種種，對勘蕩軼，不知凡幾。始則不知其非，自以為是；既則知其非而姑任焉；久則途徑日熟，且以是為非，以非為是，而望溟適越，悵岐路其何之；認主作奴，裏衣珠而行乞。嗟乎，日展轉於非中而誰一悟也？予賦性莽，趨事每過銳，以故履錯恒多，然旋錯旋悔，知非一念猶幸未甚汨沒。視事南庚，凡酷焰嚴凍無刻不奔走篩曬之場，睛幾枯而腕幾脫，而吾鼎自愛，一書一琴而外，廚煙屢絕。每當蕭然岑寂之時，輒欣欣自幸曰：「此政吾輩做工夫時節也。」横搜典籍，旁逮稗野，以至名公之訓誡，時賢之著述，其中懿行嘉言，芳規覆轍，睹記不一，反而自鏡，皆己事之韋弦。因採其得失攸關者編為二有十類，曰《昨非庵日纂》……昨非庵居士鄭瑄漢奉甫題於白下公署。

【陳繼儒《昨非庵日纂序》】儒丁丑正八十矣。少而失教，長而失學，倀倀然如無燭而夜行也。每照鏡歎曰：「吾其訖於此乎？」已讀《昨非庵日纂》而歎鄭大夫乃我導師耳。鄭大夫漢奉自辛未起家，視庾陪京，出守嘉郡，卓然端冕而有德威，不肯為錢穀簿書所埋沒，俯而讀，仰而思，有得輒拾片牘手署之，以資學古。入官之助自古豪傑必有老者為之師，如張留侯之黄石公，曹平陽之蓋公，諸葛武侯之龐德公，皆龐眉黄髮，明炳幾先，所謂逐麋鹿、搏虎豹則不足，而定猶豫、決嫌疑則有餘也。若欲尋昨人於今人中，捨此焉往？惜其一行作吏，唯與臺幕客之與俱。下牀履地，詿誤初不及微塵，而久之積怨崇於丘山深於坑塹。雖吞刀刮腸，洗以純灰三百斛，嗟何及矣！坐無導師，勢必至鹵莽杜撰。有志者莫若退而索之於書。凡平生尤悔不必待夜氣清明，亦不必待旁人指摘，而讀書既多，即纖悉瑕疵照膽可以自見。但俊辨高材生強半入於花草，能言之言而非關係世教立言之言也。立言如鄭大夫，讀書不大畜不休，不貫串不休，不提醒人心不休；不歷歷見之行事不休，若蜂釀花，若醫採藥，若婦績麻。凝水為冰，即可泮泳而為水；放拳為手，即可握手而為拳。張弛合闢運之於四通八達之衢，沛如矣。夫圯上、膠西、鹿門諸老人與鄭大夫日對於昨非庵中，步步趨趨，而心形不與之俱肅，神情不與之俱化，有是理乎？嗟嗟，日往月來，天道也；送往迎來，人情也。田竇之客朝聚而暮散，不必怪也；孔門之弟子三盈而三虛，亦不足訝也。乃魏武遺令於銅雀，李太尉痛戒於平泉，腐儒襲前輩之陳言，年少翻先朝之故局，孫興公云「今日之跡明復陳矣」，奈何哉？試拈鄭大夫《昨非庵日纂》讀之，豈惟救時克亂之豪傑？且將弘悟而得道焉。故樂為之序。華亭野史陳繼儒頓首撰。

【余煌《昨非庵日纂序》】李延平先生有云：「讀書者知其所言莫非吾事，而即吾身以求之，則凡聖賢所至而吾所未至者，皆可勉而進矣。」此論最為切實。我輩讀古人書，所學何事？內以為身心性命，外以為天下國家，捨此皆糠秕也。苟其書不足以資體用之學，是書負學者；苟學者不以體用求之於書，是學者負書。古風既邈，時習滋澆，求所謂兩不相負者而戛戛乎其難之。又況實以其言求之於身而勉聖賢之所至乎哉？余讀鴻逵鄭使君《昨非庵日纂》兩集而不勝嘉歎焉。夫昨亦何窮，使君之意蓋未有今是也！以是之心讀書則讀愈多而聖賢愈遠，切磋琢磨皆非局也。人日處於非之中不自覺，於是轉迷謬為矜驕，轉矜驕為忿忮。古今來刻意厲行之士不少，而究至於敗名損德者大約皆從是之心生也。使君司庾庾治，守庾庾治，今分藩越東越治。使君亦焉得有昨非哉？是即延平先生所謂「知其所言莫非吾事，而即吾身以求之」者也。今其書具在，語不取奧，事不取奇；止取其切近於身心性命，實實可見諸施行，舉而措之天下國家者。每見當世學人摘新標異，組織為文而究於實用了無關涉，煌竊惑焉。今試淨几焚香，夷心靜氣，取使君書諷誦數則，有欣然若鼓者，有歉然若負者，有恧然面發赤者，有瞿然矢席不自容於天地者。屋漏即在大庭，雞鳴不必平旦。奇莫奇於此，奧莫奧於此。彼新聲豔采不過驚炫耳目，能使人至是哉？使君以之澡心育德，即以之善世淑人。昔高皇帝命國子生兼讀劉向《說苑》，以其有關世教。是書也，豈特與《說苑》埒哉？吾願讀是書者口誦心惟，孰為已能，孰為未能，孰為可能，孰為不可能，不以其已能、可能者自矜，而以其未能、不可能者自勉，則使君立言之意庶幾與延平先生俱不朽矣。崇禎庚辰閏正月，通家治生余煌題於鳳山阡之廬。

【錢謙益《昨非庵日纂三集序》】古之君子，能相天下，謀王體，而斷國論者，其所以修德居業，朝夕交戒……六經、《語》《孟》之書，猶醫經之《靈樞》《本草》也。著《昨非庵日纂三集》，本天咫，則民彝，參神逵，極物變，其要以袪躬矯志，磨鈍勵俗，歸本於仁義道德，醇如也。

【胡燏棻《昨非錄敘》】鄭公誘掖之美，庶以廣焉。若夫是書之有裨日用、有益身心，則原敘述之甚詳，無待余言矣。光緒乙酉四月，直隸津河觀察使者胡燏棻敘。

【四庫提要】《昨非齋日纂》二十卷（江蘇巡撫採進本），明鄭瑄撰。瑄字漢奉，閩縣人。崇禎辛未進士，官至應天巡撫。此書皆記古人格言懿行，區為二十類，每類各為小引。然議論佻淺，徵引亦多雜糅。冥果一類皆出小說家言，尤不可為典要。(《四庫全書總目》卷一百三十二「子部四十二·雜家類存目九」)

【宦澤序】每見史冊內顛連，窗下幾煩擘劃。事權在握，可任入井頻呼。思到漢唐間晚季，枕上如切溺焚，痛毒親嘗，得謂噓枯非我？古之仁人，一事定太平，一念生白骨，一語奏膚功，不得謂異人任也。纂《宦澤》第一。

【冰操序】錢布薰心之場，節傲蛾眉絕頂冰，溽著不銷，一片嚴凝透骨；品高昆岡千仞玉，纖埃弗染，連城溫潤無瑕。昔岳武穆有言：「文臣不愛錢，天下太平。」噫！微斯人，吾誰與歸？纂《冰操》第二。

【種德序】胸次是良田，廣植善根，百尺蓮臺隨地建；心頭饒穀種，多飛法雨，大千金界自中生。雖勢有偏全，未必觸水盡波；乃心無慈忍，所能印川皆月耳。纂《種德》第三。

【敦本序】身不託空桑，自家佛不供養及時，迨至廢蓼莪而已晚。性豈甘燃豆同根生？不滋培置力，能無歌蟬蟹以生慚？古人急象賢，施干蠱，詠棠棣，賦鶺鴒。每三開函，泫然淚下。纂《敦本》第四。

【詒謀序】粉壁瓊題居停主，曾有幾時？五更燈火為孫謀，誰來褫奪？銅山金穴，田舍翁終無百世；半畝心田承祖澤，那個墜傾？昔賢謂積書以遺，猶非遠計。顧令納邪長傲，甘舐犢以忝厥先猷乎？纂《詒謀》第五。

【坦遊序】驚濤駭浪，賈豎色變，漁父視若安瀾；峭壁懸岩，行客車回，樵夫步同平地。噫！忘機以遊，鷗鳥且自親人，從未有褊衷而怒飄瓦者。纂《坦遊》第六。

【頤真序】心如朗月連天，淨養到後，名韁利鎖，欲海愛河，總還烏有先生；性似寒潭止水，同悟來時，玉洞金丹；交梨火棗，不借白衣童子。昔黃帝內視三月而道成。家有真金，無用飧霞餌藥也。纂《頤真》第七。

【靜觀序】金張謝而許史乘，轉盼無不銷冰雪；衛霍炎而竇田冷，回頭皆倏換滄桑。予齒奪角，豈足殺翼。吾子枉費機心，此公只憑記性。纂《靜觀》第八。

【惜福序】殿上刻耕夫，一箸半餐，念夏畦幾番揮汗；屏中繪織女，寸縑尺帛，思寒窗無數拋梭。昔人示儉有草，戒侈有銘，無非為此身留餘地。勿謂布被皆詐也。纂《惜福》第九。

【汪度序】淆弗濁，澄弗清，納斯世人山藪，奚止容卿百輩？喜不形，怒不見，等此身如蕉鹿，任他過客頻來。倘唾面愧婁公，嘔茵慚丙相，天下事其可淺衷辦耶？纂《汪度》第十。

【廣慈序】廣廈卜歡娛，曾念露宿風飧之苦？華堂供宴笑，誰憐釜中砧上之呼？彼廝丐性豈殊？人乃虱蟣，原是佛子，恤孤問疾，渡蟻濟蛇，其在吾胞吾與者乎？纂《廣慈》第十一。

【口德序】攻隱慝，造蜚謠，舌底逞龍泉，須防鬼眴；詆潛修，揚中簭，腹問藏蜂蠆，自取數窮。彼一語興戎，曷如片言挾纊？吾輩當渾默精深，勿徒效仰天之唾也。纂《口德》第十。

【內省序】聖示心燈，三省九思，教我津中覓岸。寸腔懸膽鏡，畏衾羞影，盡人衣裏藏珠。刻刻提防，念念返照，過於閃電中天，何止聞鐘清夜！纂《內省》第十三。

【守雌序】時事如半局殘棋，妄鬥雌雄，局更何分勝負？世途直一場幻夢，強爭頭角，醒後那見輸贏？褲下興劉，臥薪返越，《易》所以戒觸藩也。為腹不為目，猶龍氏其我師乎？纂《守雌》第十四。

【解紛序】爭桑起二國之兵，釁以挑而成鉅；受爵致斯亡之禍，事無激而不乖。彼儉人樂敗利災，唯端正息爭排難。或纓冠救鬥，或微言解頤，要使毒焰肝腸化作清涼世界；其造福非鮮淺也。纂《解紛》第十五。

【悔過序】勿謂鏡無鸞，垢去依然鸞在；共知月有兔，雲開仍見兔肥。昔阿羅漢半出綠林，而大豪傑曾班蛟虎。乃知放刀成佛，祇在念頭一轉間。慎無以一眚棄終身也。纂《悔過》第十六。

【方便序】路逢險處，為人闢一步周行，便覺天空海闊；遇到窮時，使我留三分撫恤，自然理順情安。蓋甘苦唯易地周知，而痛癢以設身立見。有能廣開便門，隨見蓮生火宅。纂《方便》第十七。

【徑地序】此心開百代之祥，金鎖玉鉤，豈必問平阪於馬鬣？寸地造無疆之福，牛眠龍角，何嘗恃推步於雞丸？從來智營力競，誰甘以尺土讓人？而陵谷忽遷，豐碑頻琢，造物若留以有待也。人其清夜一捫心乎！纂《徑地》第十八。

【韜穎序】踏層冰而伺禁城曉漏，何如紅日三竿頻夢煙霞來往？冒炎日而候貴客寒喧，曾似村醪一斗任他宦海風波？山色水光，爐煙茗碗，野老漁翁，倘得以閒身作此中主人，其視刀尖恬蜜者何若？纂《韜穎》第十九。

【冥果序】果報影投形，種蘭得香，布棘得刺，定盤星爽過幾分？功曹聲應響，惡淪諸趣，善證菩提，明鏡臺放著誰氏？即身前身後，或俟片時：而造福造業，不磨永劫。所願乘風破浪者牢定杺竿，普告勒馬臨崖入急收韁勒。纂《冥果》第二十。

堯山堂外記一百卷　（明）蔣一葵撰

蔣一葵，字仲舒，號石原居士，常州人。早貧無書，四處借閱，刻苦抄錄。萬曆甲午（1594）舉於鄉，再上春官不第，授廣西靈川令。後遷任京師指揮使，官至南京刑部主事。著有《堯山堂偶雋》《長安客話》。生平事蹟見《粵西詩文載》文載卷六十六。〔註 734〕

此書取記傳所載軼聞瑣事，擇其稍僻者，輯為一編。上起古初，下迄明代，每代俱以人名標目。書前有萬曆二十六年（1598 年）一葵《堯山堂外紀顛末》，稱載有正集不錄，錄散見於稗官野史不經人見也者。歲久成帙，命曰《堯山堂外記》。〔註 735〕又有萬曆三十三年（1605）張大光序、萬曆三十四年（1606）吳奕序。張大光序稱其書大者詞事俱絕，細小者談言微中。〔註 736〕

《四庫全書總目》入雜家類存目，稱其書雅俗並陳，真偽並列，殊乏簡汰之功；至以明諸帝分編入各卷之中，尤非體例云云。雖中其失，然又過於拘守正統觀念。然謝國楨甚重其書，稱此書與田藝蘅《留青日劄》齊名，一記明代朝野掌故，一記歷代詩文逸事，同為明代稗乘中之上選。見其所輯歷代文人遺事，摭拾古人詩詞佳句，極為賅博，以其多為流俗傳聞之事，故不理於明、清士大夫之口，實則自明以至清季，尚無統記歷代文學源流掌故之書，有之，亦一鱗半爪之作，惟此書雜記歷代文學源流，洋洋灑灑，可作中國文學史讀也，研究文學史者亦應取材於是。惟著者宗瞿宗吉之遺風，故於俗流傳，如蘇軾、秦觀、陸游、關漢卿、馬致遠、瞿祐、解縉等人遺事謏聞，捃輯頗備，至其記元代詞山曲海之作，尤曲盡其詳，元代文學賴茲以傳。惟作者之旨，專在搜攬市井通俗文學，然不採民歌民謠，勞人思婦之辭，則囿於縉紳士大夫之傳統思想，猶存文士之積習，其卓視遠見尚在馮夢龍之下。且其書真偽雜陳，不加鑒別，如蘇東坡、解學士等人之遺聞風說，以訛傳訛之事所在皆是，其他各家傳說，亦難以縷舉云云。〔註 737〕阮元《文選樓藏書記》

〔註 734〕蔣一葵，字仲舒，武進人。舉人。萬曆中知靈川縣。時瑤夷攻剌，而土著渠魁構煽其間，一葵廉得主名，置之法，而脅從餘黨單騎，喻以朝廷威德，正疆界，別直枉，夷情遂定。

〔註 735〕《續修四庫全書》第 1194 冊，上海古籍出版社，2002 年版，第 1～3 頁。

〔註 736〕《續修四庫全書》第 1194 冊，上海古籍出版社，2002 年版，第 3～4 頁。

〔註 737〕謝國楨：《江浙訪書記》，第 182～183 頁。按：鄭振鐸亦認為此書「有豐富的史料，對研究文學史的人特別有用」,「頗想花點時間，將每事來歷寫注出來」。

稱是書紀古帝王名臣軼事。論者以為此書有關戲劇小說材料甚富。〔註 738〕

此本據明刻本影印。〔註 739〕

【附錄】

【四庫提要】《堯山堂外紀》一百卷（浙江鮑士恭家藏本），明蔣一葵撰。一葵字仲舒，常州人。堯山其讀書堂名也。是書取記傳所載軼聞瑣事，擇其稍僻者，輯為一編。上起古初，下迄明代，每代俱以人名標目。雅俗並陳，真偽並列，殊乏簡汰之功。至以明諸帝分編入各卷之中，尤非體例矣。（《四庫全書總目》卷一百三十二「子部四十二・雜家類存目九」）〔註 740〕

【蔣仲舒《堯山堂外記顛末》】余生起未燥，先府君小山翁見背。母袁孺人齋素奉佛，鬬經以供，朝夕課賤兄弟讀舉子書。家每赤貧，歲又大祲，米不可得食，食麥。孺人私啖麩，而以麵啖賤兄弟，不使賤兄弟知也。時余才六齡，家兄春甫亦僅十齡爾已。余聰穎故遜家兄，而善強記，然氣故孟浪，舉子書不喜，喜《齊諧》諸書，見輒津津有味乎其言之惟恐易盡，蓋年十一二時而所覽睹多矣。家無書，得諸尾生什九。有蓄異書者，徒步數十里外求，必得之。然善愛護書，人不靳與。每乞一編歸，窮日之力閱之，夜則就佛前長明燈，閱畢乃已，漏下二十刻，漸有睡思，余強睜兩睛，而家兄嘆以火煙，令不至眊，以此目力耗於火光，今遂盲於夜讀。年十五，即挾一經糊口四方，交道日廣，見聞日益博，而童時之癖滋甚。間嘗謂，前代騷人墨士負有當世重名，其所著撰，琳琳琅琅，膾炙人口，顧稍涉俳諧，見謂無關世教，輒為高頭巾先生唾棄，往往湮滅不傳，尚論者無從窺豹一斑，深可惋惜。夫蟲唫鳥鳴，總屬天籟，矧出自錦腸繡腹者乎？爰命童子以奚囊隨，會解頤處，則以片楮錄之。載有正集不錄，錄散見於稗官野史不經人見也者。歲久，彙次成帙，命曰《堯山堂外記》。堯山堂，余讀書堂，名曰堯山，志先君之思也。日月駸尋，年且及強，而復得補弟子員。又三年，乃獲收於鄉剡，而孺人不及待矣。嗚呼！痛心哉！倘余能念母氏啖麩課讀之心，以廿年無用精神畢用之乎舉子書，則何業弗精者？庶幾早有成立，俾母氏得受一日之養，可免為天地間罪人！竟溺於宋景文之好，因循以有今日，致身不早，風木徒悲，何嗟及矣！於是取前所錄，悉付之祖龍矣，勿以賊夫人之子！蓋甲午九月也。

〔註 738〕張震育：《堯山堂外紀戲劇小說資料考察》，《江南大學學報》2002 年第 2 期。

〔註 739〕此書現有呂景琳點校本，中華書局，2019 年版。

〔註 740〕今按：《（光緒）武陽志餘・經籍上》與此全同。

戊戌南還，過白下，見市中有鬻是書者，驚汗浹背，亟追其故，則書賈從奚童購得副墨，以授剞劂，殆是甲午前事云。業既流佈，不能禁使不行，徒傷雅道，且悖孝思，因摭其顛末，以暴余過，用諗夫罪我者。是歲秋九月，石原居士蔣仲舒書於天界寺中。

古今譚概三十六卷　（明）馮夢龍輯

馮夢龍（1574～1646），字猶龍，又字子猶，別號龍子猶、墨憨齋主人、顧曲散人、詞奴等，長洲（今江蘇蘇州）人。與兄夢桂、弟夢熊並稱「吳下三馮」。崇禎三年（1630）以貢生任丹徒縣訓導，七年（1634）升福建壽寧縣知縣。順治三年（1646）春憂憤而死，或說為清所殺。著有《三言》《智囊》等書，今人整理為《馮夢龍全集》。生平事蹟見《（同治）蘇州府志》卷八十一，稱才情跌宕，詩文麗藻，尤明經學。

此書凡三十六卷，每卷一部，凡三十六部，曰迂腐部、怪誕部、癡絕部、專愚部、謬誤部、無術部、苦海部、不韻部、癖嗜部、越情部、佻達部、矜嫚部、貧儉部、汰侈部、貪穢部、鷙忍部、容悅部、顏甲部、閨誡部、委蛻部、譎智部、儇弄部、機警部、酬嘲部、塞語部、雅浪部、文戲部、巧言部、談資部、微詞部、口碑部、靈跡部、荒唐部、妖異部、非族部、雜志部。每卷之前，皆有識語，略述此部大旨。如迂腐部曰：「天下事被豪爽人決裂者尚少，被迂腐人擔誤者最多，何也？豪爽人縱有疏略，譬諸鉛刀，雖鈍尚賴一割。迂腐則塵飯土羹而已，而彼且自以為有學有守，有識有體，背之者為邪，斥之者為謗，養成一個怯病，天下以至於不可復，而猶不悟哀哉？雖然，丙相、溫公自是大賢，特摘其一事之迂耳。至如梁伯鸞、程伊川所為，未免已甚。吾並及之，正欲後學大開眼孔，好做事業，非敢為邪為謗也。」癡絕部：「虎頭三絕，癡居一焉。癡不可乎？得斯趣者人，天大受用處也。碗大一片，赤縣神州，縱生塞滿，原屬假合。若複件件認真，爭競何已，故須以癡趣破之。過則驕，不及則愚，是各有不受用處。若夫妒愛貪嗔，還以認真，受諸苦惱，至癡而惡焉，則畜生而已矣。毋為鵝嚇，毋為蝗怒，不望癡福，且違癡禍。」今選數條，以嘗九鼎一臠。「癡趣」條曰：「賈島常以歲除，取一年所得詩，祭以酒，曰：『勞吾精神，以是補之。』」「元誕不貪」條曰：「元誕為齊州刺史，在州貪暴。有沙門為誕採藥還，誕曰：『師從外來，有何得？』對曰：『唯聞王貪，願王早代。』誕曰：『齊州七萬家，吾每家未得三升錢，何得言貪？」「世事相反」條曰：「今世人事亦有相反者——達官不憂天下，草莽之士憂之；文官多談兵，武官卻不肯廝殺；有才學人不說文章，無學人偏說；富人不肯使錢，貧人卻肯使；僧道茹葷，平人卻多持素；閭閻會飲卻通文，秀才卻粗鹵；有司官多裁豪，鄉宦卻把持郡縣；官愈尊則愈言欲退休，官愈不達則愈自述宦跡。」此書材料賅博，分類精當，其間按語評論尤具隻眼。書前有梅之熉惠連序，稱其書羅古今於掌上，寄《春秋》於舌端，美可以代輿人之誦，而刺亦不違鄉校之公云云。〔註 741〕

此書據明刻本影印。

【附錄】

【四庫提要】《譚概》三十六卷（內府藏本），明馮夢龍撰。是編分類匯輯古事，以供談資。然體近俳諧，無關大雅。（《四庫全書總目》卷一百三十二「子部四十二·雜家類存目九」）

【梅之熉《敘譚概》】猶龍《譚概》成，梅子讀未終卷，歎曰：「士君子得志，則見諸行事；不得志，則託諸空言。老氏云：『談言微中，可以解紛。』然則談何容易！不有學也，不足談，不有識也，不能談，不有膽也，不敢談，不有牢騷鬱積於中而無路發攄也，亦不欲談。夫羅古今於掌上，寄《春秋》於舌端，美可以代輿人之誦，而刺亦不違鄉校之公，此誠士君子不得志於時者之快事也！」猶龍曰：「不然。於不見夫鸜鵒乎？學語不成，亦足自娛。吾無學無識，且膽銷而志冷矣！世何可深談！談其一二無害者，是謂概。」梅子曰：「有是哉？吾將以子之談，概子之所未談。」猶龍曰：「若是，是旌余罪也！」梅子笑曰，「何傷乎？君子不以言舉人，聖朝寧以言罪人？知我罪我，吾直為子任之。」於是乎此書遂行於世。古亭社弟梅之熉惠連述。

【《題古今笑》】韻社諸兄弟抑鬱無聊，不堪復讀《離騷》，計唯一笑足以自娛，於是爭以笑尚，推社長子猶為笑宗焉。子猶固博物者，至稗編叢說，流覽無不遍，凡揮麈而談，雜以近聞，諸兄弟輒放聲狂笑。粲風起而鬱雲開，夕鳥驚而寒鱗躍，山花為之遍放，林葉為之振落。日夕相聚，撫掌掀髯，不復知有南面王樂矣。一日野步既倦，散憩籬薄間，無可語，復縱談笑。村塾中忽出腐儒貿貿而前，聞笑聲也，揖而丐所以笑者。子猶無已，為舉顯淺一端，儒亦

〔註 741〕《續修四庫全書》第 1195 冊，上海古籍出版社，2002 年版，第 203～204 頁。

恍悟，劃然長噱。余私與子猶曰:「笑能療腐邪？」子猶曰:「固也。夫雷霆不能奪我之笑聲，鬼神不能定我之笑局，混沌不能息我之笑機。眼孔小者，吾將笑之使大；心孔塞者，吾將笑之使達。方且破煩蠲忿，夷難解惑，豈特療腐而已哉！」諸兄弟前曰:「吾兄無以笑為社中私，請輯一部鼓吹，以開當世之眉宇。」子猶曰:「可。」乃授簡小青衣，無問杯餘茶罷，有暇，輒疏所睹記，錯綜成帙，顏曰「古今笑」。不分古今，笑同也，分部三十六，笑不同也。笑同而一笑足滿古今，笑不同而古今不足滿一笑。倘天不摧，地不塌，方今方古，笑亦無窮，即以子猶為千秋笑宗，胡不可？世有三年不開口如楊子者，請先以一編為之療腐。韻社第五人題於蕭林之碧泓。

【李漁《古今笑史序》】予友石鍾朱子，卓犖魁奇，性無雜嗜，惟嗜飲酒讀書，飲中狂興，可繼七賢而八、八仙而九；書則其下酒物也。仲姜玉，季宮聲，亦具飲癖，而量稍殺。皆好讀書，讀之不已，又從而筆削之，筆削之不已，又從而剞劂之。慮其間或有讀而不快，快而不甚快著，是何異於旨酒既設，肴核雜陳，而忽有俗客銜筵，腐儒罵坐，使飲興為中阻，不可謂非酒厄，勢必扶而去之，以俟洗盞更酌：此《古今笑》之不得不刪，刪而不得不重謀剞劂也。人謂石鍾昆季於此為讀書計，烏知其為飲酒計乎？是編之輯，出於馮子猶龍，其初名為《譚概》，後人謂其網羅之事，盡屬詼諧，求為正色而談者，百不得一，名為《譚概》，而實則笑府，亦何渾樸其貌而豔冶其中乎？遂以《古今笑》易名，從時好也。噫！談笑兩端，固若是其異乎！吾謂談鋒一輟，笑柄不生，是談為笑之母。無如世之善談者寡，喜笑者眾，咸謂以我之談，博人之笑，是我為人役，苦在我而樂在人也。試問伶人演劇，座客觀場，觀場者樂乎？抑演劇者樂乎？同一書也，始名《譚概》，而問者寥寥，易名《古今笑》，而雅俗並嗜，購之唯恨不早，是人情畏談而喜笑也明矣。不投以所喜，懸之國門，奚裨乎？石鍾昆季，筆削既竣，而問序於予。予請所以命名者:「仍舊貫乎？從時尚乎？」石鍾曰:「予酒人也，左手持蟹螯，右手持酒杯，無暇為晉人清談，知有笑而已矣。但馮子猶龍之輯是編，述也，非作也；予雖稍有撙節，然不敢旁贅一詞，又述其所述者也。述而不作，仍古史也，試增一詞為《古今笑史》，能免蛇足之譏否乎？」予曰:「善！古不云乎:『嬉笑怒罵，皆成文章。』是集非他，皆古今絕妙文章，但去其怒罵者而已，命曰《笑史》，誰曰不宜！」李漁。

【馮夢龍《古今譚概自敘》】龍子猶曰：人但知天下事不認真做不得，而不知人心風俗皆以太認真而至於大壞。何以故？胥庭之世，摽枝野鹿，其人安所得真而認之？堯、舜無所用其讓，湯、武無所用其爭，孔、墨無所用其教，管、商無所用其術，蘇、張無所用其辯，蹻、跖無所用其賊。知此，雖億萬世而泰階不欹可矣。後世凡認真者，無非認作一件美事。既有一美，便有一不美者為之對，而況所謂美者又未必真美乎！姑淺言之，即知富貴一節，錦褥飄花，本非實在，而每見世俗輩平心自反，庸碌猶人，才頂卻進賢冠，便爾面目頓改，肺腸俱變，諂夫媚子又從而逢其不德。此無他，彼自以為真富貴，而旁觀者亦遂以彼為真富貴，孰知熒光石火，不足當高人之一笑也。一笑而富貴假，而驕吝忮求之路絕；一笑而功名假，而貪妒毀譽之路絕；一笑而道德亦假，而標榜猖狂之路絕；推之一笑而子孫眷屬亦假，而經營顧慮之路絕；一笑而山河大地皆假，而背叛侵凌之路絕。即挽末世而胥庭之，何不可哉？則又安見夫認真之必是，而取笑之必非乎？非謂認真不如取笑也，古今來原無真可認也。無真可認，吾但有笑而已矣。無真可認而強欲認真，吾益有笑而已矣。野菌有異種，曰「笑矣乎」，誤食者輒笑不止，人以為毒。吾願人人得「笑矣乎」而食之，大家笑過日子，豈不太平無事億萬世？於是乎集《古今笑》三十六卷。庚申春朝書於墨憨齋。

【迂腐部序】子猶曰：天下事被豪爽人決裂者尚少，被迂腐人擔誤者最多。何也？豪爽人縱有疏略，譬諸鉛刀雖鈍，尚賴一割。迂腐則塵飯土羹而已，而彼且自以為有學、有守、有識、有體，背之者為邪，斥之者為謗，養成一個怯病天下，以至於不可復而猶不悟。哀哉！雖然，丙相、溫公自是大賢，特摘其一事之迂耳。至如梁伯鸞、程伊川所為，未免已甚，吾並及之，正欲後學大開眼孔，好做事業，非敢為邪為謗也。集《迂腐》第一。

【怪誕部序】子猶曰：人情厭故而樂新，雖雅不欲怪，輒耳昵之，然究竟怪非美事。紂為長夜之飲，通國之人皆失日，以問箕子，箕子不對。箕子非不能對也，以為獨知怪矣。楚王愛細腰，使群臣俱減餐焉。議者謂六宮可也，群臣腰細何為？不知出宮忽見腰圍如許，王必怪，怪則不測，即微王令，能勿減餐乎哉？夫使人常所怪而怪所常，則怪反故而常反新矣。新故須臾，何人情之不遠猶也？昔富平孫冢宰在位日，諸進士謁選，齊往受教。孫曰：「做官無大難事，祗莫作怪！」真名臣之言乎，豈唯做官！集《怪誕》第二。

【癡絕部序】子猶曰：虎頭三絕，癡居一焉。癡不可乎？得斯趣者，人天大受用處也！碗大一片赤縣神州，眾生塞滿，原屬假合，若復件件認真，爭競何已？故直須以癡趣破之。過則驕，不及則愚，是各有不受用處。若夫妒、愛、貪、嗔，還以認真受諸苦惱。至癡而惡焉，則畜生而已矣。毋為鴟嚇，毋為螳怒；不望癡福，且違癡禍。集《癡絕》第三。

【專愚部序】子猶曰：人有盜范氏鐘者，負之有聲，懼人之聞，遽自掩其耳。太行、王屋二山，高萬仞，愚公年九十，面山而居，惡而欲移之。二事人皆以為至愚，抑知秦政之鞭石為移山，曹瞞之分香為掩耳乎？彼自謂一世之英雄，孰知乃千古之愚人也。故夫楊廣與劉禪同亡，國忠與蒼梧齊蔽。平生凶狡，徒作笑柄，靜言思之，不愚有幾？集《專愚》第四。

【謬誤部序】子猶曰：謬誤原無定名，譬之鄭人爭年，後息者勝耳。喙長三尺，則「枕流嗽石」，語自不錯。若論災發妖興，賊民橫路，即太極之生天、生地、生人，亦是第一誤事，將誰使正之？齊有人，命其狗為「富」，命其子為「樂」。方祭，狗入於室，叱之曰：「富出！」其子死，哭曰；「樂乎！樂乎！」人以為誤也，而孰知其非誤也，然而不可謂非誤也。夫不誤猶誤，何況真誤？集《謬誤》第五。

【無術部序】子猶曰：夫人飯腸酒腑，不用古今浸灌，則草木而已。溫岐「悔讀《南華》第二篇」，而梅詢見老卒臥日中，羨之，聞其不識字，曰：「更快活。」此皆有激言之，非通論也。世不結繩，人不面牆，誰能作聾瞽相向？但不當如彌正平開口尋相罵耳。集《無術》第六。

【苦海部序】子猶曰：「昔鄭光業兄弟，遇人獻詞，句有可嗤者，輒投一鉅皮篋中，號曰「苦海」，宴會則取視，以資諧戲。夫為詞而足以資人之諧戲，此詞便是天地間一種少不得語，猶勝於塵腐蹈襲，如楊升庵所謂「雖布帛菽粟，陳陳相因，不可衣食」也。故余喜而採之。而古詩之病經人指謫者，亦附入之，又以見鉅皮箱中，人人有份，莫要輕易便張口笑人也。集《苦海》第七。

【不韻部序】子猶曰：語韻則美於聽，事韻則美於傳。然韻亦有夙根，不然者，雖復吞灰百斛，洗胃滌腸，求一語一事之幾乎韻，不得矣。山谷常嘲一村叟云：「濁氣撲不散，清風倒射回。」此猶寫貌，未盡傳神。極其伎倆，直欲令造化小兒羞澀，何止風伯避塵已也？集《不韻》第八。

【癖嗜部序】子猶曰：耳目口體之情，大致相似也。蓋自「水厄」可畏，「酪奴」不尊，而茶冤矣。故先茶而飲以歡之，而食以充之，而寢以息之，於是乎書畫金石以清其翫，吟諷謳歌以暢其懷，博弈田獵以逞其欲，花木竹石以寫其趣。迨香水雜陳，內外畢具，而坐客之談諧其可少乎？凡此非富貴不辦，而佞佛布施，正為生生世世富貴地耳。然而天授既殊，情緣亦異，盈縮愛憎，自然之歧也。蝍且甘帶，鴟鴉嗜鼠，甲棄乙收，孰正唐、陸哭笑之是非？集《癖嗜》第九。

【越情部序】子猶曰：天下莫靈於鬼神，莫威於雷電，莫重於生死，莫難忍於氣，莫難舍於財；而一當權勢所在，便如鬼、如神、如雷、如電，捨財忍氣，甚者不惜捐性命以奉之矣。人情之蔽，無甚於此！故余以不畏勢為首，而次第集為《越情》第十。

【佻達部序】子猶曰：百圍之木，不於枝葉取憐。士之跅跎自喜、不拘小節者，其中盡有魁傑駿雄、高人才子。或潛見各途，能不盡見，吾亦姑取焉，以洶俗士之肺腸。集《佻達》第十一。

【矜嫚部序】子猶曰：謙者不期恭，恭矣；矜者不期嫚，嫚矣。達士曠觀，才流雅負，雖占高源，亦違中路。彼不檢兮，揚衡學步；自視若升，視人若墮，狎侮詆諆，日益驕固。臣虐其君，子弄其父，如癡如狂，可笑可怒。君子謙謙，慎防階禍！集《矜嫚》第十二。

【貧儉部序】子猶曰：貧者，士之常也，儉者，人之性也。貧不得不儉，而儉者不必貧，故曰「性也」。然則儉不可乎？曰：吝不可耳。夫儉非即吝，而吝必託之於儉。儉而吝，則雖堆金積玉，與貧乞兒何異？故吾統而名之曰《貧儉》第十三。

【汰侈部序】子猶曰：余稽之上志，所稱驕奢淫佚，無如石太尉矣。而後魏河間猶謂：「不恨我不見石崇，恨石崇不見我。」章武貪暴多財，一見河間，歎羡不覺成疾，還家臥三日不能起。人之侈心，豈有攸底哉？自非茂德，鮮克令終。金谷沙場，河間佛寺，指點而嗟諮者，又何多也！一日為歡，萬年為笑。集《汰侈》第十四。

【貪穢部序】子猶曰：人生於財，死於財，榮辱於財。無錢對菊，彭澤令亦當敗興。倘孔氏絕糧而死，還稱大聖人否？無怪乎世俗之營營矣！究竟人壽幾何，一生吃著，亦自有限，到散場時，毫釐將不去，只落得子孫爭嚷多、眼淚少。死而無知，直是枉卻；如其有知，懊悔又不知如何也！吾蘇陸念先，應徐少宰記室聘。比就館，絕不作一字。徐無如何，乃為道地遊塞上，抵大帥某，以三十鎰為壽。既去戟門，陸對金大慟，曰：「以汝故獲禍者多矣！吾何用汝為？」即投之澗水中。人笑其癡，孰知正為癡人說法乎？集

《貪穢》第十五。

【鷙忍部序】子猶曰：人有恆言，曰「貪酷」。貪猶有為為之也，酷何利焉？其性乎！其性乎！非獨忍人，亦自忍也！嘗聞嘉靖間，一勳戚子好殺豬，日市數百豬，使屠者臨池宰割，因而觀之，以為笑樂。又吾里中一童子，見狗屠縛狗，方舉棍，急探袖中錢贈之，曰：「以此為酒資，須讓此一棍與我打。」自非性與人殊，奚其然？集《鷙忍》第十六。

【容悅部序】子猶曰：南荒有獸，名曰猼㹶，見人衣冠鮮彩，輒跪拜而隨之，雖驅擊，不痛不去，身有奇臭，唯膝骨脆美，謂之「媚骨」，土人以為珍饌。余謂凡善諂者皆有媚骨者也。汲黯不拜大將軍，大將軍賢之；王祥不拜司馬晉王，晉王重之；朱序不拜苻堅，苻堅宥之；薛廷珪不拜朱溫，朱溫禮之；張令濬私拜田令孜，卒為所輕；陶穀拜趙檢點，竟遭擯棄。諂人者亦何益哉？集《容悅》第十七。

【顏甲部序】子猶曰：天下極無恥之人，其初亦皆有恥者也。冒而不革，習與成眤。生為河間婦人，死雖欲為謝豹，亦不可得矣。余嘗勸人觀優，從此中討一個乾淨面孔。夫古來筆乘孰非戲本？祇少一副響鑼鼓耳！集《顏甲》第十八。

【閨誡部序】子猶曰：女德之凶，無大於淫妒；然妒以為淫地也。譬如出仕者，中無貪欲，則必不忌賢而嫉能矣。然丈夫多懼內，自天子以至於庶人皆不免焉，則又何也？語曰：「當斷不斷，反受其亂。」集《閨誡》第十九。

【委蛻部序】子猶曰：項籍之瞳，不如左丘之眇；嗇夫之口，不知咎繇之喑；鄭鄴之長，不如晏嬰之短，夷光之豔，不如無鹽之陋；慶忌之足，不如婁公之跛。語曰：「豹留皮，人留名。」此言形神之異也。故窘極生巧，足或刺繡；憤極忘死，胸或發聲。是皆有神行焉。藉以為笑可，執以為可笑則不可。集《委蛻》第二十。

【譎智部序】子猶曰：人心之智，猶日月之光。糞壤也，而光及焉，曲穴也，而光入焉。智不廢譎，而有善有不善，亦宜耳。小人以之機械，君子以之神明。總是心靈，唯人所設，不得謂智偏屬君子，而譎偏歸小人也。集《譎智》第二十一。

【一瓜殺三妾】曹操宴諸官於水閣。時盛夏，酒半酣，喚侍妾用玉盤進瓜。妾捧盤低頭以進。操問：「瓜熟否？」對曰：「極熟。」操怒斬之。坐客莫敢問故。操更呼別妾進瓜。群妾皆驚，內一妾聰敏，遂整容而前。操問如初，對曰：「不生。」操怒，復斬之，再呼進瓜，無敢前者。一妾名蘭香，操所深昵，眾妾皆遜之。香乃擎盤齊眉而進。操問曰：「瓜味如何？」曰：「甚甜。」操大呼：「速斬之！」坐客皆拜伏請罪。操曰：「公安坐，聽訴其罪。前二妾吾斬之者，久在承應，豈不知進瓜必須齊眉而捧盤耶？及答吾問，皆開口字。斬其愚也！蘭香來未久，極聰慧，高捧其盤，是矣，復對以合口字，足知吾心。吾用兵之人，斬之以絕其患！」見《花木考》。

【山歌跋】茅塞儒者之心蓋已久矣，此段道理本甚平實的確，然而無人能懂，便是謝山似亦不解，當時蓋唯繼莊、聖歎能知之耳。聖歎評《離騷》《南華》《史記》、杜詩、《西廂》《水滸》，以次序定為「六才子」，此外又取《易》《左傳》等一律評之，在聖歎眼中，六經與戲文小說原無差別，不過他不注重轉移世界的問題，而以文章秘妙為主，這一點是他們的不同而已。說到這裡，馮夢龍當然也是他們的同志，他的傾向與聖歎相近，但他又不重在評點，而其活動的範圍比聖歎也更為博大。說也奇怪，聖歎著述有流傳，而夢龍簡直不大有人知道。吾友馬隅卿先生搜集夢龍著作最多，研究最深，為輯《墨憨齋遺稿》，容肇祖先生曾撰論考發表，始漸見知於世。墨憨齋在文學上的功績多在其所撰或所編的小說戲文上，此點與聖歎相同，唯量多而質稍不逮，可以雄長當時而未足津逮後世，若與聖歎較，蓋不能不坐第二把交椅了，但在另一方面別有發展，即戲文小說以外的別種俗文學的編選，確是自具手眼，有膽識，可謂難能矣。夢龍集史傳中笑談，編為《古今譚概》，又集史傳中各種智計，編為《智囊》正續兩編，此外復編《笑府》十三卷，全則係民間笑話也。今《譚概》尚可見到，後人改編為《古笑史》，有李笠翁序，亦不難得。（周作人《苦茶隨筆》）

倘湖樵書初編六卷二編六卷　（清）來集之撰

來集之（1604～？），字元成，號倘道人，蕭山人。崇禎十三年（1640）進士，官安慶府推官。清兵南下，與紹興府官於潁率師禦之。事敗，以高隱終。有《八十自壽詩》，亦老耄矣。有《玉樓春》詞云：「窗外松篁初過雨。半天爽氣開煙霧。狂懷無計奈花飛，倚樓獨自和鶯語。　偏是春來無意緒。隻身沒個安排處。溪流一派送愁來，山圍四面裹愁住。」著有《讀易隅通》《卦義一得》《易圖親見》等，又自作雜劇六種，僅《兩紗劇》，《挑燈劇》

傳世。生平事蹟見《清詩紀事初編》《清人詩集敘錄》卷二。

書前有康熙二十二年（1683）毛奇齡序，稱時傭書長河，間嘗詣元成先生，聽先生譚議，每舉一事，必批根導源，窮詰流末。又稱其書不分部類門目，而任取一類之中、一目之內，臚其事之可相發者，鱗次櫛比，集事以資用，考義以資辨，類事而無方，比義以廣異，此誠伐山之能事，折竹所未逮云云。〔註 742〕又有康熙二十一年（1682）集之自序。

全書三十七萬言，初編六卷，二編六卷，皆採摭唐、宋、元、明諸家之說，以類相從，排纂其文，而總括立一標目，或雜引古書而論之，或先立論而以古書證之，徵摭繁富。《四庫全書總目》列入雜家類存目，稱其書細大不捐，蕪雜特甚，亦多有迂僻可笑者云云，實則不明著作體式，不明治學方法，缺少問題意識，缺乏思想之光，故所著之書往往非驢非馬，似雜家非雜家，似類書非類書，似考據非考據，似辭章非辭章，四不像也。

此書稿本藏浙江圖書館。此本據上海圖書館藏清康熙間倘湖小築刻本影印。〔註 743〕

【附錄】

【倘湖樵書序】幼時讀《野客叢書》而好之，遂傚之作《說麻》十二卷，以未能博暫棄去。既又為《雜記》，記其耳目所見聞者，亦不就。時傭書長河間，嘗詣元成先生，聽先生譚議，每舉一事，必批根導源，窮詰流末，然後以漸互引，依模擬見合古事與今事而串穿之，為之指其異同而折其是否，然且宛轉觸發，左右旁及，條條然如說家，人事如按驗官府文牘，如自訴肌膜所屙癢，如數壯貝，每聽之，輒為之爽然者，累日而惜乎，捨之遊而不能盡聞其語者，且二十年也。今年夏，從海上還里，私讀先生所為文，竊疑先生以如是

〔註 742〕《續修四庫全書》第 1195 冊，上海古籍出版社，2002 年版，第 607～609 頁。

〔註 743〕今按：沈津等人認為，此本與康熙二十二年倘湖小築刻本《博學匯書》內容完全相同，版刻特徵一致，《博學匯書》刷印在前，而《倘湖樵書》改版在後。四庫館臣誤將它們作為兩種不同的書同時收入存目。參見《美國哈佛大學哈佛燕京圖書館藏中文善本書志》第 3 冊，廣西師範大學出版社，2011 年版，第 1142 頁。《楝亭書目》卷三：「《博學匯書》，本朝蕭山來集之纂輯，十二卷，一函十二冊。」又按：張麗娟等《來集之〈倘湖樵書〉與〈博學匯書〉版刻考》認為，康熙刻本《倘湖樵書》經歷了初印本、第二次改編印本、改題《博學匯書》印本、回改題名後印本等至少四個階段，各次印本的內容、編次、文字等都有較大差異。文載《古籍整理研究學刊》2015 年第 2 期。

之學，何難舉所聞所識而編之志之，乃未幾，而果以所著名《樵書》貽予論敘。予受而讀之，一如當日所談議者，書凡若干編，編若干卷，不分部類門目，而任取一類之中一目之內，臚其事之可相發者，鱗次櫛比，凡夫凫毛、龍鲊、隼矢、牛鐸，畢列其相干，而推於盡變，使讀之者時而頤解，時而首肯，時而心開而意釋，時而舌撟然不能下，時而低眉決眥，抶手蹋足。夫作衹百行，讀有千卷，故張華讀書遍三十車而其後作《博物志》，僅存十卷。左思窮搜討之力，遨遊十稔，而其所為文不過三賦。先生弃書重屋，三充牣，上下凡翻閱數過，加之以時賢之論述，近事之睹記，參互緯繣，合成斯編。《記》所稱「博學無方」，又曰「儒有博學而不窮」，殆謂是與？考之稗官、著作原有二家，一則集事以資用，一則考義以資辨。故《皇覽》《類苑》而後，在唐時名臣集《群書》、《北堂》作使事資，而白傅列陶家缾於書楹，區分門目，集所記以資六科試帖之用，名曰《六帖》，此皆集事資用所自始。而王仲壬作《論衡》，則實創為考核駁辨之文，以助談議。故後之為稗官家者，雜記之外，復有論說，如《筆談》《叢書》《隨筆》《友議》諸書，每可為談議所藉，如所稱考義資辨者，而是書兼而有之，類事而無方，比義以廣異，此誠伐山之能事，折竹所未逮也。予邑夙推多識者三人，一包二淳博，一蔡五十一子伯，其一則先生也。予兄事包、蔡，而先生以倍年之長，忘分下交，將自廁載酒問字之列，乃蹉跎就老，包二且久逝，今巋然者，獨先生與伯耳。聖天子方向文章，昭回飾物，徵天下博聞強識之士，以充著作，既已敦趣先生璧帛到門，而先生以年老謝去。予方幸先生之謝可藉之仍聆談議，而獨是宵燭，餘光既曆照曜，庶幾如曩時之著雜說，而筋力耗頓，又不可得夫。睹是編而不恨十年之不讀書者寡矣。（毛奇齡《西河文集》卷三十七）

【四庫提要】《倘湖樵書》十二卷（安徽巡撫採進本），明來集之撰。集之有《讀易隅通》，已著錄。是書初編六卷，二編六卷，皆採摭唐、宋、元、明諸家之說，以類相從，排纂其文。而總括立一標目，或雜引古書而論之，或先立論而以古書證之。徵摭繁富，頗有考證之處。而細大不捐，蕪雜特甚，亦多有迂僻可笑者。如論經篇中引《名賢錄》所載宋章樵遇李全之亂，率諸生盛服坐堂上講誦，寇至斂刃而退事；又引《宋濂集》所紀宋鄭霖講《中庸》一篇，使寇退不敢攻城事，以為讀經之效，勝於修齋。其他引讀經卻鬼治病事，不一而足。然則以孔門聖籍為二氏之符籙經懺矣。（《四庫全書總目》卷一百三十二「子部四十二・雜家類存目九」）

【四庫提要】《博學匯書》十二卷（內府藏本），明來集之撰。凡讀書所得，隨筆記錄，不分門目，惟以類相從，鱗次櫛比，俾可互證。視他書叢雜無次者，較為過之。然所採多小說家言，如《拾遺》《洞冥》諸記，是豈足取以為據乎？（《四庫全書總目》卷一百三十二「子部四十二·雜家類存目九」）

寄園寄所寄十二卷　（清）趙吉士輯

趙吉士（1628～1706），字天羽，號恒夫，又號寄園，錢塘（今浙江杭州）人，占籍休寧。順治八年（1651）中舉人，官至戶科給事中，又受命勘河，因不稱旨而罷官。著有《續表忠記》《牧愛堂編》《萬青閣集》等書。生平事蹟見《清史稿》卷四七六、《清史列傳·循吏傳》《國朝耆獻類徵》卷一三三、朱彝尊《朝議大夫戶科給事中降補國子監學正趙君吉士墓誌銘》、張維屏《國朝詩人徵略》卷一及《清人詩集敘錄》卷八。

書前有趙士麟序，稱其書言必有據，事必有徵。〔註 744〕又有汪灝《讀寄園寄所寄志略》，稱編雖採掇類殊，鉅細兼該，莊諧互見，讀之者或目為經史羽翼云云。〔註 745〕

是編採掇諸家說部，分十二門：曰「囊底寄」，皆智數事；曰「鏡中寄」，皆忠孝節義事；曰「倚杖寄」，述山川名勝；曰「撚鬚寄」，為詩話；曰「滅燭寄」，談神鬼；曰「焚塵寄」，為格言；曰「獺祭寄」，雜錄故實；曰「豕渡寄」，考訂謬誤；曰「裂眥寄」，記明末寇亂及殉寇諸人；曰「驅睡寄」，可為談助者；曰「泛葉寄」，皆徽州佚聞；曰「插菊寄」，皆諧謔事。所載古事十之二三，明季事十之七八。採掇頗富，然雅俗並陳，真偽互見，第成為小說家言而已。士大夫喜觀之，茶餘酒後以資談助，然少年子弟能閱此書，亦足以啟迪智慧矣。

周中孚稱所載鉅細兼該，莊諧互見，大都明季之事，而古事亦間及之，凡屬生平所歷，偶有觸者輒附於末，以見世間事原有兩相符合處，雖採掇類殊，於人心世教必拳拳焉，故與凡為小說者異焉。〔註 746〕論者以為此書凸顯徽州文化，《倚杖寄》詳述徽州山水文化、農業文化，《泛葉寄》則細述宗族文

〔註 744〕《續修四庫全書》第 1196 冊，上海古籍出版社，2002 年版，第 477～482 頁。

〔註 745〕《續修四庫全書》第 1196 冊，上海古籍出版社，2002 年版，第 483 頁。

〔註 746〕周中孚：《鄭堂讀書記》卷五十九。

化。〔註 747〕

此本據清康熙三十五年刻本影印。

【附錄】

【趙吉士《寄園寄所寄·例言》】予自少至壯，凡見聞新異，輒筆之於書。積之既久，分類成帙，用作座側之翫，因京園以寄其所寄，故以寄名園。嗣因竹垞太史採十餘條入《日下舊聞》，知不能久藏笥篋，遂爾付梓。是書分十二寄，凡屬生平所歷，偶有觸者，輒附於末，以見世間事原有兩相符合處。至予作令晉中，平交山寇，夏君宛來敘其本末行世，亦節取數條，以相印證。《囊底寄》。凡《智囊》已載者，概不復採，非好用機械也；有才不措諸實行，讀書不能致用，只紙上空談耳。《鏡中寄》。忠孝故事，多不勝採，世所赫赫共傳者，不必錄，錄其幽僻而聳聽者。借鑒古人，以自敦本行，亦聖人論士，宗族稱孝，鄉黨稱悌之謂也。《倚杖寄》。山川取其最大而有名者，新安山水，則齋為一卷，以故鄉從詳也。人生如電光石火，予於山水因緣不淺，況濟勝有具，何可刻置耶？《燃鬚寄》。近來進退兩忘，時與良朋篝燈抵掌，非詩無以過日。其林臥遙集，偶然次韻，遂疊至千五百律，吟雖甚苦，心竊樂之，或亦具有夙癖耶？《滅燭寄》。坡公夏日，愛人說鬼怪，猶屬嬉戲。神禹鑄鼎象物，凡愚賤細民，亦令知警，而預避防之，命意何厚？若言鬼怪而附以存者，雷霆之忽發，物類之駭觀，以及人妖之譎誕，頗有相類，因以編入。《焚塵寄》。飽食終日，只鬥清譚，於身心何益？一言一事，皆足令人鼓舞興發，斯有濟耳。遺聞以資見聞；座箴談屑，以正人心術，助淹博；科名以勸子弟，壽考神童，皆可類推。《獺祭寄》，能知事物根源。《豕渡寄》則不致引典訛誤。《裂眥寄》。觀勝朝之政事錯雜，盜賊紛紜，益知生太平世者為大幸，而防河泄者，當先杜蟻漏矣。事屬近代，尤不敢漫加己見，悉本成書，細加抄錄；中間或有是非未確處，觀者自能從原書正之。《驅睡寄》。仙卜醫藥而外，亦有足豁人心脾者。《泛葉寄》。故鄉事不無瑣細，然事屬桑梓，不厭詳也。至黔兵一剿，乃吾邑金正希先生主之，且一事而屢奉旨意，又經史閣部與馬貴陽幾番辨析，要為吾鄉存其略，以見金公功在扮榆。《插菊寄》，可以不錄，然借胡盧之口，警君子之心，行事毋貽笑柄。雖屬笑談，未必無補。丙子夏五，識於燕邸寄園之

〔註 747〕徐和陽：《寄園寄所寄與徽州文化》，《赤峰學院學報》2012 年第 8 期。今按：安徽大學徽學研究中心周曉光教授主持整理的《寄園寄所寄》列入「徽學研究資料輯刊」，已由黃山書社於 2008 年出版。

見心軒。

【囊底寄序】寄園主人曰：「古人三不朽，德與言猶有假而託之者，赫赫天壤，措諸事業，亙千秋而莫之泯滅，厥惟功哉？名臣匡濟，固自天成，亦須借資學問，大疑大務，遇智士而立決，豈無本而然歟？余吏隱寄園，上自朝廟，下暨街巷瑣屑，凡足徵才幹者，輯而存之，以徵吾情所首寄，安知不有補於倉卒？若謂扣囊底智，足以集事，則非余意矣。」

【鏡中寄序】寄園主人曰：「聖人，人倫之至也，豈必聖人哉？匹夫賤士，一念所結，亦可感風雨，召鬼神，但有純與不純之別耳。載籍文史，何一非為人振勵綱常？述舊而不墮於腐談，傳新而不落乎習見，居今之世，引古之道，所以自鏡也，烏能綏耶？忠君，臣之義無所逃於天地之間，鞠躬盡瘁，僅完得吾性，分固有耳。徒為富貴利達謀，必為身後聲名計，皆目之曰忠，然乎否？」

【倚杖寄序】寄園主人曰：「天地靈區，神仙奧府，所在都有，人無雙翼，安能遍歷哉？寰宇內莫過於嶽瀆，故首及焉。若名勝之地，亦記其舊聞，並足跡所至，及有志未逮者。新安大好山水，梁帝言之矣，且余產也。古人云：『維桑與梓，必恭敬止。』附其末，以為好遊者增一寤思。」

【撚鬚寄序】寄園主人曰：「天地非塊然者也，雷激風號，木喧谷響，凡物皆然。況人有靈象，且口與舌，豈能默默哉？卿雲復旦，始於中古而後，踵事增華，日趨月盛，勢自使之然也。溯其原根，亦可以概詩之大凡矣。唐人以後詩話頗多，而近今缺如，輯而補之，自不可少。乩詩雖涉怪誕，當其揮灑錯落，頗有出人意表者，並錄其尤。可信不可信，一聽之人，余無容心焉。」

【滅燭寄序】寄園主人曰：「天地間理之所無，事之所有，可勝道哉？神禹鑄鼎象物，使民入川澤山林，不逢不若，立意何遠也？抵掌閒談，似乎極不著已矣。而倉卒相遭用，能預為之地。即或不然，寧滅吾燭，羞與魑魅爭光，庶不致為中散所哂。」

【焚塵寄序】寄園主人曰：「終日清談，而於事一無所濟，博弈不如矣。玉塵高揮，不如付之一炬，大快也。若夫一言之警，終身改行，追談近事，默奉典型。侈口科名，使子弟益知勤學，旁涉壽考，使後生咸念養生。屬對果忙，則助拜表作賦之用，巾幗亦及，足慚鬚眉男子之顏。要皆有益之言，不當而清談，概棄之也，寄焚塵。」

【獺祭寄序】寄園主人曰：「事不洞晰，引用必訛，義山所以獺祭也。古今書籍繁夥，徒抱枵腹以與昔人抗衡，難矣哉！若夫占天必辨星躔，論人必窮幽奧，讀古必□怪僻，著述必極蠢動；雖周公復生，豈易言耶？姑匯人所必用者，勿貽操梃而戰之譏，則幸矣！」

【豕渡寄序】寄園主人曰：「人果能言，雖枕流漱石，何嘗不佳絕千古？雖然，習而不察，擊盤捫燭，以為在是焉，不且詒笑大雅之林耶？隨手證誤，用以自警，非必率天下也，否則日繩斯人於舄焉點畫之間，而大端之誤人不少，又將若之何？」

【裂眥寄序】寄園主人曰：「裂眥一寄，余專為平寇作也。余宰交城，交山延邪數郡，稱盜藪，往往乘飆出為民害，破城邑，戕弒職官，聞者咸目裂髮豎。余奉都箚剿賊，渠魁數十，不憚艱阻，以計盡殲之，降其黨，晉人快焉。嗟乎！涓涓不息，將為江河，盜賊一興，生民塗炭，折鉅柯於萌蘖，是在留心民瘼者矣。他若忠義之遺屯，國事之潰裂，又皆致寇之大原，能不鑒諸？」

【驅睡寄序】寄園主人曰：「一枕黑甜，最易費人神智，此聖人有不如博弈之歎也。中山千日酒，華山一欠伸，寧可為天下繩哉？取狂士則心薄鄉愿，重勇俠則羞千古。無氣骨男子，言定數則怨尤忽消，論報施則恩仇宜凜。至於醫方以濟人之急，仙釋以解人之頤，均破我瞢騰良藥也，統名之曰驅睡。」

【泛葉寄序】寄園主人曰：「徽處萬山中，其田土所產，啬於他郡；生其間者，不得不裹糧服賈，奔走四方以謀食。而老儒宿彥，自蒙童讀書，至老死未嘗暫釋，著述充棟，不肯一俯首就試有司，講學書院，自紫陽、還古而外，所在多有。顧海內士大夫之與徽人接者，往往奔走四方之人居多，而深山窮谷中宿儒不得一叩其姓氏；遂並我考亭夫子、篁墩、正希諸先生概目之曰徽人耳，不亦誣歟？首輯新安理學，次輯故老雜記，若黟兵始末，則鄉先生之有功於桑梓，不可不附而存之。」

【插菊寄序】寄園主人曰：「人生七情，如喜樂愛欲，皆籍笑以達之，笑亦何能一刻無者？顧昂昂七尺，勞心苦思，徒供他人之笑具，獨不可耳。杜牧之云：『人世難逢開口笑，菊花須插滿頭歸。』余試作牧之插滿頭花，以博世人一噱。」

【寄園十二月序】寄園者，黃門趙公退食之園也，地非偏僻，境隔塵囂，有臺有亭，有橋有池，有山有林，有竹有石，裴晉公之綠野，李文饒之平泉，不是過也。四時之興不窮，九州之客常集，看花翫月，飲酒賦詩，琴尊不輟，嘯詠繼之。知黄都京闕之外，別有清涼閒曠之地，只覺蓬萊方丈，主人不遠，而一時從遊者亦胥忘其為何處也。夫居山林之下者，不問功名之事，而處朝廷之上者又少煙霞之趣。於是或仕或隱，各不相伴，而兼之者為難。惟公以特達之姿，超時獨立，退無長往之譏，進無沉溺之戀。故束髮立朝，名動當世，而沉抑梧垣，優游數載，門無棨戟，車少八騶，不幾令鄧禹笑人哉？人方共為公惜，而公淡如也。乃於園中蒔花疊石，編竹籬，引清泉，補前人所未備，日與賓客詞人吟詠其中，正孔北海所謂座上客常滿，尊中酒不空」者也。余山水雲遊，未嘗親登公之堂，覿公之面。茲以扶乩之戲，偶而周旋，因辱公命，不敢以不文辭，爰次第之，聊以塞責而已。

【四方平定巾】今士庶所戴方頂大巾，相傳明太祖召會稽楊維禎，維禎戴此以見。上問所戴何巾，維禎對曰：「四方平定巾。」太祖悅，遂令士庶依其制戴。或謂有司初進樣，方直其頂，太祖以手按偃落後，儼如民字形，遂為定制。按洪武二十四年三月二十六日，禮部右侍郎張智同各官奉聖旨，恁禮部將士民戴的頭巾樣制，再申明整理。智乃奏行，先為軟巾制度，已嘗擬定，而小民往往成造，破爛不堪，紗羅用紙黏裹，竹絲添花，混同造賣，有乖禮制，合行申禁。乃前違制者，賣人買人同罪，如此則當時巾制，乃太祖自定，恐非維禎與手按也。（《枝山前聞》）

【謝侍郎】謝金圃侍郎屢掌文衡，鑒別精覈。乾隆辛丑主春官之試，同事者有吳侍郎玉綸，士之不第者造為蜚語曰：「謝金圃抽身便討，吳香亭倒口即吞。」二語實本《寄園寄所寄》，言者以聞。侍郎曾督學江蘇，吳亦曾督學福建，高宗純皇帝密詢兩省大吏，江蘇巡撫閔鶚元覆奏以道路之言，事無實跡。而閩督李侍堯有幕客李三俊，亦辛丑之不第者，代李草奏，文致其詞。上以事雖無實，清議不諧，於是吳降三品卿，侍郎亦降為內閣學士。後於己酉歲三月初，上書房諸臣以會試期近，候主文之信，同時皆不入直，因此並予謫降，侍郎遂降為編修，免入上書房。嘉慶中，追贈三品卿。侍郎於乾隆己亥典試江南，得長洲錢閣學棨，置解首。辛丑主試春闈，閣學會、殿試皆掄元，而是科所取曹文正公、德州盧文肅公蔭溥，皆為名相。得人之盛，一時莫與並云。（陸以湉《冷廬雜識》卷五）

【雷同文中式】國朝趙吉士《寄園寄所寄》云：壬辰予與胡道南、沈禹玉會試，予語道南云：「參乎全章題曾揣摩否？」時已二月初六矣。道南晚作此題止三百餘字，同人取閱，而禹玉獨注目多時，予謔之曰:「君欲抄其文邪？何閱之久也。」予與道南、禹玉卷俱在王公舜年房，道南中式，禹玉已得復失。閱其落卷，即次題參乎全章抄道南作，因雷同而黜。道南初謁房師，即云兩卷俱好，惜二題重複，鄰房李公云:「何不兩棄？」王公云:「必中其一，心乃安。」李為拈鬮，乃得胡而棄沈。按兩卷雷同，若在今日，自必兩棄，當時乃棄一取一，何邪？（俞樾《茶香室續鈔》卷十）

【張獻忠殺狀元】《寄園寄所寄》云：獻忠開科取士，會試進士得一百二十人，狀元張大受，華陽縣人，年未三十，身長七尺，頗善弓馬，群臣諂獻忠，咸進表疏稱賀。謂皇上龍飛，首科得天下奇才為鼎元，此實天降大賢助陛下，不日四海一統，即此可卜也。獻忠大悅，召大受，其人果儀表豐偉，氣象軒昂，兼之年齒少壯，服飾華美，獻忠一見大悅，左右見獻忠欣悅，又從旁交口稱譽，以為奇士，古今所未有。獻喜不勝，賞賜金幣刀馬至十餘種。次日，大受入朝謝恩，面見獻忠，左右文武復從旁譽其聰明學問及詩文畫一切技藝。獻忠愈喜，召入宮，賜宴，諸臣陪宴，歡樂竟日，臨散，以席間金銀器皿盡賜之。次早，大受復入朝謝恩，叩首畢，諸臣復再拜曰:「陛下龍飛之始，天賜賢人，輔佐聖明，此國運昌明，萬年丕休之象，陛下當圖其像，傳播遠方，使知我國得人，如此奇異，則敵可不戰而服矣。」獻忠大悅，遂召畫工，圖其形象。又大宴群臣，盡歡。群臣席間又極口稱譽，獻忠復賞賜美女十人，甲第一區，家丁二十人。次日，獻忠坐朝，文武兩班方集，鴻臚寺上奏，新狀元午門外謝聖恩畢，將入朝面謝聖恩。獻忠忽嚬蹙曰:「這驢養的，咱老子愛得他緊，但一見他，心上就愛得過不的，咱老子有些怕看見他，你們快些與我收拾了，不可叫他再來見咱老子。」凡流賊以殺人為「打發」，如盡殺其眾，則謂之「收拾」也。諸臣承命，即刻便將大受綁去殺之，並傳令將大受全家及所賜美女、家丁盡數斬戮，不留人〔此事蜀中少傳〕。（彭遵泗《蜀碧》卷三）

【欽定逆案】魏忠賢，客氏（以上首逆二人）。崔呈秀，李永貞，李朝欽，魏良卿，侯國興，劉若愚（首逆同謀六人）。劉志選，梁夢環，倪文煥，李永祚，田吉，劉詔，孫如洌，崔應元，許忠選，薛貞，曹欽程，陸萬齡，吳淳夫，李夔龍，許顯純，張體乾，田爾耕，孫雲鶴，楊寰（交結近侍十九人）。魏廣微，徐大化，霍維華，郭欽，張訥，閻鳴泰，周應秋，李之才，李魯生，楊維垣，潘汝禎（交結近侍次等十一人）。顧秉謙，張瑞圖，來宗道，李蕃，馮銓，郭允厚，薛鳳，朱童蒙，孫傑，張我續，李春華，王紹徽，楊夢兗，李春茂，劉廷元，謝啟光，徐兆魁，邵輔忠，楊所修，賈繼春，徐紹言，范濟世，李養德，阮大鋮，姚宗支，陳九疇，亓詩教，趙興邦，傅槐，安仲，孫國禎，郭鞏，馮嘉會，曹思誠，孟紹虞，李恒茂，張樸，郭尚友，李精白，秦士文，張文熙，楊惟和，何廷樞，陳朝輔，許宗禮，卓邁，盧承欽，陳爾翼，石三畏，郭興治，劉徽，智鋌，何宗聖，王拱，汪若極，陳維新，門克新，游鳳翔，田景新，呂純如，吳殿邦，黄運泰，李從心，楊邦憲，郭增光，單明翊，王黜，李嵩，牟志夔，張三傑，曹爾禎，毛一鷺，張文郁，周維持，徐復陽，黄憲卿，許斯孝，張養素，汪裕，梁克順，劉宏光，溫皋謨，鮑奇謨，陳以瑞，莊謙，龔萃肅，李應薦，何可及，李時馨，劉渼，王大年，佘合中，徐吉，宋禎漢，張汝懋，許可徵，劉述祖，李燦然，劉之待，孫之獬，吳孔嘉，季寓庸，潘士聞，張元芳，阮鼐鉉，李若琳，張永祚，周良材，曾國禎，張化愚，李桂芳，張一經，陳殷，夏敬承，周宇，魏豸，郭希禹，頡鵬，李際明，魏宏政，岳駿聲，郭士望，張聚垣，周鏘，徐四嶽，辛思齊，胡芳桂（以上交結近侍又次等一百二十七人）。黄立極，施鳳來，楊景辰，王之臣，房壯麗，董可威，李思誠，馮三元，胡廷宴，張九德，朱國盛，馮時行，喬應中，楊維新，董懋中，周昌晉，呂鵬雲，楊春茂，徐景濂，陳保泰，虞廷陛，郭興言，周維景，徐揚先，陳序，曹谷，朱慎鍌，葉天培，郭如暗，何早，虞大復，歐陽克材，邸存性，葛大同，李宜培，譚謙益，夏之鼎，張九賢，徐溶，潘舜歷，吳士俊，李三楚，童舜臣，陳守瓚（以上交結近侍等四十四人）。

退庵隨筆二十二卷 （清）梁章鉅撰

梁章鉅有《歸田瑣記》，已著錄。〔註 748〕

書前有道光十七年（1837）章鉅自序，稱初無成書義例也，日月既積，楮墨遂多，里居多暇，方取而整比之，以類聚，以卷分，則凡可以勸善黜邪、訂訛砭惑者，咸具焉。既抵桂林，公餘復有勘補，擴為十五門、二十二卷。」〔註 749〕書後有曾釗跋，稱其議論平正通達，切實有用，學與時進，又能虛心從人。〔註 750〕

〔註 748〕歐陽少鳴：《梁章鉅評傳》，南京大學出版社，2012 年。

〔註 749〕《續修四庫全書》第 1197 冊，上海古籍出版社，2002 年版，第 173 頁。

〔註 750〕《續修四庫全書》第 1197 冊，上海古籍出版社，2002 年版，第 465 頁。今按：歐陽少鳴《梁章鉅經世思想初探——以〈退庵隨筆〉為例》(《西南農業是編二十二卷，分躬行、交際、學殖、官常、政事、家禮、家誡、攝生、知兵、讀經、讀史、讀子、學文、學詩、學字十五門。凡立身應物、經國持家、文事武備，皆衷之於經，證之於史，參以先賢格言、師友緒論，而斷以己意。大凡以仁恕為心，以勸善黜邪、訂訛砭惑為宗旨。若躬行、交際、政事、家禮、家誡諸端，則能抒一己之見。文學一門，則歷舉先賢讀書之法，而示人以切實工夫。讀經、讀史、讀子、學文、學詩、學字諸門，則歷敘學術源流，示以門徑。今考，讀經、讀史、讀子、學文諸類所論，多採之《四庫提要》，然不明標出處。〔註751〕錄以備參。

此書有道光十六年李廷錫刊二十卷本、道光十九年桂林重刊本（即阮元增刪本）、其子恭辰補刊二十二卷本、光緒元年《二思堂叢書》本。此本據山東省圖書館藏清道光間刻本影印。〔註752〕

【附錄】

【梁章鉅《退庵隨筆自序》】《退庵隨筆》者，隨所見之書而筆之，隨所聞之言而筆之，隨所歷之事而筆之，而於庭訓師傳尤所服膺，藉以檢束身心，講求實用而已。初無成書義例也，日月既積，楮墨遂多，里居多暇，方取而整比之，以類聚，以卷分，則凡可以勸善黜邪、訂訛砭惑者，咸具焉。曩有古格言之刻，以唐五代前為斷，茲編則自有宋以迄今茲，時代愈近，其辭愈費，而其旨益暢，其境亦益新。乙〔未〕夏奉召復出，乃以稿自隨。去歲過關中，遽為友人付梓，攜至日下，同人皆以為有用之書，非說部，雜家比。爰質之儀徵師，相承為增刪數事，題字卷端。既抵桂林，公餘復有勘補，擴為十五門二十二卷。重付手民，因紀其緣起如此。道光十七年春，退庵居士自記。

【阮元《退庵隨筆序》】《隨筆》一書，較桂林相國五種有過之，真名臣言論也。執事以心得之學筆之於書，可坐而言，起而行，於世道人心所裨不淺。時賢著作如此，可貴耳。前贈《樞垣紀略》，掌故所繫，是樞廷不可少之書，至今翻讀不倦。今復得此編，耳目又為之一新。所論皆平允通達之至，弟之拙著亦有與尊說暗合者，中間並無刺謬，可傳之書也。其參酌先儒語錄、

大學學報》2012 年第 11 期）初步挖掘其經世之學。

〔註751〕徐德明：《清人學術筆記提要》，2004 年版，第 135 頁。按張舜徽《壯議軒日記》：「此編自讀經以下，大率襲取《四庫提要》，而不明言所出，殊嫌掠美。與李次青《天岳山館文鈔》同一病痛。」國家圖書館出版社，2010 年版，第 558 頁。

〔註752〕此書有欒保群點校本，文物出版社 2019 版。

議論，正大和平，實有益於身心性命之學。願執事蒞治後，即以廣示吏民。弟讀之起敬起畏，想他人讀之亦然，成就多少好官，成就多少好人，此豈尋常著作之比哉？謹當日置座右，以為晚節之助云。道光十六年夏六月，愚兄阮元識。

【何凌漢《退庵隨筆序》】昨將大著《隨筆》研讀一過，不禁五體投地。先生學問、經濟根柢具見於此，始知年來揚歷中外，所膺雖皆極繁劇，未嘗一日廢書不觀也。書中大旨以誘善黜邪、訂訛砭惑為主，有顧氏《日知錄》之精博而近切過之，有呂氏《呻吟語》之周摯而明通勝之。立言如此，可以不朽矣。安得學者家置一冊，心體力行，所裨於世者非淺鮮矣。侍何凌漢謹序。

【賀長齡《退庵隨筆序》】隨筆者，隨時見道而筆之，欲其勿忘也。道不可須臾離，無物不有，無時不然。故子思子言道極之三百三千，至動而不可亂也，至賾而不可惡也。非好學深思，心知其意，則道不遠人，而人且自遠之，烏在其能見也。故曰：「苟不至德至道不凝焉。」《大畜》之象曰：「君子以多識前言往行以畜其德。」此隨時見道之實功也。隨時識即隨時畜，隨時畜即隨時凝。然而難言之矣。必也剛健，其力篤實，其志又加之日新不已，而後其畜也大。溫公《通鑒》自言一生精力盡在是矣，成之也艱，則其行也遠。退庵此書蓋亦日新不已，積一生之精力以成之……館後學善化賀長齡謹序。

【曾釗跋】議論平正通達，切實有用，學與時進，又能虛心從人。

【續修四庫全書總目提要（稿本）12～72】《退庵隨筆》（道光刊本）。《退庵隨筆》二十卷，清福建樂清梁章鉅撰……是編分十五門，一躬行，二交際，三文學，四武備，五生理，六官常，七政事，八家禮，九家誡，十讀經，十一讀史，十二讀子，十三學文，十四學詩，十五學字。凡立身應物、經國持家、文事武備，綱提目舉，皆衷之於經，證之於史，參以先賢之格言、師友之緒論，而以己意斷之。大凡以仁恕為心，以勸善、黜邪、訂訛、砭惑為指。章鉅之於學，既精且博，而又能躬行實踐。是編雖偏重於議論，而於考證亦不廢。若躬行、交際、政事、家禮、家誡諸端，則能抒一己之見而不偏。文學一門，則歷舉先賢讀書之法，而示人以切實工夫。讀經、讀史、讀子、學文、學詩、學字諸門，則歷敘學術源流，示人以讀書之門徑。其書頗似《顏氏家訓》，而精闢稍遜之。

【清儒不以無文為恥】古言儒行，必曰「近文章」。今之自命為儒者，乃不以無文為恥，甚可怪也！魏文帝《典論》云：「文章經國之大業，不朽之盛事。年壽有時而盡，榮樂止於其身。二者必至之常期，未若文章之無窮。而今人多不強力，貧賤則懾於飢寒，富貴則流於逸樂，遂營目前之務，而遺千載之功。日月逝於上，體貌衰於下，忽與萬物遷化，斯志士之大痛也。」此段文字至為沉痛，足以動人，後學當書之座右，以資警省。（《退庵隨筆》卷十九）

【考據家作文字】今考據家作文字，率喜繁徵博引，以長篇炫人。然氣不足以舉之，每令閱者不終篇而倦。其意自謂源於《史》《漢》，然史公文字精彩，雖長不厭，《漢書》則冗沓處實多，馬、班之高下即在於此。《史記》中長短亦不一律，如《項羽本紀》長八千八百餘字，《趙世家》長一萬一千一百餘字，而《顏淵列傳》僅二百四十字，《仲弓列傳》僅六十三字，何嘗必以長為貴乎？朱子嘗言：「凡人做文字不可太長，多照管不到，寧可說不盡。韓、歐文皆不欲說盡。東坡雖是一往滾將去，他裏面自有法度。今人不理會他裏面法度，只管學他一滾做將去，故無結構。」按坡公嘗自言作文之法：「意盡而言止者，天下之至言也。然而言止而意不盡，尤為極至。」坡公又云：「孔子言辭達而已矣。夫辭止於達，意宜若不文。是大不然。言理能使是理了然於心者，蓋千萬人而不一遇也。而況能使了然於口與手者乎？是之謂辭達。辭而至於達，則文不可勝用矣。」合此二說觀之，蘇文豈漫無節制者哉！？（《退庵隨筆》卷十九）

【詞章考據難兼得】王夢樓文治嘗言：「詞章之學，見之易盡，搜之無窮。今聰明才學之士，往往薄視詩文，遁而窮經注史。不知彼所能者，皆詞章之皮面耳，未吸神髓，故易於決捨。如果深造有得，必愁日短心長，孜孜不及，焉有餘功旁求考據乎？」袁簡齋亦云：「人才力各有所宜，要在一縱一橫而已。鄭、馬主縱，崔、蔡主橫，斷難兼得。余嘗考古官制，檢搜群書，不過兩月之久。偶作一詩，覺神思滯塞，亦欲於故紙堆中求之，方悟著作與考訂兩家鴻溝界限非親歷不知。」或問兩家孰優，曰：「天下先有著作而後有書，有書而後有考據。著述始於三代六經，考據始於漢唐注疏。考其先後，知所優劣矣。著作如水，自為江海；考據如火，必附柴薪。作者之謂聖，詞章是也；述者之謂明，考據是也。」（《退庵隨筆》卷十九）

【捐棄其俗學】袁簡齋云：天欲成就一文人、一儒者，都非偶然。試觀古文人如歐、蘇、韓、柳，儒者如周、程、張、朱，誰非少年科甲哉！蓋使之先出身以捐棄其俗學，而後有全力以攻實學。試觀諸公應試之文都不甚佳，晚年得力於學，方始不凡。不然，彼方終日用心於五言八韻、對策三條，豈足以傳世哉！就中晚登科第者，只歸熙甫一人，然古文雖工，終未脫時文氣息，而且終身不能為詩，亦累於俗學之一證。(《退庵隨筆》卷十九)

篷窗隨錄十四卷附錄二卷續錄二卷　（清）沈兆澐輯

沈兆澐(1783～1877)，字雲巢，號拙安，天津人。嘉慶二十二年(1817)進士，選翰林院庶吉士，散館授編修。官至浙江布政使。卒謚文和。著有《捕蝗備要》《易義輯聞》《義利法戒錄》等書。生平事蹟見《畿輔先哲傳》《(光緒)重修天津府志》《清秘述聞續》卷三、《東華續錄》及鄒鍾《沈文和公傳》。

書前有咸豐二年(1852)兆澐自序，又有咸豐七年(1857)蔡懋鏞序、黃輔辰《書雲巢廉訪篷窗錄後》、宗稷辰《奉題篷窗錄》《自題篷窗錄》。《續錄》前有咸豐九年(1859)兆澐自序，稱往歲督運多暇，輒取國朝人文集翻閱，摘其有關吏治、學術、知人論世者，抄簏衍，其習見膾炙人口者不錄，議論創而意見偏者概從棄置。〔註753〕

此書前有總目錄，各卷之前有詳目，卷一為頌，卷二為表，卷三至六為疏，卷七為摺，卷八為論，卷九為議，卷十為考、辨、說，卷十一為序、說、書，卷十二為傳，卷十三為書事、書後，卷十四為雜著，末有附錄二卷。

平步青稱此書乃督運往還，取國朝諸家文隨筆抄撮而成，分頌、表、歌、賦、疏、摺、論、議、考、辨、說、敘、記、書、傳、書事、書後、雜著十八體，所錄凡七十家。凡例云所錄皆有關學術、政治，兼及人物考證，稍涉俳優者概不錄，故於直隸水利、河道諸篇甄錄最夥，以吳漕帥邦慶《畿輔水利私議》一篇為最。《經世文編》未收，當由魏源未見。又稱《續錄》二卷參差不齊，與前錄不畫一，蓋隨時信筆，非為著述云云。〔註754〕

此本據清咸豐七年刻本影印。

【附錄】

【續修四庫全書總目提要（稿本）13～700】《篷窗附錄》二卷（屏廬叢刻本），清沈兆澐撰。兆澐有《篷窗隨錄》，已著錄。是編據金鉞跋云，吾鄉沈文和公任江安糧道時，督運糧艘往來於塗中，隨筆記載者也。公先為《篷窗隨錄》一書，乃取國朝人文集，摘其有關吏治學術知人論世者，輯成十又四

〔註753〕《續修四庫全書》第1198冊，上海古籍出版社，2002年版，第60頁。
〔註754〕平步青：《霞外攟屑》卷六。

卷，後又為《續錄》二卷。是書之作，在《續錄》之前，與《隨錄》同時，體例則與彼二錄頗補相同云云。明《附錄》自為一書，故當別著之也。兆澐本不知經，其說《論語》諸節至為淺薄，聲韻諸節亦未能明其源流。至以《古今韻略》為韻學之集成，是僅知古近體韻，而不知聲韻之學者也。論《冊府元龜》《四庫全書》諸節亦簡略不備。治病藥方亦轉錄於各書。故全部可取者少，惟名人事蹟及其著述諸節聊可供人參證耳。

【正字原序】士不通經不足以致用，而通經必自識字始。自古文史籀一變為大篆，再變為小篆，三變為分隸，四變為行楷，而帖體俗書紛紜錯雜。欲識字而不得其原，無惑乎訛舛滋甚也。古無字學之書，如李斯之《倉頡》、趙高之《爰歷》、胡母敬之《博學》，漢武時有《凡將》，元帝時有《急就》，成帝時有《元尚》，以及楊雄之《訓纂》、賈魴之《滂喜》，書多不傳。史游《急就篇》三十四章僅存而未備，惟許祭酒之《說文解字》賴大小徐兄弟流傳至今，講字學者奉為鼻祖。然其書皆篆、籀、古文，與今時之楷法頗異。唐顏元孫《干祿字書》分正、俗、通三體，唐玄度《九經字樣》、宋郭忠恕《汗簡》《佩觿》糾正俗體，相輔而行。近代《四庫書辨正通俗文字》《正字略》《字學舉隅》各種，或分韻，或分類，辨析非不精密，然正俗錯綜，櫛比混淆，承學之士每展卷而無所適從，沿其流而不溯其原，字奚由正？華甥梅莊夙講小學，於叔重之書研究有年，嘗作《說文形聲表》以譜六書之統系，復輯《正字原》一書，仿《康熙字典》檢字體例，按畫分部，皎若列眉，由楷法以通篆法，上探字學之原，更詳注音義及所從之字，於其下備載《說文》九千三百五十三字，重文新附偏旁依類編入，令人易於檢尋，計劃得字由形悟聲，而一切俗體之訛誤不待辨而已明，蓋正字精審，俗字自無從紊亂也。是書於後學頗有裨益。《論語》教弟子餘力學文，六藝之文，書其一焉，茍能識字之原，正字之誤，未嘗於通經無小補云。咸豐三年春二月，天津沈兆澐雲巢氏序。

茶香室叢鈔二十三卷續鈔二十五卷三鈔二十九卷四鈔二十九卷　（清）俞樾撰

俞樾有《春在堂隨筆》，已著錄。

書前有光緒癸未（1883）俞樾自序，稱茶香室者，內子姚夫人所居室名。書成，名之曰《茶香室叢鈔》，謂是吾之書可也，謂是人之遺書亦可也。又稱精力益衰，不能復事著述，而塊然獨處，又不能不以書籍自娛，偶踵夫人故智，遇罕見罕聞之事，亦以小紙錄出之，積歲餘得千有餘事，不忍焚棄，編纂成書。〔註 755〕

此書四編，皆為其晚年遣日之作。上至經史，下迄委瑣，無不賅備，且取材在宋、元、明、清四朝人劄記中。雖寡奇書秘籍，然取菁拾華，不苟不濫。分卷而不分綱目，實亦隱別以部居，如卷一為經，卷二為史，以下則為子、為集。各部之中復以類從，如卷一之經，則始以《易》，繼之以《書》《詩》《春秋》《禮》等。亦有前後互見者。

李慈銘稱其多有心得，可資談助，多可資異聞。〔註 756〕劉咸炘稱其書記異義、異事、瑣事、俗事、神事，亦間及古典，多引故書，少下論斷，而鈔撮參證之功要不可沒，非可與他隨鈔陳言者同論。〔註 757〕然《緣督廬日記鈔》卷三稱其所採書籍及於《郎潛紀聞》，可謂不憚煩云云。

此本據光緒二十五年《春在堂全書》本影印。

【附錄】

【俞樾《茶香室叢鈔自敘》】茶香室者，內子姚夫人所居室名也。余既葬夫人於右台山，自營生壙於其左，又於山中築右臺仙館，即署此三字於臥室中。余每至杭州，或居湖樓，或居山館。其在山館，輒以茶香室為寢處之所，因思夫人曩時每瀏覽書籍，遇有罕見罕聞之事，必以小紙錄存之，積至六七十事。然以見書不多，不能時有採獲，且其所謂罕見罕聞之事，或實亦人所習見習聞焉，久之意倦，又久則拉雜摧燒之矣。余自夫人之亡，逾二年長子隕焉，其明年又有次女繡孫之變，骨肉凋零，老懷索寞，宿疴時作，精力益衰，不能復事著述。而塊然獨處，又不能以書籍自娛，偶踵夫人故智，遇罕見罕聞之事，亦以小紙錄出之，積歲餘得千有餘事，不忍焚棄，編纂成書。嗟呼！余腹中之笥無以遠過乎夫人，安知吾所謂罕見罕聞者博雅之士不習見而習聞之乎？書成，名之曰《茶香室叢鈔》，謂是吾之書可也，謂是夫人之遺書亦可也。光緒癸未端五日，曲園居士書。

【續修四庫全書總目提要（稿本）35～76～77】《茶香室叢鈔》二十三卷《續鈔》二十五卷《三鈔》二十九卷《四鈔》二十九卷（《春在堂全書》本），

〔註 755〕《續修四庫全書》第 1198 冊，上海古籍出版社，2002 年版，第 149 頁。
〔註 756〕李慈銘：《越縵堂讀書記》，上海書店出版社，2000 年版，第 722 頁。
〔註 757〕劉咸炘：《內景樓檢書記》，《推十書》子類第 582 頁。

清俞樾撰。是編為其衰年遣日之作。自敘略云：「茶香室者，內子姚夫人所居室名也。余既葬夫人於右台山，又於山中築右臺仙館，即署此三字於臥室中。每至杭州，或居山館，輒以茶香室為寢處之所，因思夫人曩時每瀏覽書籍，遇有罕見罕聞之事，必以小紙錄存之，積至六七十事。然以見書不多，不能時有採獲，且其所謂罕見罕聞者，或實亦人所習見習聞焉，久之意倦，又久則拉雜摧燒之矣。余自夫人之亡，逾二年，長子隕焉。其明年，又有次女繡孫之變。骨肉凋零，老懷索寞，宿屙時作，精力益衰，不能復著述。而塊然獨處，又不能以書籍自娛，偶踵夫人故智，遇罕見罕聞之事，亦以小紙錄出之，積歲餘，得千有餘事，不忍焚棄，編纂成書。嗟呼！余腹中之笥無以遠過乎夫人，安知吾所謂罕見罕聞者博雅之士不習見而習聞之乎？書成，名之曰《茶香室叢鈔》，謂是吾之書可也，謂是夫人之遺書亦可也。」讀此敘言之謙宛可傷，老而索寞彌勤之功，益令人起敬而企也。《叢鈔》二十三卷，自謂有千餘事，若並《續鈔》《三鈔》《四鈔》所錄合計，其數迨將近萬。上自經史，下迄委瑣，無不賅備，取材多在宋、元、明、清四朝人箚記中。前乎此者，外乎此者，間亦有之，雖寡奇書秘籍，然取菁拾華，不茍不濫。學者讀此一書，得百千書之益，其嘉惠士林，正匪鮮尠。編比之體，以名叢鈔，故分卷而不分綱目，實亦隱別以部居，如卷一經也，卷二史也，以下則為子為集。各部之中，復以類從，如卷一之經，則始以《易》，繼之以《書》《詩》《春秋》《禮》《四子書》等……亦有前後互見者，多因比較考證錄之……偶而失檢，亦不足為賢者病也。

漢魏遺書鈔一百十四卷　（清）王謨輯

王謨（1731～1817），字仁圃，一字汝麋，自號汝上老人，江西金溪人。乾隆四十三年（1778）中進士，簽發為縣令，有志著述，請改授學職，遂選授建昌府（治所今江西南城）學教授，自此至終老，以著述為業，輯成《讀書引》《江西考古錄》《豫章十代文獻略》，著有《夏小正傳箋》《大戴禮公符篇考》《增訂漢魏叢書》等書。

王謨《漢魏遺書鈔序》曰：「《隋》《唐》二志所載四部書目，有傳本行世者不過數百種，其已消沉磨滅化為烏有者不可勝數。若其書雖亡，而尚有零篇斷簡，單辭隻句散見他書者，正賴有好事者採而輯之，猶可存十一於千百。

謨不揣愚陋，竊按《隋》《唐》二志門類，分別搜討，日鈔月纂，銖累寸積，始得四五百種。」〔註 758〕此書起阮籍《樂論》，迄於石經，每種首列序錄，次列輯本。

王謨原擬將所輯佚書分「經翼」「別史」「子餘」「載籍」四大類雕印。約至嘉慶十一、二年間，方復雕畢印行。時頃心於漢唐地理佚書之輯佚，遂將「別史」「子餘」「載籍」三類輯稿概不復整理。《漢魏遺書鈔》所收輯佚書僅 107 種，故又稱《經翼鈔》，另外三類輯稿未能刊印，後遂亡佚。其輯錄特點由四：按錄鉤索，分類探求；博覽群書，廣泛搜討；綜合排比，編次整理；考辨訂正，相互校勘。〔註 759〕《韓詩內傳》輯本附有手寫批語數十則，甚有參考價值。〔註 760〕

今考，王輯頗有不足之處：輯文所注出處不夠詳明，此其一也；校勘不甚精細，此其二也；所據多非善本，此其三也。〔註 761〕舉以備參。

此本據復旦大學圖書館藏清嘉慶三年刻本影印。

【附錄】

【《漢魏遺書鈔》所收輯佚書目】第一集：馬融《尚書注》、歐陽生《今文尚書說》、孟喜《周易章句》、京房《京房易傳》《易飛候》、郭璞《周易洞林》、衛元嵩《元包》、伏勝《尚書大傳》、徐整《毛詩譜注》、孫毓《毛詩異同評》、周續之《毛詩序義》、韋昭《毛詩答雜問》(附《毛詩提綱》)、劉芳《毛詩箋音義證》(附《毛詩義問》)、沈重《毛詩義疏》、侯包《韓詩翼要》、申培《魯詩傳》(附《齊詩》)、王謨仁《鄭氏詩譜》、鄭康成《詩譜》、顧彪《古文尚書疏》、劉向《洪範五行傳》、鄭康成《尚書中候》、張霸《百兩篇》、韓嬰《韓詩內傳》、薛貞《歸藏》(附《連山》)、荀爽《九家易解》(附《九詩道訓》)；第二集：盧植《小戴禮記注》、射慈《禮記音義隱》、蔡邕《月令章句》、馬融《喪服經傳》、戴德《喪服變除》、射慈《喪服變除圖》、王肅《喪

〔註 758〕《續修四庫全書》第 1199 冊，上海古籍出版社，2002 年版，第 389～390 頁。

〔註 759〕褚贛生：《王謨及其文獻輯佚活動評述》，《文獻》1987 年第 2 期。

〔註 760〕呂冠南：《〈續修四庫全書〉本〈漢魏遺書鈔〉批語考》，《圖書館研究與工作》2019 年第 3 期。該文認為，這些批語不僅尖銳地指出了王謨所輯《韓詩內傳》的不足之處，還對該輯本進行了有效的補充與訂正，從而使其學術含量實現了質的飛躍。

〔註 761〕曹書傑：《中國古籍輯佚學論稿》，東北師範大學出版社，1998 年版，第 154 頁。

服要記》、雷次宗《喪服經傳略注》、劉智《喪服釋疑》、阮諶《三禮圖》、孫毓《五禮駁》、馬融《周官傳》、干寶《周官禮注》、鄭康成《三禮目錄》、崔靈恩《三禮義宗》、蔡邕《明堂月令論》、崔寔《四民月令》、鄭康成《魯禮禘祫志》、會稽賀《禮統》、戴聖《石渠禮論》、阮籍《樂論》、劉歆《鐘律書》、揚雄《琴清英》、蔡邕《琴操》《歌錄》、薛人叔《漢禮器制度》（附胡廣漢《漢制度》）、孫通《問禮俗》、董勳《皇覽逸禮》、繆襲《王度記》（附《三正記》）、淳于髡《諡法》、賀瑒《樂經》、獻王《樂元語》、釋智匠《古今樂錄》；第三集：賈逵《春秋左氏傳解詁》《國語注》、服虔《左氏傳解誼》、衛冀隆《難杜》、何休《左氏膏肓》《穀梁廢疾》、劉炫《規過》《春秋左氏傳述義》、穎容《春秋釋例》、董仲舒《春秋決事》、杜預《春秋長厤》、嚴彭祖《春秋盟會圖》、京相璠《春秋土地名》、宋忠《世本》、孔衍《春秋後語》、何休《公羊墨守》、劉兆《春秋公羊穀梁傳集解》、麋信《穀梁傳注》、范甯《答薄氏駁穀梁義》《穀梁傳例》、樂資《春秋後傳》；第四集：鄭玄《論語孔子弟子目錄》、皇侃《論語義疏》、劉向《五經通義》、束皙《五經通論》、許慎《五經異義》、雷次宗《五經要義》、譙周《五經然否論》、楊方《五經鉤沈》、邯鄲綽《五經析疑》、房景先《五經疑問》、樊文深《七經義綱》、傅咸《七經詩》、趙岐《孟子章指》、鄭康成《論語注》、闕名《論語隱義》、闕名《逸論語》、魏文侯《孝經傳》、鄭康成《孝經注》、宋均《孝經內事》、劉炫《孝經述義》、鄭康成《六藝論》、王肅《聖證論》、蔡邕《石經》、郭璞《爾雅注》《爾雅圖贊》、劉熙《孟子注》。

【皮錫瑞《經學歷史·經學復盛時代》】國朝經師有功於後學者有三事。一曰輯佚書。兩漢今文家說亡於魏、晉；古文家，鄭之《易》，馬、鄭之《書》，賈、服之《春秋》，亡於唐、宋以後。宋王應麟輯《三家詩》、鄭氏《易注》，雖蒐採未備，古書之亡而復存者實為首庸。至國朝而此學極盛。惠棟教弟子，親授體例，分輯古書。余蕭客《古經解鉤沈》，採唐以前遺說略備。王謨《漢魏遺書鈔》，章宗源《玉函山房叢書》，輯漢、魏、六朝經說尤多。孫星衍輯馬、鄭《尚書注》，李貽德述《左傳賈服注》，陳壽祺、喬樅父子考《今文尚書》《三家詩》。其餘間見諸家叢書，抱闕守殘，得窺崖略，有功後學者，此其一。一曰精校勘。校勘之學，始於《顏氏家訓》《匡謬正俗》等書。至宋，有三劉、宋祁之校史。宋、元說部，間存校訂，然未極精審，說經亦非顓門。國朝多以此名家，戴震、盧文弨、丁傑、顧廣圻尤精此學。阮元《十三經校勘記》為經學之淵海。餘亦間見諸家叢書，刊誤訂訛，具析疑滯，有功後學者，又其一。一曰通小學。古人之語言文字與今之語言文字異；漢儒去古未遠，且多齊、魯間人，其說經有長言、短言之分，讀為、讀若之例。唐人已不甚講，宋以後更不辨。故其解經，如冥行擿埴，又如郢書燕說，雖可治國，而郢人之意不如是也。小學兼聲音故訓。宋吳棫、明陳第講求古音，猶多疏失。顧炎武《音學五書》，始返於古。江、戴、段、孔，益加闡明。是為音韻之學。段玉裁《說文解字注》，昌明許慎之書。同時有嚴可均、鈕樹玉、桂馥，後有王筠、苗夔諸人，益加闡明。是為音韻兼文字之學。經師多通訓詁假借，亦即在音韻文字之中；而經學訓詁以高郵王氏念孫、引之父子為最精，郝懿行次之。是為訓詁之學。有功於後學者，又其一。

經典集林三十二卷　（清）洪頤煊輯

洪頤煊有《讀書叢錄》，已著錄。

頤煊平生所輯古佚書，總名曰《經典集林》，凡三十種三十二卷。卷首有《經典集林總目》一卷，一一為之解題。嘉慶間，孫馮翼刊入《問經堂叢書》，承德孫彤校訂，傳本甚稀。其後陳乃乾據以影印，得以廣為流佈。其詳目為：《歸藏》《春秋決獄》《石渠禮論》《喪服變除》《五經通義》《五經要義》《六藝論》《春秋土地名》《汲冢瑣語》《楚漢春秋》《茂陵書》《別錄》《七略》《蜀王本紀》《漢武故事》《鄭玄別傳》《臨海記》《子思子》《公孫尼子》《魯連子》《太公金匱》《氾勝之書》《黃帝問玄女兵法》《靈憲》《渾天儀》《師曠占》《范子計然》《夢書》《白澤圖》《地鏡圖》。內有多種古佚書為其首輯，如《楚漢春秋》《蜀王本紀》《別錄》《七略》等。所輯《范子計然》《氾勝之書》《靈憲》《渾天儀》，皆為極重要之科技文獻。《經典集林》係綜合性輯佚叢書，雖不完備，然開清代私家輯佚之先河。嚴可均特撰《書經典集林後》，為之鼓吹，文載《鐵橋漫稿》卷八。

此本據上海圖書館藏清嘉慶間《問經堂叢書》刊本影印。

【附錄】

【台州府志】《經典集林》三十二卷《總目》一卷，國朝洪頤煊編。皆輯古佚書，凡《歸藏》一卷、《春秋決獄》一卷、《石渠禮論》一卷、戴德《喪服變除》一卷、《五經通義》一卷、《五經要義》一卷、《六藝論》一卷、京相璠

《春秋土地名》一卷、《楚漢春秋》一卷、《汲冢瑣語》一卷、《茂陵書》一卷、劉向《別錄》一卷、《七略》一卷、《蜀王本紀》一卷、《漢武故事》二卷、《鄭玄別傳》一卷、《臨海記》一卷、《子思子》一卷、《公孫尼子》一卷、《魯連子》一卷、《太公金匱》一卷、《氾勝之書》二卷。(卷七十三《藝文略十》)

【書經典集林後】《經典集林》三十二卷，臨海洪頤煊校輯。末卷為《總目》，云《臨海記》，史志俱不著錄，未詳撰人名氏。余按《北堂書鈔》一百五十八引孫詵《臨海記》，《南史·丘巨源傳》:「孫詵，字休群，太原中都人。」別有沈瑩《臨海水土物志》，見隋、唐《志》，史通非即此。又《總目·白澤圖》引《抱朴子內篇》登涉，余按《吳志》:「諸葛恪云:『此事在《白澤圖》，出《抱朴子》。』」前聞此書，既刻板於廣州，未及寄語也。頤煊號筠軒，浙士之善讀書者。(嚴可均《鐵橋漫稿》卷八)

玉函山房輯佚書七百三十九卷　(清)馬國翰輯

馬國翰(1794～1857),字詞溪,號竹吾,山東歷城人。道光十二年(1832)進士，歷任陝西洛川、右泉、雲陽等地知縣，自十八年乞假家居凡五年，二十四年復出，授隴州知府，後引疾歸。著有《玉函山房全集》凡 12 種 40 卷。生平事蹟見《(道光)濟南府志》卷四二。

相傳《玉函》為章宗源所輯，國翰購得其稿，易以己名，攘為己有。孫星衍《五松園文稿》宗源傳，稱其「積十餘年輯錄唐宋以來亡佚古書盈數笈，自言欲撰《隋書經籍志考證》，書成後，此皆糟粕，可鬻之」云云，所傳似本於此。然蔣式瑆《守拙齋初稿·書玉函山房輯佚書後》、楊守敬《增訂叢書舉要》卷五十八、胡玉縉《許廎經籍題跋》皆為之辨誣。

書前有同治十三年(1874)匡源序，稱其遍校唐以前諸儒撰述，其名氏篇第列於史志及他書可考者，廣引博徵，自群經注疏、音義，旁及史傳、類書，片辭隻字，罔弗搜輯。六百卷內，惟經編為稍全，史編則所得僅八卷，子編自儒家、農家外俱無目，顛例舛錯，漫無條理，蓋當時隨編隨刊，書未成而先生卒，故其體例未能劃一云云。〔註 762〕

此書凡七百三十九卷，旁搜遠紹，引書不下四百種，而又各注出處，足

〔註 762〕《續修四庫全書》第 1200 冊，上海古籍出版社，2002 年版，第 451～452 頁。

以津逮後學。今考，其中亦有未可據信及不宜收而收者。如《齊詩傳》《論語周氏章句》皆不可信。《孔子三朝記》一卷全載《大戴禮》中，本非佚書；《長孫氏說》一卷取今所傳偽《古文孝經》單錄其第二十二章「閨門之內具禮矣乎」二十三字，本不足信；《程曾章句》一卷，其書絕不見著錄，皆不宜收。〔註 763〕

全書因人成業，輯錄不全，考訂不精，體例不純，貪多務博，緟複支離，皆屬可議。然李慈銘亦稱其尋拾奇零，綜理微密，雖多以《經義考》《繹史》《古經解鉤沉》及《二酉堂叢書》等為藍本，而博稽廣搜，較之王謨《漢魏遺書鈔》，詳略遠判。〔註 764〕

今傳《玉函山房輯佚書》有清刻印本五種，即道光二十九年初刻本、同治間濟南補刊本、光緒九年嫏嬛館刻本、光緒十五年蔣式瑆刻本、光緒十五年繡江李氏刊本，各本多寡不一。此本據光緒九年嫏嬛館刻本影印。

【附錄】

【神農書序】《神農書》一卷，相傳炎帝神農氏撰。案《漢書．藝文志．農家．神農》二十篇；《兵陰陽家．神農兵法》一篇；《五行家．神農大幽五行》二十六卷；《雜占家．神農教田相土耕種》十四卷；《經方家．神農黃帝食禁》七卷；《神仙家．神農雜子技道》二十三卷。其農家二十篇注：「六國時。諸子疾時。怠於農業。道耕農事。託之神農。」師古曰：「劉向《別錄》云：『疑李悝及商君所說。』」由此類推。凡志所載篇目。大抵皆依附為之。今其書並佚。考唐《開元占經》載有《八穀生長》一篇。差為完具。又亟引神農占數節。《管子》《淮南子》《漢食貨志》等書或引神農之數。或引神農之法。或引神農之教。又《藝文類聚》引神農《求雨書》。得有篇目可稱者凡六篇。其他佚文散句時見傳、注所引。並據輯錄。不可區分。統入農家。至他書所引《食禁》別。採集與《本草》相次。不錄於茲云。歷城馬國翰竹吾甫。

【野老書序】《野老書》一卷，撰人名氏闕。案《漢志．農家》有《野老》十七篇，注：「六國時在齊楚間。」應邵曰：「年老居田野，相民耕種，故號野老。」《隋》《唐志》皆不著錄，書佚已久。考《呂氏春秋》載《上農》《任地》《辯土》《審時》四篇，家宛斯先生《繹史》云：「蓋古農家野老之言，而呂子

〔註 763〕李慈銘：《越縵堂讀書記》，上海書店出版社，2000 年版，第 828～831 頁。
〔註 764〕李慈銘：《越縵堂讀書記》，上海書店出版社，2000 年版，第 828 頁。

述之。」茲據補錄。書中稱后稷語，古奧精微，其論得時失時，形色情狀，洵非老農不能道。以此勞民，勸相洵堪，矜式宜。呂氏賓客取載多篇，與周公月令相輔而行也。歷城馬國翰竹吾甫。

【申子序】《申子》一卷，周申不害撰。不害，京人，故鄭之賤臣。學備以干韓昭侯，昭侯用為相。《史記》與老、莊、韓非同傳。傳言：申子之學本於黃老，而主刑名，著書二篇，號日《申子》。《漢志》法家《申子》六篇。《七錄》云三卷。《隋志》云：梁有《申子》三卷，韓相申不害撰。亡。《唐志》復以三卷。著目今佚。馬總《意林》引六節，首有劉向一節，是《七略》別錄語也，皆脫略不全。茲更搜輯，臺二十四節，劉向節與《史記》本傳並附錄篇後。《戰國策》載申子三事。一為成子從趙謂之曰：子以韓重我於趙，請以趙重子於韓；一為微視王之所說，以言於言，王大悅之；一為請仕其從兄官，昭侯不許，有怨色。皆策之最下者。太史公謂：「申子卑卑，施之於名實。」申、韓並稱，遜吃公子遠矣。歷城馬國翰竹吾甫。

【田子序】田子一卷，周田駢撰。駢，齊人，與慎到、接子、環淵皆學黃老之術，皆有所論，附見《史記．孟子荀卿列傳》。《漢志．道家．田子二十五篇》注：「名駢，齊人，遊稷下，號天口駢。」《隋》《唐志》皆不著錄，佚已久。茲從《呂氏春秋》輯得佚說三篇，其一篇與《淮南子》所引互有詳略異同，參訂校補，並附考為卷。其說變化應求而皆有章，因性任物而莫不宜當，始《尸子》所謂「田駢貴均」者邪？歷城馬國翰竹吾甫。

【養魚經序】《養魚經》一卷，周陶朱公撰。案陶朱公即范蠡。《史記．貨殖列傳》：「范蠡既雪會稽之恥，乃喟然而歎曰：『計然之策七，越用其五而得意。既改施於國，吾欲用之家。』乃乘扁舟浮於江湖，變名易姓，適齊為鴟夷子皮，之陶為朱公。」書作於居陶之時，故題陶朱公。《括地志》言陶即陶山，在齊州平陽縣。界陶與齊近，故齊君聘而問之，書言威王者，齊威王也。《七錄》作陶朱公《養魚法》，《唐書．藝文志》作范蠡《養魚經》，今佚。唯《齊民要術》及引之。陶宗儀《說郛》第一百七有此書，蓋亦從《要術》錄出，經首增多「朱公居陶」句，威王上有齊字，當是以意加之。而《要術》所引又作《魚池法》，失載於經，茲據訂正。思勰謂：「如朱公收利，未可頓求，然依法為池，養魚必大，豐足終天靡窮，斯以無貲之利也。」余甚韙乎其言。歷城馬國翰竹吾甫。

玉函山房輯佚書續編二百七十三卷　（清）王仁俊輯

王仁俊（1866～1913），字捍鄭，吳縣人。光緒十八年（1892）進士，任宜昌知府、蘇州存古學堂教務長，至京師任學部圖書局副局長兼大學堂教習。早年師從俞樾，喜輯逑之學，輯有《玉函山房輯佚書續編》《玉函山房輯佚書補編》《經籍佚文》《十三經漢注四十種輯佚書》《小學鉤沈補》等書，著有《漢書藝文志校補》《遼史藝文志補證》《西夏文綴》《西夏藝文志》《敦煌石室真蹟錄》等書。〔註 765〕生平事蹟見闞鐸《吳縣王捍鄭先生傳略》。

是編成書於光緒二十年（1894），涉書 277 種，分經、史、子三編，經編 153 種，史經 40 種，子編 84 種。書前有仁俊自序，云：「仁俊幼嗜搜輯奇書碩記，露抄雪纂，馬編之外，時有弋獲。憶自戊子之春，洎乎甲午之秋，多歷年所……凡《古逸叢刻》刻於日本，《大藏音義》傳於洛東獅谷，獲睹異冊，旁引秘文，日事捃摭，遂成斯編。」〔註 766〕其編排分類仍依馬氏書原例，每種題為一卷，不過零言碎語，少則一條，多則不過十數條，貪多求全，亦在所難免。其例先輯錄佚文，後加案語，間附錄他人考證結論。拾遺補缺，可謂馬氏之功臣也。

此本據上海圖書館藏稿本影印。

【附錄】

【王仁俊自序】歷城馬氏國翰輯唐以前佚書凡五百八十餘種，為卷六百有奇，有目無書者闕四十餘種，其散見各敘，所謂已有著錄者，如陸希聲《周易傳》之類九種，今亦無之。匡君源所謂待後之君子搜補焉。仁俊幼嗜搜輯奇書碩記，露鈔雪纂，馬編之外，時有弋獲。憶自戊子之春，洎乎甲午之秋，多歷年所。蓋嘗西遊鄂渚，南浮嶺嶠，北陟幽燕，水陸輪蹏，捆載此稿，引申觸悟，發篋密書，凡《古逸叢刻》刻於日本，《大藏音義》傳於洛東獅谷，獲睹異冊，旁引秘文，日事捃摭，遂成斯編。揆厥名類，不在馬後，仍題《玉函》者，依原例也；稱《續編》者，別於馬書之《補編》也。

〔註 765〕胡玉冰《淺談清代學者王仁俊對敦煌學、西夏學的貢獻》認為，王仁俊對敦煌學的突出貢獻是完成了世界上第一部敦煌文獻資料集《敦煌石室真蹟錄》編纂工作，這也是敦煌文書搜集、整理、刊布工作之始。他對西夏學的貢獻是完成了第一部西夏公文的匯輯之作《西夏文綴》，編寫了第一部介紹西夏人著述情況的目錄之作《西夏藝文志》，為研究西夏學奠定了資料基礎。見《西北第二民族學院學報》2001 年第 2 期。

〔註 766〕《續修四庫全書》第 1206 冊，上海古籍出版社，2002 年版，第 1 頁。

【晉王羲之撰《書論》】夫三端之妙，莫先乎用筆；六藝之奧，莫重乎銀鉤。昔秦丞相斯見周穆王書，七日興歎，患其無骨；蔡尚書邕入鴻都觀碣，十旬不返，嗟其出群。故知達其源者少，闇於理者多。近代以來，殊不師古，而緣情棄道，才記姓名，學不該贍，聞見又寡，致使成功不就，虛費精神，自非通靈感物，不可與談斯道矣。今刪李斯筆妙，更加潤色，總七條並作其形容，列事如左，貽諸子孫，永為模範，庶將來君子時復覽焉。（墨池編）〔註767〕

玉函山房輯佚書補編一百三十九卷　（清）王仁俊輯

王仁俊有《玉函山房輯佚書續編》，已著錄。

成書於光緒二十年（1894），於《玉函山房輯佚書》之外，輯補漏佚。每種題為一卷，實為片言碎語，多者如《晉鈔》。所收絕大部分為史部佚書，如《漢武故事》《魏文帝雜事》《後漢鈔》《晉陽鈔》《魏略》《康部鈔》《吳書鈔》、華嶠《後漢書》、謝承《後漢書》、袁崧《後漢書》、王隱《晉書》、臧榮緒《晉書》、王智深《宋書》《秦書》《趙書》《晉陽書》《晉中興書》《晉中興徵祥書》《晉錄》《晉鈔》、劉謙之《晉紀》《晉起居注》《宋起居注》《梁起居注》《梁天監起居注》《梁大同起居注》《宋紀》《蜀王本紀》《前燕錄》《南燕錄》《北燕錄》《後燕錄》《蜀錄》《後蜀錄》《前趙錄》《後趙錄》《西秦錄》《前秦錄》《後秦錄》《前梁錄》《三十國春秋》《括地志》《地圖》《輿地志》《十三州志》《吳錄》《太康地志》《宋永初山川記》《九州記》《襄陽記》《湘州記》《湘中記》《湘水記》《荊州記》《荊州圖經》《興軍國圖經》《朗州圖經》《衡州圖經》《漢陽郡圖經》《江源記》《湖南風土記》《沅州記》《十道記》《郡國縣道記》《武昌縣記》《武陵源記》《洞庭記》《始興記》《貴陽記》《楚地記》《麓山記》《南嶽記》《山川記》《神境記》《荊南記》等。

此本據上海圖書館藏稿本影印。

黃氏逸書考二百九十一卷附十一卷　（清）黃奭輯

黃奭（1809～1853）〔註768〕，字右原，甘泉（今江蘇揚州）人。出身於揚州鹽商之家，家宅即為揚州個園。道光十二年（1832），經內兄順天府尹吳

〔註767〕今按：此文又作「衛夫人《筆陣圖》」。
〔註768〕曹書傑：《黃奭生卒考》，《東北師大學報》1989年第6期。

傑薦舉，得欽賜舉人。十五年，會試不第，以早年捐官而簽發刑部任職。十八年，丁父憂去職。此後捐棄仕途，專心問學，以輯刊古佚書為業，與馬國翰並稱清代輯佚兩大家。生平事蹟見《清史列傳·儒林傳》。

是書分四類：屬經學者，名《漢學堂經解》；屬緯書者，名《通緯》；屬子史者，名《子史鉤沈》；屬鄭氏學者，名《通德堂經解》，又名《高密遺書》。總其名曰《黃氏逸書考》。今傳本或題作「漢學堂叢書」，蓋沿襲張之洞《書目答問》之誤云云。黃氏輯佚，多從漢、晉、唐義疏及子、史注中摘出，兼及類書，如《北堂書鈔》《初學記》《群書治要》《太平御覽》等。歷年既久，遂成鉅帙，其畢生精力盡萃於此，同邑大儒陳逢衡襄助其事，詳為讎校。每成一種，旋即付刊，只印樣書一部，以備校對之用，亦有刊畢未經印樣者十餘種。全部輯稿尚有部分未及刊畢，時逢咸豐三年（1853）二月太平軍攻佔揚州，黃氏舉家避亂鄉居，黃奭旋捐館舍，其書版藏於樊漢僧舍，然寺僧不知護惜，復散失數十種。厄於兵燹，此為一例。〔註 769〕

書前有乙丑王鑒識語，又有民國二十六（1937）朱長圻、葉仲經序。長圻稱黃奭出江藩門下，阮元尤甚稱之，故其著述博贍有根柢，此書網羅至數十百種，尤極翔洽云云。〔註 770〕今覈其輯本，大都比較規範，所輯佚文皆注明出處，間有考辨。然亦有照錄照刻前人舊輯本且不署名者。

此書生前未及印行，只有樣書一部以供校勘。今傳印本有三種，題名《漢學堂叢書逸書考》二種，收書之數亦不同，以民國二十三年至二十六年朱長圻刊本收書較多，共 285 種。題名《漢學堂知足齋叢書》一部，藏於國家圖書館，凡 80 種，所收古佚書又有朱氏補刊本《黃氏逸書考》之外者。此本據清道光黃氏刻、民國二十三年朱長圻補刻本影印。

【附錄】

【王鑒識語】黃右原先生世為富商，獨矯然以讀書稽古為樂，曾輯佚書二百八十餘種。工甫竣，值咸豐兵燹，避亂鄉居，版存蕭寺，先生旋捐館舍，寺僧不知護惜，散失數十種。先生為先君執友。余生也晚，不克親承謦欬，

〔註 769〕冀素英：《黃奭對輯佚工作的貢獻》，《北京圖書館館刊》1992 年第 1 期。按：咸豐三年（1853）陰曆二月，太平軍攻入揚州，黃奭攜全家及各種書稿、雕版至甘泉縣樊汉鎮避難，並將書版存在樊汉鎮的佛寺裏。黃奭二十五歲患過心臟病，道光二十七年又病痛風，經此番折騰，遂一病不起。

〔註 770〕《續修四庫全書》第 1206 冊，上海古籍出版社，2002 年版，第 335 頁。

而獲交長君輝山灝、次君叔符澧。兩君言當日編輯時，每成一種，即以付刊，現存樣本一部，仍有刊成而未經印樣者如干種……諱言版缺，以冀易售，沿張香濤《書目答問》之誤，名曰《漢學堂叢書》，張實未見原書也。叔符《通德堂經解跋尾》謂為《漢學堂逸書考》，「逸書考」是也，「漢學堂」則誤矣。叔符能讀父書，不應悖謬若是，此跋必為贋作。按原書分四類：屬於經者曰《漢學堂經解》，屬於緯者曰《通緯》，讖附焉，屬於子史者曰《子史鉤沈》，屬於鄭氏之學者曰《通德堂經解》。各類篇首下方統曰《逸書考》，是不得以漢學堂概全書也明矣。比時樣本尚存，叔符欲俟補刊完全，再為行世，遽爾印行，非其意也，故一切聽客所為。無何，叔符又作古人，版亦售出，樣本亦散失……同里秦君曼青更年，博雅士也，癸亥春間，得樣本於滬上，飛函見告，屬將所缺頁數開示，抄錄見惠，以復還舊觀，統計二百八十五種。亟命孫承霖分任校讎，以付剞劂，凡再期而蕆事，名曰《黄氏逸書考》，庶不悖先生本旨。顧先生輯是書也，聚書數十萬卷，積數十年精力而後成書。厄於兵燹，幾致湮沒，乃散而復聚，缺而復完，斯文不墜，冥冥中有呵護之者。蓋先生編輯之苦心，天固不欲負之也。是役也，秦君實為先生功臣，而余得假手，附以不朽，用此自多矣。乙丑孟夏，王鑒識。

【朱長圻序】甘泉黄右原出江鄭堂門下，阮文達尤亟稱之，故其著述博贍有根柢，所輯《逸書考》網羅至數十百種，尤極翔洽……輾轉售之邑人王鑒，復為之陸續搜補，兼得江都秦更年君抄目，共增益五十九種，仍正其名曰《黄氏逸書考》。惟王氏對於校勘頗疏，且匆促蕆事，缺版斷頁之處舉未是正，學者病焉。民國二十年秋，江淮大浸，版復圮於水，乃輾轉再歸於圻。清檢後，不期殘失近千餘番……至葉君仲經謂「黄氏能返未返之魂，朱君能返黄氏之魂」，則吾豈敢？溯自甲戌始，丁丑迄工，迨四易寒暑，殺青有日，因略述其緣起如此。江都朱長圻甸清甫識於京寓。

【葉仲經序】書經秦火之後，又繼以四厄……取黄氏原引之書逐頁補苴完善，暨王氏所有爛版亦且命工重刻，庶幾黄氏每稱返魂本者，是黄氏可以返未返之魂，然則黄氏得遇朱君，豈非能返黄氏之魂者歟……民國丁丑孟春江都葉仲經識於首都之中央圖書館。

【阮元《高密遺書序》】甘泉黄右原孝廉（奭）以訾為刑部郎……右原乃言幼讀書為舉業，入安定書院，曾賓谷先生異之，曰：「爾勿為時下學，余薦老師宿儒一人與爾為師。」乃甘泉江鄭堂子屏藩也。右原以重修禮延之館其家，從之學。右原質本明敏，又專誠受教。四年，子屏老病卒，獨學又十餘年，日事搜討，從漢、唐以來各書中得高密遺書盈尺之稿……予因子屏為予早年益友，所教之弟子多年有此成書，耄年猶及見之，是以樂而敘之。子屏嘉慶初年入京師，予薦館王韓城師相家，備查列《御製詩注》之事，終落魄歸揚州。饑驅至嶺南，余延總纂《廣東省通志》，數年書成，余調任雲南，遂歸揚州，不再相見。子屏隨手揮霍，雖有陸賈裝，無益也。今其所在粵自刻《補惠氏周易述》，予又刻入《皇清經解》。子屏自刻《漢學師承考》。子屏之師余蕭客仲林，為惠松崖先生之弟子，四庫收其《古經解鉤沈》，曾館子屏家，此子屏昔所告予者。賓谷先生所為「老師宿儒」，誠是也。(《續修四庫全書》第1479 冊第 1610～1611 頁）

【阮文藻《尊甫個園公家傳》】公諱至筠，字韻芬，一字個園。其先世居餘姚，後徙杭州，為仁和人，再徙揚州，為甘泉人。父稼堂太守微時，與淮上湛真寺戒僧聞谷善，聞谷相其必貴，且言當託生為太守子，時太守尚傭書受值，視為謾言，弗顧也。既而入貲得趙州牧，即生公於趙州。孫寄圃制軍聞其事，作《湛真寺僧投生記》，學博金棕亭為太守，作傳採入之。

【梅曾亮《悼黃右園》】昔年京邸蓋曾傾，久客揚州見古情。漫許文章歸我輩，不將德善託公卿。杯盤永謝華堂舞，絃管從無後閣聲。手著叢書十餘種，可憐灰已化昆明。

經籍佚文一百二十一卷　（清）王仁俊輯

王仁俊有《玉函山房輯佚書續編》，已著錄。

此書專門輯補現存古籍或佚書古輯本缺脱之文，分為經史子集四編，經編有《尚書》《公羊》《禮記》《爾雅》《周書》《書大傳》《易乾鑿度》《易通卦驗鄭注》《韓詩外傳》《春秋繁露》《小爾雅》《方言》《廣雅》，史編分《史記》《漢書》《續漢書》《三國志》《晉書》《南史》《北史》《北齊書》《梁書》《國語》《國策》《家語》《山海經》《竹書》《晏子春秋》《吳越春秋》《十六國春秋》《越絕書》《漢官儀》《華陽國志》《御史臺記》，子編為《風俗通》《孫子》《司馬法》《六韜》《慎子》《商君書》《韓非子》《素問》《尹文子》《墨子》《鬼谷子》《鶡冠子》《呂氏春秋》《荀子》《老子》《莊子》《淮南子》《獨斷》《說苑》《新序》《中論》《列女傳》《新論》《論衡》《元城語錄》《氾勝之書》《潛夫論》《田家五行志》《太玄》《琴操》《要術》《農桑衣食撮要》《抱朴子》《乾饌子》《高士傳》《博物傳》《襄陽耆舊傳》《三輔黃圖》《陳留耆舊傳》《九國志》《水經注》《寰宇記》《三秦記》《神異經》《三齊記》《南越志》《會稽記》《列仙傳》《臨海異物志》《嶺表錄異記》《十道志》《白澤圖》《宣室志》《南方草木狀》《北夢瑣言》《西吳枝乘》《南唐近事》《異苑》《吳地記》《桂海虞衡志》《玉堂嘉話》《玉堂閒話》《朝野僉載》《豹隱紀談》《後山叢談》《三水小牘》《志林》《語林》《小說》《雜說》《嘉話錄》《聞奇錄》《述異記》《資暇錄》《啟顏錄》《河東記》，集編僅為《嵇中散集》《陸士衡集》。每種所得缺脫之文多寡不等，少者僅十數言，多者如《桂海虞衡志佚文》，多達七千餘言。每條後加按語，考其與今本文字之異，闡微挈領，頗裨參稽。間有小序，說明補輯之原委。〔註 771〕書前有仁俊識語。

《經籍佚文》收錄多方面古籍，農書尤夥，胡道靜有專題探討，可資參考。〔註 772〕

此本據上海圖書館藏稿本影印。

【附錄】

【輯刻古書不始於王應麟】古書散佚，復從他書所引捜輯成書，世皆以為自宋末王應麟輯《三家詩》始，不知其前即已有之。宋黄伯思《東觀餘論》中有《跋慎漢公所藏相鶴經後》云：「按《隋·經籍志》《唐書·藝文志》，《相鶴經》皆一卷。今完書逸矣，特馬總《意林》及李善《文選注》鮑照《舞鶴賦》鈔出大略。今真靜陳尊師所書即此也。而流俗誤錄著故相國舒王集中，且多舛午。今此本既精善，又筆勢婉雅，有昔賢風概，殊可珍也。」據此，則輯佚之書，當以此經為鼻祖。今陶九成《說郛》中，尚有其書。錢謙益《絳雲樓書目》亦載有抄本，雖不知視真靜書如何，要之此風一開，於古人有功不淺。乾嘉以來為是學者，如余蕭客之《古經解鉤沈》，任大椿《小學鉤沈》，孫

〔註 771〕參見張昇：《王仁俊的輯書》，《江蘇圖書館學報》1996 年第 4 期。今按：臧其猛《王仁俊的輯佚學成就》認為，王仁俊輯佚方法和特點主要有：（1）輯佚的材料來源範圍廣博，廣涉經史傳注；（2）輯佚文各條之末，皆注明出處；（3）輯出多條佚文時，在各條佚文下，常用「又」字；（4）常常在篇末加「俊按」或「按」等按語，以考證或補充一些有關本文的問題。文見《淮北師範大學學報》2005 年第 4 期。

〔註 772〕胡道靜：《經籍佚文中的農書遺珍》，《農史論集·古農書輯錄》，上海人民出版社，2011 年版。

馮翼《經典集林》，張澍《二酉堂叢書》，王謨《漢魏遺書鈔》《晉唐地理書鈔》，茆泮林《十種古佚書》，於經、史、子三者各有所取重。然以多為貴，則嚴可均《上古三代先秦兩漢魏晉南北六朝先唐古文》，黃奭《漢學堂叢書》，馬國翰《玉函山房輯佚書》，皆統四部為鉅編。嚴輯雖名古文，實包經、子、史在內。其搜採宏博，考證精詳，較黃、馬二書尤為可據。雖斷珪殘璧，不誠書林之鉅册乎？至有專嗜漢鄭氏學者，元和惠棟開山於前，曲阜孔廣林《通德遺書》接軫於後，而黃奭復有《高密遺書》之輯，皆不如袁鈞《鄭氏佚書》晚出之詳。余每慨陶九成《說郛》、張溥《漢魏百三家》，所錄各書不注出處，所收全集，反多節删。使孫、嚴生當其時，必不如此簡略。後有作者，當必有所取則矣。（葉德輝《書林清話》卷八）

後　記

《明儒學案》卷三十《粵閩王門學案・行人薛中離先生侃》載其語錄：

> 問「學須博求，乃能有見。」曰：「見個甚麼？」曰：「見道。」曰：「見道如見天，或隔一紗，或隔一紙，或隔一壁，或隔一垣，明暗不同，其蔽一也。欲見，須是闢開垣壁，徹了紗紙，便自見，何須博求？博求正為未闢未徹耳。捨此而言博求，是記醜而博者也，非聖賢之學。」

張舜徽《壯議軒日記》亦云：「治學貴有數年博涉之功，而能返之於約。博涉時又必有一主題，不可漫無歸宿。」學不見道，枉費精神。博求約取，守正出新，乃吾輩求學之初心，未敢一日或忘也。

龔自珍《己亥雜詩》之二曰：

> 我馬玄黃盼日曛，關河不窘故將軍。百年心事歸平淡，刪盡蛾眉惜誓文。

然百年心事難以歸於平淡，何則？百年前之史事乃大變局之序幕，雖歷經百年坎坷，尚需繼續努力也。《詩》云：「陟彼高岡，我馬玄黃。我姑酌彼兕觥，維以不永傷。」

木雞道人丁耀亢（1599～1665）撰《天史》，告成之際，賦詩曰：

> 何緣幽憤苦耽奇，禍福還羞造物知。管底窺天遭鬼謔，道旁築舍出狐疑。莊周夢蝶存消息，臧谷亡羊有路歧。久欲逃空去寒谷，春風吹律問參差。

龔、丁之詩，已道盡吾胸中之言，本欲擬之，又畏蛇足之譏，遂斂手而退。

庚子年癸未月癸丑日（2020 年 7 月 9 日）
記於上海國年路寓所